LA TÉCNICA EN CUESTIÓN

Diego Lawler, Andrés Vaccari y Javier Blanco
(compiladores)

La técnica en cuestión

Artificialidad, cultura material y ontología de lo creado

Colección UAI – Investigación

La técnica en cuestión / Diego Lawler ... [et al.]; compilado por Diego Lawler; Andrés Vaccari; Javier Blanco. - 1a ed . - Ciudad Autónoma de Buenos Aires: Teseo; Universidad Abierta Interamericana, 2017.
384 p.; 20 x 13 cm.

ISBN 978-987-723-125-0
1. Filosofía. 2. Tecnología. I. Lawler, Diego II. Lawler, Diego, comp. III. Vaccari, Andrés , comp. IV. Blanco, Javier, comp.
CDD 199.82

© UAI, Editorial, 2017

© Editorial Teseo, 2017

Teseo – UAI. Colección UAI – Investigación

Buenos Aires, Argentina

Editorial Teseo

Hecho el depósito que previene la ley 11.723

Para sugerencias o comentarios acerca del contenido de esta obra, escríbanos a: **info@editorialteseo.com**

www.editorialteseo.com

ISBN: 9789877231250

Autoridades

Rector Emérito: Dr. Edgardo Néstor De Vincenzi
Rector: Dr. Rodolfo De Vincenzi
Vice-Rector Académico: Dr. Mario Lattuada
Vice-Rector de Gestión y Evaluación: Dr. Marcelo De Vincenzi
Vice-Rector de Extensión Universitaria: Ing. Luis Franchi
Vice-Rector de Administración: Dr. Alfredo Fernández
Decano Facultad de Psicología y Relaciones Humanas:
Lic. Fernando Adrover

Comité editorial

Lic. Juan Fernando ADROVER
Arq. Carlos BOZZOLI
Mg. Osvaldo BARSKY
Dr. Marcos CÓRDOBA
Mg. Roberto CHERJOVSKY
Mg. Ariana DE VINCENZI
Dr. Roberto FERNÁNDEZ
Dr. Fernando GROSSO
Dr. Mario LATTUADA
Dra. Claudia PONS

Los contenidos de los libros de esta colección cuentan con evaluación académica previa a su publicación.

Presentación

La Universidad Abierta Interamericana ha planteado desde su fundación en el año 1995 una filosofía institucional en la que la enseñanza de nivel superior se encuentra integrada estrechamente con actividades de extensión y compromiso con la comunidad, y con la generación de conocimientos que contribuyan al desarrollo de la sociedad, en un marco de apertura y pluralismo de ideas.

En este escenario, la Universidad ha decidido emprender junto a la editorial Teseo una política de publicación de libros con el fin de promover la difusión de los resultados de investigación de los trabajos realizados por sus docentes e investigadores y, a través de ellos, contribuir al debate académico y al tratamiento de problemas relevantes y actuales.

La *colección investigación* TESEO – UAI abarca las distintas áreas del conocimiento, acorde a la diversidad de carreras de grado y posgrado dictadas por la institución académica en sus diferentes sedes territoriales y a partir de sus líneas estratégicas de investigación, que se extiende desde las ciencias médicas y de la salud, pasando por la tecnología informática, hasta las ciencias sociales y humanidades.

El modelo o formato de publicación y difusión elegido para esta colección merece ser destacado por posibilitar un acceso universal a sus contenidos. Además de la modalidad tradicional impresa comercializada en librerías seleccionadas y por nuevos sistemas globales de impresión y envío pago por demanda en distintos continentes, la UAI adhiere a la red internacional de acceso abierto para el conocimiento científico y a lo dispuesto por la Ley n°:

26.899 sobre *Repositorios digitales institucionales de acceso abierto en ciencia y tecnología,* sancionada por el Honorable Congreso de la Nación Argentina el 13 de noviembre de 2013, poniendo a disposición del público en forma libre y gratuita la versión digital de sus producciones en el sitio web de la Universidad.

Con esta iniciativa la Universidad Abierta Interamericana ratifica su compromiso con una educación superior que busca en forma constante mejorar su calidad y contribuir al desarrollo de la comunidad nacional e internacional en la que se encuentra inserta.

Dra. Ariadna Guaglianone
Secretaría de Investigación
Universidad Abierta Interamericana

Índice

Introducción 15

1. La integridad de los replicantes. Medio asociado y límites en los objetos digitales 17
   Agustín Berti

2. Intérpretes 29
   Javier Blanco, Renato Cherini y Pío García

3. La tecnicidad animal humana en un marco gradualista 65
   Andrés Crelier

4. Técnica, mimesis y violencia. Extensión de un problema planteado por Walter Benjamin 89
   Román Domínguez Jiménez

5. Técnica y cultura 101
   Jaime Fisher

6. Imagen técnica y pensamiento poshistórico. Una aproximación a la filosofía de Vilém Flusser 117
   Soledad Gaona

7. La mirada praxiológica sobre la técnica 127
   Diego Lawler

8. La articulación Naturaleza-Técnica en la filosofía del primer Heidegger 149
   Luciano Mascaró

9. Sobre las condiciones de posibilidad y validez de la responsabilidad. Un análisis de la crítica a la ética jonasiana 165
   Ángela Luzia Miranda

10. La noción de cultura material como alternativa entre el dualismo y el colectivismo en la ontología de artefactos 189
   Álvaro David Monterroza Ríos y Jorge Antonio Mejía Escobar

11. Exploraciones sobre novedad en la cultura material 209
   Diego Parente

12. Ontología de una cadena genética 227
   María Alicia Pazos

13. Tecnoestética y *sensorium* contemporáneo en la producción y recepción de obras 243
   Anahí Alejandra Ré

14. Sobre un nuevo tipo de cuasi-objetos. La artificialidad de la vida en el caso de la biología sintética 269
   Pablo Esteban Rodríguez

15. Realismo tecnológico y diseño antropométrico. Dos ontologías técnicas 289
   Darío Sandrone

16. De Descartes a Deckard. Los orígenes cartesianos del posthumanismo 313
   Andrés Vaccari

17. Heidegger e a técnica. Entre a diferença ontológica e a identidade metafísica 343
   Dr. Eladio C. P. Craia

Sobre los autores 371

Introducción

Este volumen colectivo, *La técnica en cuestión*, reúne diecisiete trabajos que analizan el fenómeno tecnológico actual. Diferentes enfoques exploran aspectos epistemológicos, metafísicos, políticos, estéticos, sociológicos, ingenieriles y valorativos de las prácticas tecnológicas contemporáneas, que son revisitadas para comprender el modo en que dan forma al mundo actual.

    La historia de este volumen es muy especial. Versiones anteriores de los trabajos aquí reunidos fueron presentadas a discusión abierta y completa durante distintas ediciones de los *Coloquios Internacionales de Filosofía de la Técnica*, organizados en nuestro país desde hace siete años. Constituyen una muestra representativa de los resultados de los grupos de investigación latinoamericanos que trabajan dentro del campo de la filosofía de la tecnología, en sus diferentes orientaciones teóricas y prácticas. Durante esos años, varios grupos de investigación, de distintos países, se reunieron periódicamente para discutir los resultados de sus investigaciones y cristalizar institucionalmente sus esfuerzos. La filosofía de la tecnología es hoy un área de trabajo consolidada, y en crecimiento, dentro de nuestro país y en la región. Estos esfuerzos y logros no habrían sido posibles sin la colaboración del FONCYT, perteneciente a la Agencia Nacional de Promoción Científica y Tecnológica, del Ministerio de Ciencia, Tecnología e Innovación Productiva de la Argentina, la Universidad Abierta Interamericana, el CONICET y el proyecto: "Culturas materiales, culturas epistémicas, estándares y procesos cognitivos y conocimiento" (FFI2013-45659-R), financiado por del Ministerio de Economía y Competitividad de España.

Los desafíos para el futuro son muchos. Por una parte, continuar con la realización de las reuniones anuales, que es el ámbito natural para discutir los avances de nuestras investigaciones; por otra parte, aumentar la cantidad de investigadores y estudiantes de postgrado participantes de tales encuentros. Finalmente, dar pasos decisivos para consolidar la institucionalización de esta área de trabajo dentro del quehacer filosófico latinoamericano.

Esperamos que disfruten estos escritos, presentados con la convicción de que la filosofía que practicamos –estos escritos son una muestra– puede iluminar el fenómeno tecnológico actual.

Los compiladores

1

La integridad de los replicantes

Medio asociado y límites en los objetos digitales

AGUSTÍN BERTI

Este trabajo se origina en la necesidad de delimitar en el medio digital entidades que son percibidas como parte de un mismo linaje técnico en un medio nuevo, el caso prototípico es el de si hay o no relación entre el libro y el libro electrónico o eBook (una pregunta derivada es si un cambio de medio permite seguir hablando de linaje). Como fuera, se está lejos de un consenso acerca de si estamos o no realmente frente a nuevas ontologías. Quien acepta esta premisa es Yuk Hui (2012) y señala la relevancia del *medio digital* [*digital milieu*] en términos de medio asociado simondoniano como un problema ineludible para pensar los *objetos digitales.*

Primeros supuestos

En un trabajo en colaboración realizamos una primera aproximación al tema a partir de la propuesta de Hui (Blanco y Berti, 2013). Sintetizaré los aspectos centrales de ese trabajo. El primer rasgo de los objetos digitales es que pueden ser considerados "entidades discretas". Suponen una idea de finitud, otorgada por los límites del objeto que lo hace una entidad discreta, recortada del continuo del universo. Identificamos tres aproximaciones posibles a la delimitación de los objetos digitales: a) la *pragmático-institucional*, b) la *humanística*, y c) la *informática*.

El aspecto determinante de la mirada pragmático-institucional es la definición en términos cuantitativos. Se definen propiedades que pueden tomar *valores estandarizados*, por ello pasibles de ser sujetas a la administración automática. En la mirada humanística prima una lectura culturalista que sugiere una correspondencia con las nociones pre-digitales que permiten definir qué es una *obra*. El parámetro de delimitación se corresponde no tanto a aspectos intrínsecos de la estructura del código sino a *pautas culturales establecidas*, generalmente asociadas a objetos que son considerados los *soportes* en los que las obras se inscriben. Por último, según la concepción informática, los objetos digitales son de alguna manera *abstractos* y admiten *realizaciones físicas diversas* (como veremos más adelante). Con Blanco, y recuperando la filosofía de la técnica simondoniana, agregamos en esta caracterización su *semántica*, que queda determinada no solo por su estructura como secuencia de bits, sino también por el medio asociado (usualmente también digital) en el cual existen (Blanco y Berti, 2013).

De todos modos, la definición de los límites de un objeto ha sido un problema más allá del medio digital y puede rastrearse como un aspecto de los objetos técnicos industriales (Simondon, 2008), y de hecho el nudo de la definición de los *objetos técnicos* es que pueden ser definidos solo con el *medio asociado* en función del cual se *concretizan*. En un trabajo me he preguntado por la tecnicidad de este *medio*, en tanto en la técnica contemporánea, el medio es algo tan diseñado como el propio objeto (Berti,

2014). Y, en los casos en que no puede ser diseñado, es algo *normalizado* o *modelizado*. En este último caso en especial la computación juega un rol determinante tanto para la normalización (mediante los GPS o el uso de sensores digitales, por ejemplo) o mediante la modelización (en la previsión del comportamiento del subsuelo en el *fracking*, o del comportamiento del tráfico mediante simulaciones, por ejemplo). Pero hacia dentro de lo digital mismo también introduce problemas que merecen una atención filosófica, entre ellos por la pregunta, siguiendo a Hui, por la delimitación *en* el código, entendiendo el código como parte fundamental de un *medio digital*.

El acoplamiento entre el objeto y el medio asociado es constitutivo en el caso de los *objetos digitales*. Considerar al objeto digital exclusivamente como una secuencia de bits es insuficiente, ya que la misma secuencia puede ser interpretada de muy diferentes maneras dependiendo del contexto digital en el cual se inserta. Dado un contexto específico, no cualquier secuencia de bits será allí un objeto, ya que el mismo contexto determinará las condiciones de posibilidad de los objetos digitales que existan en ese medio. Un error de codificación convierte el objeto en ruido. Ni siquiera puede decirse que un objeto digital incompatible con un medio asociado sea un *elemento técnico* en el sentido de Simondon, ya que su propia existencia como objeto digital depende del medio asociado que lo interpreta.

No hay ninguna distinción esencial entre un texto y un programa, entre una secuencia de código y los datos sobre los que opera. Esta in-diferencia es constitutiva de la computación como disciplina y está demostrada en el teorema de Turing de existencia de una máquina universal. Aquí hay que ser cuidadosos al considerar el modo de existencia de los *objetos digitales*, ya que las distinciones están solo dadas por los medios asociados digitales, y estos pueden, y de hecho suelen, cambiar.

Por este constante cambio, los objetos digitales admiten múltiples realizaciones, casi como es el caso de los objetos técnicos industriales. Y de manera aun más imbricada que en estos últimos, la entidad misma de los objetos digitales solo puede considerarse de manera relacional, es decir que el medio asociado es inseparable de ellos. Una cadena de bits puede realizarse físicamente de las maneras más diversas, pero su significado como objeto digital depende de la interpretación que hagan de sí los programas de su entorno digital. Dichos programas también son *objetos digitales*, y por lo tanto también admiten *múltiples realizaciones*, y también son identificados en su propio entorno o medio asociado. Un ejemplo de esta múltiple realizabilidad es la de los juegos de las antiguas máquinas a ficha del Sacoa, frente a los mismos juegos en emuladores como el *Mame32* en un sentido diacrónico (es decir, generar un medio asociado para objetos digitales obsoletos), o el emulador *Wine* en Ubuntu para correr programas de Windows en un sentido sincrónico (generar un medio asociado para programas diseñados para otro medio asociado).

Identidades

La estandarización y la automatización del cómputo han redundado en una creciente ubicuidad de objetos digitales: los revisamos, modificamos, copiamos, transmitimos. Al hacer esto de algún modo funcionan como *entidades discretas*. Esto trae aparejadas algunas discusiones relevantes. La primera es la distinción entre un *programa* y un *archivo* como objetos técnicos. Si bien esta discusión puede parecer sencilla, no lo es tanto. Un procesador de textos es equiparable a un objeto técnico, mientras que los archivos .rtf que produce son equivalentes a los productos de una máquina determinada; sin embargo puede haber programas al interior de los documentos, como puede ser con los macros o las plantillas. Como lo demuestran las planillas de cálculo, es difícil pensar que sean "apenas" productos. Si la división fuese tan clara, se podría establecer una continuidad entre la máquina industrial que produce objetos, como la prensa que produce libros, y un programa que produce archivos de texto.

En esta mirada ingenua se asume una continuidad entre el medio asociado "material" y el digital (que también es "material", solo que la percepción de su materialidad requiere de un instrumental complejo e infrecuente). Tal impresión de continuidad se debe a una percepción alográfica de los objetos. Aun aceptando una versión acotada de objeto digital de este tipo, es decir que solo los programas serían objetos digitales propiamente dichos, persisten dos problemas que no estaban presentes o que lo estaban de manera atenuada en el contexto industrial: el de la copia idéntica y, derivado de esta, el de la identidad de los objetos.

La posibilidad de *copia* de un objeto digital da lugar a preguntas interesantes acerca de la *identidad* de dichos objetos. La múltiple realizabilidad de los objetos técnicos podría permitir hablar de *copia* o de *estandarización* o de *modelos* de un objeto determinado. Sin embargo, la producción en serie de objetos técnicos a partir de un modelo no da lugar a una identidad. Sirva esta digresión como ejemplo: puede decirse que dos autos son del mismo *modelo*, pero no se los confunde con el mismo auto, algo que, además de la inscripción en los registros estatales, la práctica del *tuning* y la pericia e impericia del conductor o de terceros pueden ir diferenciando. Solemos decir, en cambio, que el archivo que estoy editando y que acabo de copiar en mi disco externo, es el mismo archivo que está como adjunto en un correo electrónico que acabo de enviar. Eventualmente, con el correr de las intervenciones sobre los archivos no se tratará de distintos archivos sino de *versiones* y para evitar su multiplicación, podemos optar por detener su variación bajo la forma de un archivo formato .pdf, por ejemplo. En cualquier caso, no identifico mi archivo con su realización física, cosa que sí hago con el auto o con el sacacorchos.

Integridades y replicaciones

Una reflexión productiva e informada proviene del campo del archivismo y la conservación digital. Owens, retomando una propuesta de Matthew Kirschenbaum señala la existencia de un aspecto de los objetos (no solo digitales) en el cual la interpretación juega un rol determinante (y por interpretación estamos ante un fenómeno tanto técnico como psíquico, dando por válida la división de lo técnico y lo psíquico, por supuesto):

> I find it interesting that these two different senses of sameness, the allographic and the autographic are fundamentally mutually exclusive properties. [...] While conservationists do their best, from day to day there are changes in things like the water content in pages or other minor fluxuations in the chemical composition of any artifact. I suppose if the device wasn't particularly sensitive it wouldn't detect the difference, but even if it did say they were the same thing we would know that it was a lie, it just wasn't sensitive enough to pick up the subtle changes in the artifact. This is a key distinction between analog and digital objects. Digital objects are always

encoded things, in this sense they (like the text of *Frankenstein* or the text transcribed by scribes) are allographic. Their essence is actually more allographic than those analog corollaries, as the encoding is much richer and leaves much less interesting information residing in the artifact itself (Owens, 2012).

En las historias del libro estas diferencias entre los textos (no de los libros) se definen como los *accidentals*, a los que se oponen los *substantials*. Es decir, la errata no afecta las propiedades constitutivas de un texto que se encuentra sustraído de su impresión particular. En este punto quizá convenga diferenciar niveles, ya que como dijimos antes, una "obra" (literaria, artística, científica, etc.) no es un objeto técnico. El objeto técnico a lo sumo será el libro o el eReader. Sin embargo, esta cuestión es un tema que no se presenta con claridad en el pensamiento del propio Simondon. Intentando correrme de las discusiones sobre la naturaleza de las obras de arte o de las miradas semióticas que ven a las obras como "dispositivos" o "artefactos", me gustaría centrarme en otro aspecto que puede echar luz al problema (y a la discusión de las relaciones entre arte y técnica). Un aspecto determinante de los objetos técnicos es la posibilidad de su replicabilidad. La repetición es un rasgo central de la técnica: lo que la separa del descubrimiento individual o del *naturfacto*. Solo cuando una *exteriorización*, por volver a un concepto central de la relectura de los objetos técnicos por parte de Stiegler (2002) deviene estereotipo, cuando trasciende el uso idiosincrático, podemos hablar de técnica. Y solo podemos hablar de objetos técnicos propiamente dichos, con respecto a los productos industriales. Por el contrario, ante las *obras artísticas*, especialmente las producidas por las artes denominadas plásticas o visuales, nos encontramos con la idea de *unicidad*.

En cierto modo, tales obras son siempre un prototipo. Sin embargo hay una diferencia hacia dentro de ese vastísimo universo que entra en *obra*: la de replicabilidad.

Abjurando de las malas lecturas de Walter Benjamin que tienden a multiplicarse al infinito, resulta provechoso para el tema de este capítulo pensar en la diferencia entre la obra aurática y la obra técnicamente reproductible. En el primer caso se trata de obras autográficas, en el segundo de alográficas. Pero dentro de este esquema, se sigue tratando siempre de productos y no de objetos técnicos. El caso de los textos impresos puede ser más relevante para el tema que nos ocupa. La falsedad o autenticidad de las obras auráticas puede definirse a partir de una percepción autográfica (de aquellas marcas que la particularizan). Los textos, en cambio, poseen una propiedad alográfica. La interpretación de una misma *obra* es independiente de sus realizaciones particulares, y sus variaciones son accidentes que no alteran, para la percepción cultural más extendida, su *sustancia* (algo parecido sucede con los films, pensemos si no en las múltiples versiones del film de Fritz Lang *Metrópolis*). Si los accidentes la modifican al punto de no permitir reconocerla como tal, no podremos decir que estamos ante *el mismo* objeto ya que no se conserva la *integridad textual*.

Agencia

Este brevísimo recorrido apunta apenas a introducir la similitud entre el texto y el código. Así como la escritura es la base de los textos, la codificación es la base de los objetos digitales. Y su existencia es, *a priori*, alográfica, como lo demuestran los *checksums* o las *verificaciones de redundancia cíclica* que permiten constatar la identidad de abstracciones. Como señala la entrada de *verificación de redundancia cíclica* de Wikipedia consultada el 3 de setiembre de 2014:

> La verificación por redundancia cíclica (CRC) es un código de detección de errores usado frecuentemente en redes digitales y en dispositivos de almacenamiento para detectar cambios accidentales en los datos. Los bloques de datos ingresados en estos sistemas contienen un valor de verificación adjunto, basado en el residuo de una división de polinomios; el cálculo es repetido, y la acción de corrección puede tomarse en contra de los datos presuntamente corruptos en caso de que el valor de verificación no concuerde; por lo tanto se puede afirmar que este código es un tipo de función que recibe un flujo de datos de cualquier longitud como entrada y devuelve un valor de longitud fija como salida. El término suele ser usado para designar tanto a la función como a su resultado. Pueden ser usadas como suma de verificación para detectar la alteración de datos durante su transmisión o almacenamiento. Las CRC son populares porque su implementación en hardware binario es simple, son fáciles de analizar matemáticamente y son particularmente efectivas para detectar errores ocasionados por ruido en los canales de transmisión.

Sin embargo, una extensión de la idea de texto a la de código debe considerar algunos reparos. El más importante es la *agencia* del código. El software que regula los semáforos no es equiparable a una carpeta con un proyecto de semaforización de los años 60. Y hacia dentro de los objetos digitales que pueden delimitarse relacionalmente dentro del código, cabe volver a señalar que un *programa* no es lo mismo que un *archivo* que ese programa puede abrir. Aunque como vimos antes, el ejemplo de los juegos complica un poco esa distinción, de manera similar a lo que sucede con una planilla de Excel o un formulario.

En el contexto industrial, definir un individuo técnico y su grado de concretización, retomando la propuesta de evolución técnica simondoniana, a partir de la integración de los elementos técnicos hacia dentro de aquel no demanda un esfuerzo para identificar los límites de ese objeto. Acaso delimitar el medio asociado (el complejo entramado industrial y productivo, que incluye las redes eléctricas, por ejemplo) requiera mayores esfuerzos, pero los límites de los medios asociados existen. Por el contrario, en el caso del contexto digital, como dije antes, los límites del objeto son de orden necesariamente relacional. Otro aspecto a considerar en la definición de objetos digitales, a diferencia de los objetos técnicos, es el de la *integridad* del código en las sucesivas replicaciones, el *fixity check*. Con el software cerrado esto no pareciera ser tan problemático y resulta más equiparable a los objetos técnicos industriales, pero la lógica del *upgrade* no encuentra equivalencias ni siquiera para estos paquetes cerrados. Hoy las aplicaciones de un celular se actualizan constantemente, muchas veces sin necesidad de autorización del humano. La definición del objeto digital podría confirmarse en principio revisando el número de la versión. Sin embargo, esto pierde de vista la indeterminación y la apertura existente en el software libre y los modos de programación no propietarios. Hui, de hecho, sugiere que el concepto de concretización es extensible a este nuevo medio, de lo cual se derivaría que el software no libre es en realidad un software al que se le impide la concretización del mismo modo que la estetización engañosa impide la concretización de los técnicos para Simondon.

Abstracciones materiales

Por último, otro aspecto sobre el que me gustaría discutir es la paradójica condición de código abstracto e inscripción material de los objetos digitales. Los especialistas en conservación digital señalan que esta doble condición revela en el fondo la coexistencia de rasgos alográficos y autográficos en los objetos digitales que emergen en una mirada *forense* (siguiendo la terminología propuesta por Kirschenbaum):

> What is wild about digital objects is that there are extensive forensic, or artifactual, traces of the media they were stored on encoded on inside the formal digital object like a disk image. That is, the formal object of a disk image records some of the forensic, the artifactual, the thingyness of the original disk media that object was stored on. The forensic disk image is allographic but retains autographic traces of the artifact (Owens, 2012).

Las marcas de materialidad sin embargo no constituyen obstáculo para la ocurrencia de otro rasgo distintivo de los objetos digitales, la múltiple realizabilidad de su medio asociado, que a su vez son también objetos digitales para otros medios asociados.

Este panorama que presento no alcanza a dar respuestas definitivas, solo a identificar algunos problemas recurrentes. Una intuición que anima este trabajo es que las posibles respuestas pueden estar en una comprensión de las relaciones entre *código* y *estándar*, para lo cual es necesaria una comprensión clara del rol de estándar en la técnica, y dentro del medio digital, de su rol en los procesos de identificación y replicación.

Bibliografía

Berti, A. (2014). "Étnica y técnica". *Nombres* (27), 253-269.
Blanco, J. Y. (2013). "¿Objetos digitales?". *Actas del IV Coloquio Internacional de Filosofía de la Tecnología: Tensiones, continuidades y rupturas* (pp. 57-65). Buenos Aires: Universidad Abierta Interamericana.

Hui, Y. (2012). "What is a Digital Object?". *Metaphilosophy* (43) 4, 380-395.

Owens, T. (2012, October 25). "The is of the Digital Object and the is of the Artifact". Recuperado el 10 de octubre de 2013, de The Signal. Digital Preservation: https://goo.gl/OjYJPq.

Simondon, G. (2008). *El modo de existencia de los objetos técnicos*. Buenos Aires: Prometeo.

Stiegler, B. (2002). *La técnica y el tiempo*. "1. El pecado de Epimeteo". Hondarribia: Hiru.

2

Intérpretes

JAVIER BLANCO, RENATO CHERINI Y PÍO GARCÍA

Introducción

Alrededor de la década de 1930, dos concepciones coherentes sobre lo efectivamente computable se anclan en diferentes maneras de plantear este problema. Por un lado, se caracterizan los algoritmos como maneras mecánicas de resolver problemas. Por otro, en el marco de los sistemas axiomáticos, la pregunta se coloca en la noción de calculabilidad en una lógica. Si bien los diferentes intentos de caracterizar lo efectivamente computable se demuestran equivalentes (lo que luego se llama la tesis de Church-Turing), no es sino hasta que Turing explicita restricciones estrictas sobre qué significa un paso mecánico de cálculo, que los participantes de estas discusiones (Church, Kleene, Herbrand, Gödel, entre otros) llegan al consenso de que el problema está resuelto.

Para Turing (1936) las reglas que determinan el proceso de computación efectiva son seguidas por el "computer", una persona actuando rutinariamente con percepción y memoria limitadas, que se cristalizan en la utilización de papel y lápiz, y operaciones elementales con ellos. Así, computar es seguir reglas prescriptas de manera simple, que en el caso del formalismo propuesto, las máquinas de Turing, son tan elementales que ya no es posible ni necesario descomponerlas. Turing justifica a partir de un análisis conceptual que lo computable es lo que puede ser calculado de esta manera.

Gandy (1980) extiende la idea de computación a partir de mecanismos no-humanos, caracterizándolos de forma abstracta y determinando el máximo poder de cómputo que puede obtenerse. Uno de sus objetivos explícitos es independizarse de cualquier formalismo particular, presentando solo restricciones estructurales que limitan lo computable por esos mecanismos. De alguna manera, lo que se obtiene es un meta-formalismo que intenta capturar las posibles maneras de definir mecanismos computacionales y las restricciones para ser considerados tales.

Está generalmente aceptado que la caracterización de Turing, luego consolidada por Gandy, captura la noción de computación. Sin embargo, preguntas como qué es computar, cuando un sistema computa y en qué sentido es computacional, y cuál es la relación entre los aspectos abstractos y concretos de la computación, no se resuelven definitivamente con su propuesta. Tanto la filosofía de la mente como la filosofía y las prácticas de las ciencias de la computación son una fuente de problemas para las concepciones de computación.

El problema de la relación entre computación abstracta y concreta incluye la cuestión de la naturaleza dual de los programas, con sus derivas en aspectos metodológicos (como la verificación formal y el testing de programas), la preeminencia entre la teoría de la computación y la construcción de computadoras, e incluso la eventual bifurcación de la tesis Church-Turing para sistemas abstractos y físicos (Piccinini, 2015).

En ocasiones se cuenta la historia de la computación como si la construcción efectiva de una computadora física supusiera la elucidación previa de una noción abstracta de computación. Esta forma de defender la preeminencia de una concepción abstracta de computación se enfrenta con la evidencia histórica de la potencia expresiva y la flexibilidad de dispositivos como los de Babbage, diseñados cien años antes que las discusiones de 1930 (Davis y Weyuker, 1994). Esto sugiere que para construir una computadora no haría falta una noción abstracta previa de computación, pero sí parece necesaria para reconocer un artefacto como computadora y definir sus límites computacionales.

Por otro lado, la división entre aspectos abstractos y concretos de la computación a veces se presenta de tal manera que implica una diferenciación ontológica (Eden, 2007). Así, un programa debería entenderse como una estructura sintáctica que obedece las leyes de la lógica (*program-script*) o como una estructura causal sujeta a la leyes de la física (*program-process*). La ineludible necesidad de un sustrato material que lleve adelante el proceso de computación otorgaría preeminencia a la segunda concepción. Esto, junto a la dificultad para relacionar el reino de lo abstracto con el mundo material, parece bregar por soluciones que relativizan cualquier conocimiento que no provenga de una experimentación empírica, lo que choca de lleno con las prácticas actuales en el ámbito de las ciencias de computación.

Respecto a la identificación de cuando un sistema computa o, de forma más general, cuando es computacional, se puede señalar al pancomputacionalismo como la concepción que parece trivializar la noción de cómputo. La discusión sobre el pancomputacionalismo comienza en el campo de la filosofía de la mente y luego es tomada por la filosofía de la computación. Un problema que aparece en cualquier definición de computación es saber si puede servir para distinguir sistemas que computan de aquellos que no. Putnam (1988) y Searle (1990), entre otros, elaboran argumentos que mostrarían la ausencia de rasgos específicos en la idea de computación que se expresa como pancomputacionalismo: "todo computa"; y otras veces como relativismo semántico: "la computación está en el ojo del observador".

Estas críticas toman diferentes formas. Quizá la mejor formulada es la que Putnam expresa en forma de teorema, en el que muestra que cualquier sistema de transición (sin entrada ni salida de datos) es implementado por cualquier sistema físico abierto con suficientes estados. La idea es que los estados abstractos de una computación pueden ser realizados por cualquier (clase de equivalencia de) estado(s) físico(s). Si se consideran sistemas de entrada-salida el teorema se debilita, pero igualmente sigue planteando cierta trivialización de la noción de cómputo: cualquier sistema de transición finito es implementado por cualquier sistema físico abierto que exhibe la relación adecuada de entrada-salida.

En este artículo proponemos una noción relacional de implementación y computación, a través del concepto de intérprete. Computar es un proceso determinado por el vínculo prescriptivo entre un programa y un comportamiento. La implementación que determina un sistema computacional como tal puede ser comprendida como una relación de realización de una descripción abstracta de este vínculo, que cierra el gap ontológico entre los aspectos abstractos y físicos de la computación.

La propiedad de programabilidad, i.e. la capacidad de un sistema de recibir una prescripción arbitraria y comportarse de acuerdo con ella, es central. Así, creemos que el concepto de intérprete permite resumir los aspectos centrales que caracterizan la noción de computación. Más aun, permite construir jerarquías de sistemas computacionales que habilitan, ya no a contestar por sí o no la pregunta sobre cuándo un sistema es computacional, sino a describir grados de computación de acuerdo con la programabilidad de los sistemas.

Funciones de interpretación y sistemas computacionales

Un intérprete es una noción general que provee un marco uniforme para analizar, caracterizar y relacionar mecanismos físicos, como calculadoras y computadoras; una persona actuando mecánicamente, como el computador de Turing, o haciendo reducciones de un término lambda; formalismos matemáticos, como la Máquina de Turing Universal; o incluso sistemas computacionales ideales que están más allá de la compatibilidad de Turing, como las computadoras oráculo.

Uno de los aspectos comunes a todos los sistemas mencionados es que pueden caracterizarse por sus posibles comportamientos. Por comportamiento entendemos una descripción idealizada de las ocurrencias de ciertos eventos considerados relevantes. Las diferentes formas de observar un sistema determinan conjuntos diferentes de comportamientos. La parcialidad en la forma de observar solo lo considerado relevante abre la puerta a múltiples realizaciones de un mismo comportamiento, i.e. diferentes configuraciones de un sistema pueden ser vistas como equivalentes y consideradas como el mismo comportamiento. Algunos ejemplos de comportamientos que se consideran en la literatura son la salida de datos, trazas de ejecución, grafos de procesos, conjuntos de fallas, *interleavings* de acciones atómicas, etc. Una definición más precisa de comportamiento solo tiene sentido en un marco particular. Aquí evitamos hacer específica la definición, ya que nos interesa poder capturar el concepto de sistema computacional en su generalidad y consideramos que nuestros resultados se aplican a todos los comportamientos mencionados. A pesar de esto, vamos a ilustrar nuestros ejemplos con el caso más común: la salida de datos.

La idea central que presentamos es que un intérprete produce comportamientos a partir de una codificación de estos que acepta como entrada. La relación entre tal entrada, que llamamos programa, y el comportamiento que prescribe, se caracteriza mediante una función de interpretación.

> *Definición 1 (función de intepretación)*
> Dado un conjunto B de posibles comportamientos, un conjunto P de programas, y un conjunto D de datos, una función de interpretación es una función $i \in P \to (D \to B)$, que asocia a todo comportamiento $b \in B$ un programa $p \in P$ y un dato $d \in D$. Con $A \to B$ denotamos el conjunto de funciones totales de A en B.

Usualmente nos referimos a una función de interpretación $i \in P \to B$, asumiendo que los datos de entrada se encuentran codificados con el mismo programa. Cuando los elementos de P se construyen utilizando algún lenguaje, lo llamamos lenguaje de programación. Cuando consideramos los comportamientos de salida de datos, suele darse que B = D.

Las nociones de función de interpretación y programa son relacionales. Una función de interpretación es tal cuando prescribe comportamientos a un conjunto dado de programas; es una función de interpretación para tal conjunto. Un programa es tal cuando existe una función de interpretación para él. No hay nada intrínseco en ser un programa más allá de la relación con una función de interpretación. Por ejemplo, los números de Gödel permiten considerar los números como programas (Davis y

Weyuker, 1994). De esta manera, los conceptos de función de interpretación, programa (e incluso lenguaje de programación) son interdefinibles.

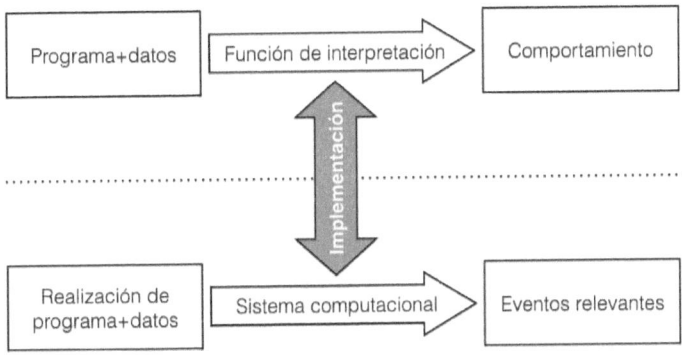

Figura 1. Relación de implementación

Decimos que un sistema I es computacional respecto a una función de interpretación i (o equivalentemente I implementa i) cuando se comporta de acuerdo con la prescripción establecida por i.

Definición 2 (sistema computacional)
Dados un sistema *I* y una función de interpretación $i \in P \to B$, decimos que *I* implementa *i* si es capaz de recibir una realización del programa *p* como entrada y sistemáticamente producir los eventos relevantes caracterizados por el comportamiento *b*, tal que $i.p = b$.

Ni los estados internos, ni la forma particular que tiene I para producir el comportamiento son relevantes para satisfacer el criterio de implementación, a excepción, por supuesto, de que tales aspectos formen parte de lo considerado relevante. La figura 1 muestra la implementación de una función de interpretación como una relación entre relaciones. En la versión "concreta", el comportamiento usualmente toma la forma de un proceso (el llamado program-process) o el estado final de un proceso tal, cuya forma particular está establecida por el sistema pero puede ser comprendido en términos de los atributos observables definidos como relevantes. Consideramos que el programa mismo (el program-script) es parte fundamental del sistema, y como tal, debe ser considerado también en su forma "concreta". Esta idea, que no es nueva, como muestra la siguiente cita de (Moor, 1978), generalmente es olvidada en los trabajos que intentan dar cuenta de la noción de computación:

> It is important to remember that computer programs can be understood on the physical level as well as the symbolic level. The programming of early digital computers was commonly done by plugging in wires and throwing switches. Some analogue computers are still programmed in this way. The resulting programs are clearly as physical and as much a part of the computer system as any other part. Today digital machines usually store a program internally to speed up the execution of the program. A program in such a form is certainly physical and part of the computer system.

La presencia de una realización del programa como parte del sistema es quizá la mayor diferencia entre una descripción computacional de un sistema (cuando el programa no forma parte del sistema) y un sistema computacional (cuando el ahora presente programa actúa como una prescripción). La realización del programa puede darse de diferentes maneras (un texto representado con una configuración eléctrica de la memoria, la distribución de interruptores en una computadora *hard-programmed*, la tabla de transiciones de una máquina de Turing escrita en papel, etc.).

De esta manera, la principal característica de un sistema computacional es que es programable: admite la codificación de una variedad de sus comportamientos. El grado de programabilidad del sistema está dado por la variedad de comportamientos que el lenguaje de programación subyacente es capaz de codificar, y es la característica distintiva del sistema computacional como tal. Si consideramos que un sistema es computacional cuando es programable, entonces "ser computacional" es una propiedad que puede ser establecida solo en relación con un conjunto de comportamientos y una codificación correspondiente. En otras palabras, la propiedad de ser computacional no tiene sentido independientemente de un conjunto de comportamientos y un conjunto de programas.

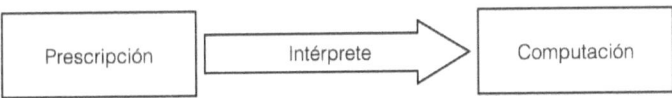

Figura 2. Intérprete

La distinción entre la prescripción dada por una función de interpretación y su implementación refuerza la idea de que "ser un sistema computacional" es principalmente una propiedad relacional abstracta de los sistemas, y por lo tanto, no existe ningún sistema inherentemente computacional. Sin embargo, mientras que es necesaria una contraparte física para llevar adelante el proceso de la computación, la propiedad de ser un sistema computacional está determinada por la prescripción que es implementada por el sistema.

Definición 3 (intérprete y computación)
Utilizamos el término intérprete para denotar un sistema computacional en el sentido de la definición 2, reforzando la idea de que la prescripción es una parte constitutiva del sistema para que sea considerado computacional. Así comprendemos una computación como el resultado producido por un intérprete dada cierta prescripción como entrada, pero no simplemente el resultante proceso, o estado final, del sistema subyacente (fig. 2).

La propiedad de "ser un intérprete" para conjuntos dados de programas y comportamientos puede ser satisfecha por diferentes sistemas. La relación de implementación puede realizarse de diferentes maneras. Por ejemplo, una computadora de ADN o una computadora cuántica no se asemejan en su estructura a una computadora digital tradicional. De manera inversa, un mismo sistema puede implementar diferentes funciones de interpretación. Como mínimo, el subsistema de entrada debe ser modificable para permitir la recepción de un programa (y sus datos de entrada) y el subsistema de salida debe poseer los suficientes estados diferentes como para permitir reconocer la computación realizada. La prueba o justificación de la correspondencia entre la prescripción y la producción de un sistema puede requerir diferentes métodos, ya sean matemáticos o empíricos, dependiendo de la tecnología elegida para la implementación.

Nuestra noción de intérprete generaliza la definición usual en el área de compiladores y teoría de lenguajes, donde un intérprete es un programa de una computadora digital. Esta idea generalizada está implícita en los textos clásicos de compatibilidad, por ejemplo, en Jones, 1997:

> The "computing agent" then interprets the algorithm; it can be a piece of hardware, or it can be software: an interpreter program written in a lower-level programming language. Operationally, an interpreter maintains a pointer to the current instruction within the algorithm's instruction set, together with a representation of that algorithm's current storage state. Larger algorithms correspond to larger interpreted programs, but the interpreter itself remains fixed, either as a machine or as a program.

Tanto en la teoría como en la práctica de las ciencias de la computación, el uso de intérpretes es ubicuo, aunque no siempre son presentados como tales. Los siguientes ejemplos ilustran esta afirmación.

Ejemplo 1

El formalismo de las máquinas de Turing define elementos estructurales, como una cinta infinita, un cabezal de lectura/escritura, un conjunto finito de estados mentales, acciones elementales, como mover la cinta a la izquierda o derecha, leer o escribir un símbolo en la cinta, etc., y sus relaciones; y prescribe su desempeño de acuerdo con una tabla de transiciones. Cada tabla de transiciones (una máquina de Turing particular) es un programa, y su resultado son los valores escritos en la cinta.

Una posible implementación es un "computer", una persona provista de papel y lápiz, actuando mecánicamente, obedeciendo las reglas de la tabla de transiciones, utilizando percepción y memoria limitadas. Tanto el programa como el comportamiento resultante se realizan como símbolos en el papel.

Los comportamientos producidos por las máquinas de Turing son el conjunto de valores resultantes de las funciones computables sobre números (según la tesis de Church-Turing).

Ejemplo 2

El diseño de una computadora digital moderna establece el conjunto de operaciones elementales del microprocesador sobre valores simples y estructurados, ambos, las operaciones y los valores, codificados como palabras de bits, llamadas código de máquina, y la forma en que el sistema de memoria los almacena.

Una computadora particular, construida de acuerdo con el diseño anterior, ejecuta el código de máquina de un programa y produce el valor resultante, ambos realizados como patrones eléctricos en los chips de memoria. La relación de implementación está garantizada por la teoría detrás de la tecnología electrónica.

El conjunto de comportamientos puede limitarse a los valores computados (coincidiendo con los comportamientos de las máquinas de Turing), o puede definirse teniendo en cuenta detalles relevantes del proceso de computación, como paralelismo, predicación, etc.

Ejemplo 3

Una computadora *hard-programmable*, como la ENIAC, es un intérprete de los mismos comportamientos mencionados anteriormente. En este caso, el programa y los datos se realizan como ciertas configuraciones de *switches* y cables, mientras que el resultado está dado por la configuración del *hardware*.

Jerarquías de intérpretes

En lugar de trazar una línea entre los sistemas que son computacionales y los que no, el concepto de intérprete permite hablar de niveles de computacionalismo, con sistemas que aceptan lenguajes Turing completos en la cima (por ejemplo, las computadoras digitales) y sistemas elementales que implementan intérpretes elementales en lo más bajo (como una piedra, o un balde de agua).

La necesidad de considerar una jerarquía de intérpretes no solo aparece cuando necesitamos distinguir hasta qué punto un sistema físico computa, sino también en el dominio de formalismos abstractos, como las máquinas de Turing. Por ejemplo, mientras que está fuera de la discusión que el formalismo como un todo, o en otras palabras, el conjunto de todas las máquinas de Turing es un caso paradigmático de un sistema computacional, es menos claro cuándo una máquina de Turing particular computa, o mejor, cuán potente o programable es. Consideremos una máquina de Turing de sumar, que toma la representación unaria de dos números y los concatena. Podríamos afirmar que la máquina computa, o más aun que es un sistema computacional. Algunos autores pueden estar de acuerdo con la primera afirmación pero no con la segunda. En esta sección, introducimos dos jerarquías diferentes para comparar intérpretes, de acuerdo con dos nociones importantes en el campo de la teoría de la computibilidad: simulación e interpretación. La primera permite relacionar intérpretes de acuerdo con su poder computacional, i.e. el conjunto de comportamientos que pueden producir. La segunda define una relación más fuerte, de acuerdo con su programabilidad, que implica, bajo ciertos requerimientos, a la anterior, y caracteriza además la relación comúnmente llamada "implementación".

La primera jerarquía de intérpretes se define en términos de un simple pre-orden entre las funciones de interpretación, teniendo en cuenta el conjunto de comportamientos considerados por cada una de ellas.

Definición 4 (simulación de comportamientos)
Dadas las funciones de intepretación $i \in P \to B$ e $i' \in P' \to B'$, y los intérpretes I e I' respectivamente, decimos que I se comporta al menos como I', denotado por $I' \subseteq I$, si $B' \subseteq B$. En el caso de que también valga $I \subseteq I'$ decimos que los intérpretes son comportamentalmente equivalentes.

Usualmente los sistemas computacionales se comparan en términos de los lenguajes de programación que aceptan. En lugar de organizar una jerarquía de intérpretes en términos de los comportamientos que producen, es posible relacionarlos haciendo foco en los lenguajes de programación que soportan.

Eden y Turner (2007) presentan una caracterización de los lenguajes de programación en función de la completitud de Turing, intentando dejar fuera ciertos candidatos antiintuitivos. Sin embargo esta restricción parece demasiado fuerte, dado que algunos lenguajes que no son Turing completos pueden ser considerados lenguajes de programación genuinos, por ejemplo: el lenguaje de demostradores de teoremas como Coq e Isabelle, que solo permiten funciones que terminan; algunos lenguajes derivados de la teoría de tipos; o el lenguaje propuesto por Turner (1995), que consta de funciones primitivas recursivas de alto orden. Incluso un lenguaje mucho más simple, como el de una calculadora electrónica, es un lenguaje de programación interesante, aunque poco potente.

Para definir una jerarquía basada en los lenguajes de programación, introducimos la noción de función de compilación como una función que traduce un programa p en otro p' equivalente, posiblemente escrito en un lenguaje de programación diferente.

Definición 5 (función de compilación y simulación de lenguajes)
Dadas dos funciones de interpretación $i \in P \to B$ e $i' \in P' \to B'$, decimos que $c \in P' \to P$ es una función de compilación entre P' y P si para cada $p' \in P'$:
$i.(c.p') = i'.p'$
En este caso decimos que I simula a I', denotado por $I' \leq c\ I$. En caso que también valga $I \leq c'\ I'$ (para $c' \in P \to P'$) decimos que los intérpretes son lenguaje-equivalentes.
Como una consecuencia directa de esta definición, el orden $\leq$ implica lógicamente el orden $\subseteq$ previamente definido. Lo recíproco también es cierto.

Lema 1
Dados dos intérpretes I e I':
1. Si $I' \subseteq I$, entonces existe $c \in P' \to P$ tal que $I' \leq c\ I$.
2. Si $I \leq c\ I'$ (para alguna $c \in P \to P'$), entonces $I \subseteq I'$.

Ejemplo 4

Sea P un lenguaje de programación que consiste de dos instrucciones: sum.x y mult.x que producen respectivamente la suma y multiplicación de x con el valor almacenado en un acumulador, y almacenan el resultado en él. Sea I un intérprete para este lenguaje que acepta secuencias de tales instrucciones como programas. Así I se comporta como un evaluador de expresiones algebraicas conformadas por + y ×.

Sea P' otro lenguaje de programación que consiste de tres operaciones: sum.x definida como la anterior, A que accede al valor almacenado en el acumulador, y repeat.x.S que repite la secuencia de instrucciones S una cantidad x de veces. Sea I' un intérprete para P'.

Es fácil de demostrar que existe una función de compilación que traduce cada instrucción mult.x en un programa *repeat* (x-1).(sum.A). Por lo tanto I' simula a I. Lo opuesto no es verdadero, ya que I' se comporta como un evaluador de expresiones algebraicas conformadas por +, × e hiper-exponenciación.

Más allá del hecho de que los órdenes previamente definidos son equivalentes, el segundo tiene su propia importancia ya que los lenguajes de programación y la traducción entre ellos juegan un rol fundamental en las prácticas de las ciencias de la computación. Ya que son dispositivos diseñados, los intérpretes se construyen usualmente de acuerdo con un lenguaje de programación predefinido en lugar del conjunto de comportamientos subyacentes, que permanece implícito. Más aun, suele suceder que el conjunto de comportamientos no es (o no puede ser) descripto de forma precisa. Como un caso particular, el conjunto de las funciones efectivamente computables no puede ser definido excepto por la relación entre diferentes formalismos, conocida como la tesis de Church-Turing.

Lema 2 (tesis de Church-Turing)
Las funciones recursivas, las máquinas de Turing y un lenguaje imperativo estándar, etc., vistos como los respectivos intérpretes R, T, I de las "funciones efectivamente computables", son lenguaje-equivalentes, y para cualquier otro intérprete I' tal que $R \leq I'$ necesariamente vale que $I' \subseteq R$.

Consideremos dos intérpretes I e I', y sus funciones $i \in P \to (D \to B)$ e $i' \in P' \to (D' \to B')$ respectivamente. La jerarquía definida por los órdenes $\leq$ y $\subseteq$ especifica que un intérprete, por caso I, puede simular a otro, I', y consecuentemente comportarse como tal, pero no estipula cómo se lleva adelante esa simulación. No es un requerimiento que la función de compilación se pueda ejecutar mecánicamente, ni que sea una función computable. En la literatura se propone el concepto de compilador como un procedimiento mecánico para traducir efectivamente un programa escrito en un lenguaje de programación a otro. Si requerimos que la traducción sea ejecutada por I, esto es, existe un compilador comp $\in$ P, la condición de la definición 5 se transforma en

$i.(i.comp.p') = i'.p'$

Aquí i.comp.p' es la "ejecución" del compilador con el dato de entrada p' que resulta en otro programa, que es la entrada de i. Notar que debe suceder que $P \subseteq D$.

Dado el rol central que tiene la noción de compilador en la teoría de la computación, se puede argumentar que puede reemplazar a la noción de intérprete para determinar cuándo un formalismo sintáctico es un lenguaje de programación, y consecuentemente, cuándo un sistema es computacional. Sin embargo el concepto de intérprete es más primitivo, porque para que un compilador (o más en general, cualquier programa) sea "ejecutado", siempre es necesario un intérprete (como se observa a partir de la ecuación anterior). Mientras que el concepto de compilador tiene cierta capacidad explicativa, que permite comprender un lenguaje de programación en términos de otro lenguaje más primitivo, es un intérprete quien finalmente caracteriza los comportamientos que tal lenguaje es capaz de codificar. La ecuación anterior nos permite decir informalmente que "la composición de un intérprete con (la ejecución de) un compilador resulta en un intérprete".

Requerir que una función de compilación pueda ser codificada como un programa para un intérprete dado impone condiciones más fuertes no solo en los comportamientos que tal intérprete produce, sino también en su programabilidad. Siguiendo esta dirección, es posible definir un orden lógicamente más fuerte que $\subseteq$ (y que $\leq$).

> *Definición 6 (interpretación)*
> Dadas dos funciones de intepretación $i \in P \to B$ e $i' \in P' \to B'$, y respectivos intérpretes I e I', e $int \in P$ un programa particular que toma elementos de P' como entrada, decimos que int es un programa-intérprete para P' si
> $i.int = i'$
> En este caso decimos que I interpreta a I', denotado como $I' \propto I$. Si además vale que $I \propto I'$ decimos que I e I' son inter-interpretables. Cuando $I \propto I$ decimos que I es auto-interpretable, que es una propiedad bien conocida de los sistemas Turing completos.

La diferencia entre las jerarquías de simulación e interpretación es sutil. Nuevamente consideremos dos intérpretes I e I', que implementan las funciones $i \in P \to (D \to B)$ e $i' \in P' \to (D' \to B')$ respectivamente. Mientras que el orden $I' \leq I$ determina una relación de ser parte entre los comportamientos subyacentes (i.e. $B' \subseteq B$), el orden $I' \propto I$ caracteriza una relación de ser un elemento ($i' \in D \to B$). Como consecuencia, no solo I puede finalmente comportarse como I', sino que el lenguaje de programación de I es capaz de codificar en un único programa el conjunto completo de comportamientos del intérprete I'.

Para clarificar la distinción, supongamos que I' ≤ I y I' ∝ I. Así, combinando las condiciones de las definiciones 5 y 6 obtenemos

$i.(c.p') = i.int.p'$

En el lado izquierdo, $c.p'$ es un programa diferente para cada p'. En el lado derecho, el programa es siempre el mismo, *int*, mientras que p' es solo el dato de entrada de *int*.

La ecuación anterior permite entrever la relación lógica entre ≤ y ∝. Si $I' \propto I$ vale, es fácil de imaginar cómo definir una función de compilación de P' a P: asignar a cada $p' \in P'$ un programa como *int* pero con p' ocupando el lugar del parámetro de entrada.

Lema 3
Sean $i \in P \to B$ e $i' \in P' \to B'$ dos funciones de intepretación, I e I' los intérpretes que implementan i e i' respectivamente. Si $I' \propto I$, entonces $I' \leq I$.

Interpretación e implementación

Reconsideremos la definición de la relación de interpretación. El nombre elegido para referirnos al programa característico int puede resultar confuso en principio, pero no es arbitrario. Previamente introducimos el concepto de intérprete como una generalización del concepto, comúnmente comprendido como un programa que "ejecuta" otros programas. El programa-intérprete int es tal programa.

Además, los programas-intérpretes juegan un papel fundamental en la relación de implementación. Un programa-intérprete es un intérprete de acuerdo con la relación de implementación que presentamos, en el siguiente sentido. Consideremos dos funciones de interpretación $i \in P \to B$ e $i' \in P' \to B'$, e I un sistema computacional respecto a i. Consideremos además que existe un programa-intérprete $int \in P$, tal que

$i.int = i'$

Es fácil ver que el intérprete I instanciado con int (i.e. fijando int como la entrada de I) satisface el criterio para ser considerado una implementación de la función de interpretación i', y por lo tanto es un intérprete. Esto nos permite decir informalmente que "la composición de un intérprete con un programa-intérprete es un intérprete". Además, para cualquier otro sistema I' que implementa i', se satisface que $I' \propto I$.

Cabe remarcar que no es el mero sistema (físico) I quien implementa a i', sino que la función de interpretación i interviene en la relación. Así es que I, considerado como sistema computacional respecto a i y provisto con int, es también computacional respecto a i'. Esto muestra que la relación de implementación es lo suficientemente general como para considerar no solo sistemas "concretos".

Ejemplo 5

Según el ejemplo 1, el "computer" es una implementación del formalismo de las máquinas de Turing (T). Ahora, la Máquina de Turing Universal (utm), "ejecutada" por el computor, es un intérprete que toma una codificación de la tabla de transición de una máquina arbitraria junto con su entrada, y se comporta como ella. En otras palabras

$T.utm = T$

Como consecuencia, el formalismo de las máquinas de Turing es auto-interpretable, y el programa particular *utm* codifica el poder computacional completo del formalismo.

Ejemplo 6

El ejemplo más común de un intérprete es un programa-intérprete ejecutándose en una computadora digital, que "ejecuta" un script escrito en un lenguaje de programación corriente. El script, sus datos y el valor resultante son codificados en alguna estructura de datos del programa-intérprete. El conjunto de comportamientos queda definido por la semántica del lenguaje.

Por ejemplo, los programas perl y python son programas-intérpretes de los lenguajes homónimos, y ghci para el caso de Haskell.

Los programas-intérpretes se utilizan extensivamente en la teoría de la computación y en la ingeniería de *software* para dar cuenta de la complejidad de los sistemas informáticos. Y las funciones de interpretación juegan un papel importante, porque son utilizadas profusamente para mediar entre las relaciones de implementación. Es muy común "componer" diversos programas-intérpretes en una pila, cada uno de los cuales presenta una "interfaz abstracta" (dada por la respectiva función de interpretación), ocultando las particularidades de su funcionamiento (que podríamos denominar sus "detalles de implementación"), que se basan en la funcionalidad provista por el programa-intérprete de un nivel más abajo. En el nivel inferior siempre encontramos un intérprete, encargado de producir el comportamiento.

Ejemplo 7

Una máquina virtual Java es un programa-intérprete para el lenguaje de programación Java. A su vez está diseñada para correr sobre un sistema operativo dado, que provee una abstracción de la computadora digital sobre la que el mismo se ejecuta. Esta abstracción es caracterizable por una función de interpretación, y el sistema operativo es luego, en tanto programa, un programa-intérprete. Finalmente el sistema operativo se define en términos de la abstracción que provee el lenguaje máquina propio de la computadora, sobre la electrónica que lo implementa.

La composición de programas-intérpretes es muy común incluso en la arquitectura y la organización interna de los sistemas informáticos. La relación de implementación que definimos generaliza la relación más específica, conocida como "implementación" en la comunidad de ciencias de la computación, entre "especificaciones" y "programas" escritos en un lenguaje de programación. Debemos tener en cuenta que cualquier programa puede ser considerado como un programa-intérprete elemental de una función de interpretación que relaciona los datos de entrada con la salida de tal programa. Es decir, su "especificación" puede ser vista como una función de interpretación. Y en la tarea de programar una "implementación" de una "especificación" dada, siempre se asume la existencia de un programa-intérprete que garantiza la semántica pretendida del lenguaje, y que es el encargado de ejecutar tal programa.

Ejemplo 8

Consideremos la "especificación" de un tipo abstracto de datos T, y un módulo M programado en el lenguaje Python que la "implementa". El programa-intérprete python ejecutándose con el módulo M cargado es ahora un intérprete del lenguaje de programación Python extendido con el tipo abstracto T.

El pancomputacionalismo

El pancomputacionalismo es la tesis que afirma que todo sistema físico abierto realiza cualquier computación. Como consecuencia, la noción de computación se volvería trivial a través del concepto de realización en un sistema físico. El primer argumento riguroso a favor del pancomputacionalismo ilimitado es presentado por Putnam (1988), quien sostiene que todo sistema abierto ordinario implementa cualquier sistema de transición finito abstracto (sin entradas ni salidas). Primero asume que los campos electromagnéticos y gravitacionales son continuos y que un sistema físico está en diferentes estados maximales en diferentes momentos. Luego considera un sistema de transición finito arbitrario cuya función de transición da lugar a la secuencia de estados ABABABA. Toma un sistema físico arbitrario S en un intervalo de tiempo arbitrario, desde las 12:00 hasta las 12:07, y sostiene que S implementa la secuencia ABABABA. Dado que, tanto el sistema de transición como el sistema físico son arbitrarios, el argumento generaliza a cualquier sistema de transición y cualquier conjunto de estados físicos. El núcleo del argumento es el siguiente:

> Let the beginnings of the intervals during which S is to be in one of its stages A or B be t1, t2, ..., tn (in the example given, n = 7, and the times in question are t1=12:00, t2=12:01, t3=12:02, t4=12:03, t5=12:04, t6=12:05, t7=12:06). The end of the real-time interval during which we wish S to "obey" this table we call tn+1 (tn+1=t8=12:07, in our example). For each of the states ti to ti+1,

i=1, 2, ..., n, define a (nonmaximal) interval state si which is the "region" in phase space consisting of all the maximal states St(S, t) with ti ≤ t < ti+1 (i.e., S is in si just in case S is in one of the maximal states in this "region"). Note that the system S is in s1 from t1 to t2, in s2 from t2 to t3, ..., in si from ti to ti+1 (left endpoint included in all cases but not the right – this is a convention to ensure the "machine" is in exactly one of the si at a given time.) The disjointness of the states si is guaranteed by the Principle of Noncyclical Behavior.

Define A = s1 or s3 or s5 or s7; B = s2 or s4 or s6. Then, as is easily checked, S is in state A from t1 to t2, from t3 to t4, and from t5 to t6, and from t7 to t8, and in state B at all other times between t1 and t8. So S has the table we specified, with the states A, B we just defined as the realizations of the states A, B described by the table.

En resumen, Putnam toma un sistema físico arbitrario con dinámica continua, parte su dinámica en intervalos de tiempos discretos, y luego secuencia las partes de manera que se correspondan con una secuencia arbitraria de estados computacionales abstractos. Esto es lo que se conoce como el simple mapping account. Así concluye que todo sistema físico implemente cualquier sistema de transición finito.

Tiempo después, Searle (1990) propone un argumento similar. De acuerdo con este trabajo, si tenemos en cuenta la caracterización de Turing se dan las siguientes consecuencias:

> 1. For any object there is some description of that object such that under that description the object is a digital computer. 2. For any program and for any sufficiently complex object, there is some description of the object under which it is implementing the program.

Existen diferentes intentos de dar cuenta del desafío del pancomputacionalismo. Para algunos investigadores, el principal problema reside en cómo encontrar características o propiedades específicas de la computación para imposibilitar el pancomputacionalismo. Para otros autores, la pregunta es cómo definir la realización de una descripción de un sistema computacional en un sistema físico. Copeland (1996) sugiere el concepto de "arquitectura", junto con la idea de modelos "honestos", como una respuesta. Piccinini (2007) presenta la noción de mecanismo como una propiedad específica de la computación. Scheutz (1999) trabaja sobre la idea de "realización de una función" y sus condiciones físicas como el concepto clave contra el pancomputacionalismo. Chalmers (1996) intenta evitar la trivialización del concepto de computación sosteniendo que el argumento de Putnam no considera una teoría adecuada de implementación.

Copeland analiza la noción de computación, intentando establecer criterios para explicar cómo identificar computaciones en sistemas particulares, y cómo discernir si un sistema está computando o no. Distingue por un lado la "arquitectura" de un sistema, que caracteriza de forma axiomática su programabilidad en términos de operaciones elementales. Cada axioma es de la forma: si se da la configuración abstracta x, entonces se ejecuta la operación o entre los valores dados por la configuración. Por otro lado, introduce la noción de "algoritmo", que utiliza tales operaciones para computar, a partir de los valores de entrada de una función dada f, los valores de salida de f. Pero luego, para utilizar una relación respecto a modelos como la usual en lógica, los une en una teoría lógica SPEC en la cual es imposible distinguirlos. Para Copeland, computar es ejecutar un "algoritmo". De forma más precisa, que una entidad e compute una función f equivale a que exista una correspondencia entre los estados de e y las configuraciones de SPEC de manera que todos los axiomas de la "arquitectura" se validen. Los estados de e se distinguen a partir de un esquema de labeling L determinado. Dicho de otra forma, e computa f si (e, L) es un modelo de SPEC.

Lamentablemente, y como principal consecuencia de unir un "algoritmo" y la "arquitectura", los argumentos de Putnam y Searle se aplican aquí también: es posible especificar un esquema de labeling para cada computación. Para esquivar esta dificultad, Copeland requiere que el esquema de labeling no sea ex post facto, que puede ser un buen requerimiento metodológico, pero es difícil de establecer sobre un sistema dado. Para evitar el pancomputacionalismo, Copeland requiere que los modelos de SPEC sean "honestos", donde esto significa que las relaciones lógicas deben interpretarse de la forma que se pretende, satisfaciendo ciertos contrafácticos de forma que las operaciones elementales de la "arquitectura" no puedan interpretarse de forma no estándar. Pero esto último arrastra el mismo problema original: ¿cómo podemos caracterizar que cierto modelo representa el pretendido significado de computación?

Un enfoque interesante, con el cual nuestra propuesta establece un diálogo fértil, es la explicación mecanicista de Piccinini. Su tesis principal es que una computadora es un tipo especial de mecanismo (i.e. un sistema sujeto a una descripción mecanicista) cuya función es generar strings de salida, a partir de ciertos strings de entrada y (posiblemente) los estados internos, de acuerdo con una regla general que describe el comportamiento de la computadora en cuestión. La confiabilidad del mecanismo computacional es capturada por el hecho de que es posible reconocer una correspondencia entre ciertas configuraciones temporales y espaciales de entidades físicas o estados del sistema (dígitos) y la operación de concatenación de los símbolos formales (que conforman los string arriba mencionados), que da lugar a una relación de realización entre la descripción abstracta del sistema computacional y el mecanismo. Basado en esta caracterización, Piccinini (2007 y 2008) propone una taxonomía de diferentes tipos de computadoras de acuerdo con sus componentes y las interacciones entre ellos.

Aunque el enfoque de Piccinini establece una taxonomía bien organizada de diferentes realizaciones de sistemas computacionales, y más aun, provee una explicación completa de cuando un sistema es una computadora sin recurrir a ninguna caracterización semántica, no provee un criterio de demarcación claro. Por un lado, el enfoque es demasiado reducido, dado que la caracterización estructural funciona bien con la tecnología actual de implementación de computadoras, pero no necesariamente con tecnologías anteriores (como la máquina analítica de Babagge), no convencionales (como las computadoras de ADN, computadoras cuánticas), o futuras. El solo hecho de que artefactos tales puedan ser considerados computadoras requiere que cualquier criterio de demarcación no sea dependiente de una clase particular de realizaciones. Por otro lado, el enfoque es poco preciso, dado que clasifica como equivalentes sistemas computacionales que son claramente diferentes desde el punto de vista computacional (por ejemplo, las máquinas tabuladoras de Hollerith y una computadora digital). Este último problema parece salvable solo a partir de una caracterización gradual. Cualquier clasificación binaria tiene el mismo problema. Por otro lado, el enfoque de Piccinini parece unir en una misma caracterización el criterio de demarcación y la demostración de que esos tipos de máquinas satisfacen ese criterio. Mantener separadas ambas cuestiones permite que esa demostración o justificación de que ciertos tipos de máquinas realizan ciertos intérpretes pueda ser construida de manera específica para cada tecnología particular. Esto es necesario, ya que hay maneras muy diferentes de realizar un intérprete (y seguramente se seguirán desarrollando nuevas), pero no por eso el criterio de demarcación cambia.

Si bien el objetivo principal de nuestro concepto de intérprete es caracterizar la noción de computación, tiene ciertas implicaciones en el problema del pancomputacionalismo. En particular, proponemos que un sistema es considerado computacional en cierto grado si puede ser programado. Cuanto más grande el conjunto de comportamientos programables, más computacional es el sistema. Una "computadora" que pueda ser programada solo para un conjunto muy limitado de tareas difícilmente sea considerada un sistema computacional "real". Tal es el caso, por ejemplo, de un termostato o un regador automático. La máquina de sumar de Pascal puede ser un sistema más interesante, pero aún está muy lejos del poder computacional de una computadora digital. Un intérprete para el cálculo inductivo de construcciones, aunque incompleto (porque solo permite funciones totales) probablemente sea considerado como un sistema de cómputo útil. Así, creemos que el desafío ontológico del pancomputacionalismo se disuelve en la pregunta sobre cómo clasificar sistemas computacionales de acuerdo con su programabilidad.

Podemos considerar la computación física en términos de entrada-salida a partir de la siguiente caracterización de máquina dada por Gilles Dowek (2012):

> Giving a meaning to this thesis requires to give a definition of the notion of a machine. A machine is any physical system, equipped with an interaction protocol defining a way to communicate some information to the system by choosing some

parameters a = (a1,...,an), when preparing the system, and to extract some information from the system, by measuring some values b = (b1, ..., bp).

Such a machine defines a relation: the relation R such that $a\ R\ b$ if b is a possible result for the measurements, when the chosen parameters are a. We say that this relation R is realized by this machine.

Nuestra noción de computación es paramétrica respecto de la manera de observar los resultados y al formato de entrada de datos, es decir que un sistema será computacional relativamente a cómo se eligen los parámetros a1, ..., an y a cómo se observan los resultados b1, ..., bp. Uno de los parámetros particulares será el programa mismo (en algunos casos podrá tener una manera específica de input, en otros será un dato más, indistinguible de los otros).

Podemos aceptar las afirmaciones de Putnam y Searle de que, en algún sentido, cualquier sistema puede ser visto como ejecutando una computación particular, sin acordar con, desde nuestra perspectiva, la obviamente falsa afirmación de que cualquier sistema computa en ese mismo sentido (o dicho de otro modo, que cualquier sistema es un sistema computacional en toda su generalidad). La clave de la trivialización de la noción de computación, consecuencia del pancomputacionalismo de Putnam y Searle, es una libertad ilimitada en la forma de observación. El sentido en que una piedra o una pared computa está dado por el observador. Los estados que describen una computación abstracta pueden ponerse uno a uno con un sistema físico suficientemente complejo. Pero el establecimiento de tal mapping es una tarea computacional que debe ser llevada a cabo, en este caso, por el observador. Pero aun dejando de lado la tarea en sí misma, esta forma de ejercer la libertad de observación choca con la programabilidad del sistema. Cada uno de los comportamientos de un sistema computacional está generado por un programa, una prescripción que lo codifica. Un mapping para cada computación de cada programa cambia las reglas del juego constantemente. Así, se sustituye el proceso generativo que imparte un programa, por un conjunto de observaciones sustancialmente diferentes sobre el sistema. Esto se agrava aun más si consideramos que la presencia de una realización del programa como parte del sistema es lo que distingue un sistema computacional de una simple descripción computacional de un sistema.

En contraste, nuestra propuesta conserva la libertad en las múltiples formas de realización que determinan la relación de implementación, permitiendo comprender los estados de un sistema de cualquier manera. Esto está de acuerdo con la investigación en el desarrollo de nuevo hardware donde se intenta permanentemente explotar nuevas propiedades de los sistemas físicos para mejorar la eficiencia en las implementaciones. Nuestro enfoque acepta la hipotética afirmación de que "todo puede computar"; el desafío es encontrar cómo. Pero la libertad que otorga, de ninguna manera implica la afirmación de que "todo computa". Para mostrar que un sistema lleva adelante ciertas computaciones es necesario indicar cómo se realiza el programa, cómo se observan los resultados, y más generalmente, cómo los comportamientos se relacionan con los programas, sean cuales sean los aspectos considerados relevantes (i.e. cómo se "obedece" la prescripción). Estas condiciones delimitan el problema del pan-computacionalismo.

Nuestro enfoque tiene algunas conexiones con las propuestas que presentamos previamente. Acordamos con Copeland cuando responde a la pregunta sobre cuándo un "dispositivo computa" postulando que "computar es ejecutar un algoritmo" (un programa en nuestro caso). Un "algoritmo" es un procedimiento mecánico, específico de una "arquitectura", que utiliza las operaciones primitivas que esta provee. La "arquitectura" es lo que determina la semántica funcional del "algoritmo", de forma más específica, pero en el mismo espíritu que lo hace nuestra función de interpretación. Pero la relación de modelización entre una "arquitectura" en conjunto con un "algoritmo" y un sistema queda mediada por un esquema de labeling que, aunque en menor grado, introduce la libertad que utilizan Putnam y Searle. Así la solución final de Copeland depende de la noción de modelos "honestos". Por el contrario, nuestra noción de implementación, aunque otorga libertad en la interpretación de los estados de un sistema físico subyacente, versa sobre todos los posibles programas que el sistema computacional tiene como entrada. Esta universalidad obliga a una correspondencia sistemática que limita drásticamente la libertad en la observación. Respecto del teorema "débil" de Putnam, es decir que para cualquier sistema, dada una manera de observación de los resultados y una codificación particular de los parámetros, no podría distinguirse si está realmente computando o si aleatoriamente está dando esos resultados, es decir que esa salida no está relacionada con la entrada sistemáticamente por un programa. La manera en que afirma esto es diciendo que cualquier sistema con la entrada-salida adecuada implementaría cualquier programa. Lo que Putnam parece olvidar en esa construcción es que el programa mismo es un dato posible. Ahora, si el comportamiento es el esperado para todo programa de entrada (codificado de una manera preestablecida), entonces afirmar que dicho sistema es computacional (si se quiere esta noción se considera relativa al conjunto de comportamientos posibles y concomitantemente al conjunto de codificaciones válidas de los programas) requiere solamente reconocer una propiedad extensional, un comportamiento de entrada-salida que demarca perfectamente cuáles sistemas computan y cuáles no. Como decía Webb refiriéndose a la máquina universal, sería un extrañísimo caso de armonía preestablecida que un sistema cualquiera se comportara como una máquina universal, lo cual es el caso en nuestra caracterización cuando el conjunto de programas aceptables para el sistema es Turing-complete.

En el caso de la propuesta de Piccinini, coincidimos en que los estados computacionales no se individúan semánticamente, y consideramos que su descripción mecanicista de computadoras es correcta y arroja luz sobre la naturaleza computacional de los sistemas. Proponemos que nuestro concepto relacional de intérprete (y las jerarquías que se desprenden) establece un criterio de demarcación más general y bien definido sobre cuán computacional es un sistema. Bajo este marco, se puede interpretar el trabajo de Piccinini como una demostración de que una familia de dispositivos con ciertas arquitecturas satisface este criterio. Los requerimientos que impone sobre las entidades manipuladas por los sistemas computacionales parecen ser condiciones necesarias para la realizabilidad de los intérpretes. Pero como mencionamos más arriba, el enfoque mecanicista de Piccinini parece estar demasiado sesgado por ejemplos particulares de computadoras.

Discusión

En este artículo, nos enfocamos en tres problemas relacionados: qué es computar, cuándo un sistema es computacional, y cuál es la relación entre los aspectos abstractos y concretos de una computación. Los tres problemas están relacionados, y es difícil dar cuenta de uno sin considerar los otros. Pero son problemas diferentes. Ensayamos respuestas que están de acuerdo con las nociones tanto de la teoría de la computación como de la práctica de las ciencias de la computación. Al mismo tiempo, discutimos el problema del pancomputacionalismo, propio del ámbito de la filosofía de la mente. La noción generalizada de intérprete que proponemos permite discutir estos problemas en términos más adecuados.

La principal característica de un intérprete es su habilidad para ser programado para comportarse de diferentes maneras. La variedad de posibles comportamientos que pueden ser codificados determina su nivel de programabilidad. Consideramos que este es un rasgo distintivo para aceptar un sistema como computacional. Así, ser computacional es relativo a un conjunto dado de comportamientos, una forma de codificar tales comportamientos (los programas, o la sintaxis del lenguaje de programación, cuando aplica), y la forma de observar el sistema que determina la relación de implementación. En otras palabras, no tiene sentido usar el verbo "computar" de forma intransitiva. Un sistema puede computar un cierto conjunto de comportamientos vía una codificación y observado en una forma predeterminada. Cuando un intérprete está computando, da lugar a un proceso que produce a partir de una prescripción particular (y como tal, abstracta) un comportamiento particular del sistema (y como tal, concreto). La relación de implementación es la que media entre los aspectos abstractos y concretos, y entendida como una relación entre relaciones, da cierta preeminencia a los aspectos prescriptivos.

Creemos que el concepto de intérprete es central para una filosofía de la computación. Por un lado, los intérpretes son ubicuos en las ciencias de la computación. Por otro lado, su introducción permite iluminar algunos problemas persistentes. Algunas de las ventajas de su uso se resumen a continuación:

- Algunas cuestiones ontológicas, como qué es un programa, qué es una computación y qué es un sistema computacional, pueden ser planteadas en términos más precisos, admitiendo así respuestas más claras.
- Se establecen condiciones mínimas para que un sistema sea computacional en cierto grado. Estas condiciones no dependen de la tecnología actual.
- Las jerarquías que se derivan de la concepción de intérprete pueden ser utilizadas para relacionar y comparar diferentes sistemas. La pregunta acerca de si un sistema es computacional o no puede ser reformulada en una pregunta más general sobre la variedad de comportamientos que produce un sistema y/o su programabilidad.
- La caracterización de un sistema como computacional difumina la distinción entre *software* y hardware, uno de los mitos denunciados por Moor (1978), lo cual es coherente con las prácticas de las ciencias de la computación (programar una máquina "virtual" o "real" es transparente para el programador; operaciones de "bajo nivel" pueden estar implementadas en hardware, firmware o directamente software, etc.).
- La "composición" de intérpretes, compiladores y programas-intérpretes permite caracterizar los diferentes "niveles de abstracción" que se suceden hacia el interior de los sistemas informáticos. El concepto de intérprete es el vínculo entre tales niveles.

Bibliografía

Chalmers, D. J. (1996). "Does a rock implement every finite-state automaton?". *Synthese, 108*(3), 309-333.

Copeland, B. J. (1996). "What is computation?". *Synthese, 108*(3), 335-359.

Eden, A. H. (2007). "Three paradigms of computer science". *Minds and machines, 17*(2), 135-167.

Eden, A. H. y Turner, R. (2007). "Problems in the ontology of computer programs". *Applied Ontology, 2*(1), 13-36.

Gandy, R. (1980). "Church's thesis and principles for mechanisms". *Studies in Logic and the Foundations of Mathematics, 101*, 123-148.

Dowek, G. (2012, March). "Around the physical Church-Turing thesis: Cellular automata, formal languages, and the principles of quantum theory". In *International Conference on Language and Automata Theory and Applications* (pp. 21-37). Springer Berlin Heidelberg.

Jones, N. D. (1997). *Computability and complexity: from a programming perspective* (Vol. 21). MIT press.

Davis, M.; Sigal, R. y Weyuker, E. J. (1994). *Computability, complexity, and languages: fundamentals of theoretical computer science*. Newnes.

Piccinini, G. (2007). "Computing mechanisms". *Philosophy of Science, 74*(4), 501-526.

Piccinini, G. (2008). "Computers". *Pacific Philosophical Quarterly, 89*, 32–73.

Piccinini, G. (2015). "Computation in Physical Systems", *The Stanford Encyclopedia of Philosophy* (Summer 2015 Edition), Edward N. Zalta (ed.), dispoinble en https://goo.gl/hvhEcu.

Putnam, H. (1988). *Representation and reality* (Vol. 454). Cambridge, MA: MIT press.

Scheutz, M. (1999). "When physical systems realize functions...". *Minds and Machines*, 9(2), 161-196.

Searle, J. R. (1990, November). "Is the brain a digital computer?". In *Proceedings and Addresses of the American Philosophical Association* (Vol. 64, No. 3, pp. 21-37). American Philosophical Association.

Turing, A. M. (1936). "On computable numbers, with an application to the Entscheidungsproblem". *J. of Math*, 58(5), 345-363.

Turner, D. A. (1995). "Elementary strong functional programming". In *Funtional Programming Languages in Education* (pp. 1-13). Springer Berlin Heidelberg.

3

La tecnicidad animal humana en un marco gradualista

Andrés Crelier

Introducción

El modo de entender la conducta técnica ha dado lugar, entre otras, a una posición naturalista que nos interesa reconstruir y criticar, no tanto con el ánimo de desecharla sino con el de reformularla en términos "gradualistas". En el presente trabajo, presentaremos los rasgos salientes de esta posición naturalista sobre la base de textos de Beth Preston y Tim Ingold, admitiendo como válido el aspecto "holista", "ecológico" o "contextualista" que esta posición conlleva respecto de la acción técnica. Argumentaremos entonces que esta perspectiva naturalista resulta reductivista en un sentido injustificable, en tanto no permite entender la diferencia específica propia de la tecnicidad animal humana. Acto seguido, intentaremos mostrar que determinados fenómenos humanos, centrados en la noción de artefacto, si bien se montan sobre una base natural o biológica, aportan una novedad o especificidad en la dimensión técnica. Para ello, desarrollaremos una distinción, introducida por Michael Tomasello, entre "affordance sensorio-motor" y "affordance intencional". Sobre la base de esto, esbozaremos finalmente diversos momentos de una concepción gradualista acerca de la tecnicidad que dé cuenta de la especificidad humana en un marco naturalista.

Una mirada holista y naturalista sobre la conducta técnica: Preston e Ingold

Examinaremos en esta sección una posición filosófica acerca del fenómeno general de la tecnicidad caracterizado por un holismo que desemboca, en la variante que analizaremos, en un naturalismo reductivista. Para caracterizar esta perspectiva sobre la técnica, utilizaremos a dos autores, Beth Preston y Tim Ingold. Mediante nuestra argumentación contra algunos aspectos de esta perspectiva intentaremos mostrar entonces la especificidad del fenómeno humano del uso de artefactos y la posibilidad de plantear un naturalismo gradualista.

Si bien Preston aborda el fenómeno de la técnica en diversos textos desde una variedad de enfoques que no suponen siempre un naturalismo en un sentido que consideraremos "reduccionista", en "Cognition and tool use" (1998) ofrece una serie de argumentos que sí se encaminan en esa dirección. Antes de emprender la crítica, debemos señalar que a nuestro modo de ver el holismo de Preston va en la dirección correcta. Su tesis general al respecto consiste en sostener que el denominado "uso de herramientas" (*tool-use*) es una clase de conducta que no puede ser "individuada" de manera "individualista" (algo que en rigor sucede con toda identificación de conductas, pero que no nos interesa ahora en sus aspectos más generales).

Con sus palabras:

> [...] the property of being a tool, or a tool of a particular sort, does not supervene on individual physical objects as constituted by their immediate causal history, but rather on objects embedded in a non-individualistic history of design, manufacture and normal use of relevantly similar objects (p. 520).

Para identificar una herramienta o artefacto no alcanza, según esto, con conocer todas las propiedades del objeto y su historia causal inmediata -como pretendería la individuación individualista- sino que hace falta conocer la forma de vida en que se lo usa normalmente, es decir, los aspectos relevantes del entorno, que en este planteo incluyen aspectos naturales y culturales indistintamente.

Como señalamos, creemos que esta perspectiva es adecuada, pero Preston avanza hacia otra tesis con la que no estamos plenamente de acuerdo. Según esta nueva posición, existiría una conexión entre la negación de la tesis anterior defendida por Preston -y que expresa el modo incorrecto (individualista) de individuar la conducta de *tool-use*- y la idea de que esta clase de conducta pertenece a una categoría específica (p. 522). Preston va a criticar esta conexión, y va a sostener que no existe una categoría específica que podamos denominar *tool-use*. Dicho de otro modo, sostendrá que su tesis holista inicial -la conducta de tool-use no puede individuarse de manera individualista- involucra conceptualmente la idea de que no hay tal conducta de tool-use como una categoría aparte. Nosotros, en cambio, sostendremos que el holismo de Preston es correcto pero que sí existen fenómenos técnicos específicos y diferentes entre sí, entre los cuales se destaca la conducta técnica de uso de artefactos propia de los animales humanos y cuyos rasgos reseñaremos más abajo. Pero veamos con mayor detenimiento la posición de Preston.

Reveladoramente, esta autora apoya su tesis en una discusión sobre el uso de artefactos en animales y piensa que la aplicación al caso humano se sigue de suyo. Así, presenta la definición de Benjamin Beck sobre tool-use en animales no humanos y muestra las dificultades con las que se encuentra, especialmente sus resultados contra-intuitivos. Veamos un tipo de problemas de esta clasificación. Beck excluye como tool-use los casos en que los objetos no son llevados o portados por el animal, ya que en caso contrario todo objeto externo que sea usado para un propósito determinado podría ser considerado una herramienta. Un ejemplo particularmente problemático es aquí el de los chimpancés, que si abren las nueces golpeándolas *con* una piedra, su conducta sería de tool-use, pero si abren las nueces golpeándolas *contra* una piedra, no lo sería (p. 523) (en ambos casos según la clasificación de Beck). La definición de Beck, puesta en cuestión por Preston, separa en dos categorías diferentes conductas que, intuitivamente y sobre la base de que son funcionalmente similares, categorizaríamos juntas.

Preston resume entonces el dilema de Beck del siguiente modo:

> [...] the behavioural category of tool use self-destructs if it is not defined in accordance with some approximation to individualistic standards for individuating behaviour. On the other hand, if it is defined this way, it results in arbitrary classification of behaviour, since it excludes many behaviours which intuitively count as tool use, and have demonstrably the same function as behaviours which are included (p. 527).

Como vimos, su propuesta es directamente rechazar la categoría conductual de tool-use, algo que según ella encaja perfectamente con el modo no individualista de entender la conducta.

La cuestión no queda allí, pues Preston es consciente de que existen muchas conductas que involucran objetos y que coloquialmente asimilamos (como sucede incluso en los diccionarios) al tipo de conducta denominada tool-use que ella critica en el sentido visto y que tenemos todavía que explicar. En lugar de recaer en cuestionables categorías "folk", su contra-propuesta consiste en acoplarse al Heidegger de *Sein und Zeit* y sus tres categorías funcionales y no individualistas para expresar la praxis funcional. En lugar de "tool" Preston prefiere ahora hablar de "equipment", el cual solo es lo que es dentro de un contexto. La función entendida de manera holista se desglosa en tres clases de referencias o "assignments", la referencia a la obra a realizar, al usuario y al material (p. 529).

Pero no entraremos en la descripción que hace Preston de las categorías heideggerianas, tan solo señalaremos lo siguiente: creemos que estas categorías afinan conceptualmente el holismo o contextualismo pero no ofrecen herramientas conceptuales para distinguir conductas técnicas diversas e identificar la especificidad del uso humano de artefactos. Así, si en verdad Heidegger supera a Preston explicativamente (algo que concedemos), Preston lograría perfeccionar el holismo, pero esto no implica dar cuenta de la diferencia entre la tecnicidad animal y la animal humana, algo que ciertamente ella no pretende.

Justamente, esto se relaciona con la posición naturalista tal como Preston la entiende y considera defendible. Entre otras razones, dado que ha utilizado a Heidegger para entender fenómenos de tecnicidad animal (Heidegger como superador de Beck), y ha explicado toda conducta técnica como una relación práctica con el entorno, Preston debe ver como riesgoso volver a admitir la tecnicidad humana como un fenómeno diferente o específico. Específicamente, el riesgo consiste en volver a admitir categorías específicas de conducta como la de "tool-use" o uso de artefactos que pongan en jaque el modo holista de individuar la conducta. Quizás por estas razones, entonces, Preston defiende un naturalismo que no ve diferencias fundamentales entre naturaleza y cultura: "Ultimately, what is required is an acknowledgement that culture is an embroidery upon biology" (p. 537).

Ahora bien, creemos que este naturalismo tiene una faceta correcta y otra criticable. Lo correcto es el gradualismo expresado en la última frase de Preston, y que nosotros abonaremos expresamente en este trabajo (como explicamos más abajo). Lo criticable, a nuestro modo de ver, es su carácter en última instancia reductivista: si no hay conducta que pueda denominarse legítimamente tool-use, y si no puede haber una distinción categorial entre la tecnicidad animal y la humana, entonces no hay tampoco para Preston un uso humano de artefactos ni *a fortiori* un mundo técnico propiamente humano. En efecto, el holismo, tal como lo concibe Preston, presiona para convertirse en un naturalismo que, a su vez, presiona por desembocar en esta variante del reductivismo (algo que Preston no consideraría como una falencia). Volveremos sobre esto en el próximo apartado.

Este naturalismo reductivista de carácter holista es plenamente compatible con el que propone Tim Ingold, en un lenguaje algo diferente, en *The Perception of Environment* (2000). Veamos brevemente esta posición que, de un modo similar a Preston, aboga por un contextualismo radical. El interés de Ingold no es entender cómo individuar adecuadamente la conducta práctica sino cómo entender adecuadamente la acción técnica, o más precisamente, la destreza (*skill*). En este marco, considera injustificado lanzar una mirada sobre la conducta técnica que aísle elementos inconexos y luego los intente unir:

> To understand the true nature of skill we must move in the opposite direction, that is, to restore the human organism to the original context of its active engagement with the constituents of its surroundings (p. 352).

Lo relevante para explicar la destreza está constituido por la totalidad de las relaciones presentes en la acción descrita y no tanto por las propiedades de las entidades que lo componen (mente, cuerpo, intenciones, materiales, fórmulas o reglas de acción, etc.). Se trata de un "ecological approach" (p. 353) similar a la individuación no individualista que propone Preston de la acción.

Veamos un ejemplo de casos cruzados que Ingold pone en escena para intentar corroborar su enfoque. Se trata de comparar la fabricación de bolsas de hilo por parte de un pueblo de Nueva Guinea con la fabricación de elaborados nidos por parte de las aves tejedoras (pp. 354 y ss). La comparación es relevante porque la actividad y el producto son altamente similares: se trata de complejos tejidos de nidos elaborados para refugio, en el caso de las aves, y de complejos tejidos de bolsas multiuso, en el otro caso. Ingold muestra que esta complejidad es fruto de habilidades complejas que requieren un proceso de aprendizaje pero que no pueden enseñarse mediante fórmulas, reglas o algoritmos. En tal medida, no dependen completamente de un plan previo de diseño o de intenciones preconcebidas, plasmadas acaso en una materia ideal antes del trabajo concreto con los materiales. Como se ve, el foco está puesto en las destrezas que consisten en una relación activa y compleja con el entorno inmediato:

> The abilities of the weaverbird, just like those of the human maker of string bags, are developed through an active exploration of the possibilities afforded by the environment, in the choice of materials and structural supports, and of bodily capacities of movement, posture, and prehension (p. 359).

Dado que ambos fenómenos consisten en esta relación fluida con el entorno, pierde sentido la distinción entre instinto y cultura, o innato y adquirido:

> [...] there can be no programme for such tasks as knotting, looping, and weaving that is not immanent in the activity itself, then it makes no more sense to interpret the weaverbird´s behaviour as the output of a genetic programme than it does to interpret the bilum-maker´s as the output of a cultural one (p. 360).

La reducción holista y naturalista (al menos en tanto no hay distinción entre naturaleza y cultura) de toda acción técnica resulta pues muy clara, y es como adelantamos plenamente compatible con la de Preston. Antes de señalar sus limitaciones, nos parece importante resumir los elementos en común de los autores que hemos analizado en este apartado. Ambos comparten:

- La noción holista de que el entorno es determinante para identificar la conducta técnica (el enfoque ecológico de Ingold y la individuación no individualista de Preston).
- La correspondiente tesis anti-artefactualista: no hay propiedades de algún modo intrínsecas en los entes usados que trasciendan a lo que el contexto determina; en tal medida, no interesan aquellas propiedades funcionales que, si bien adquieren sentido en el marco de un sistema de uso, permiten identificar una clase de fenómeno técnico que incluye a los artefactos característicos del mundo humano.
- La indistinción por principio de la cualidad natural o cultural de los elementos del entorno relevantes para identificar la conducta técnica. Esta indistinción puede leerse como un naturalismo reductivista que pierde de vista lo específicamente humano de la técnica.
- La tesis continuista de que no existe una diferencia esencial entre la tecnicidad animal humana y la no humana. En Preston, se advierte de todos modos un gradualismo que permitiría pensar en diferencias

específicas, algo que en Ingold se vuelve más difícil. Esta tesis continuista toma la forma de un naturalismo que borra la distinción naturaleza-cultura.

Crítica al reductivismo naturalista y aproximación a la tecnicidad de los animales humanos

La posición defendida por Preston e Ingold, tal como la hemos caracterizado en el apartado anterior, es a nuestro modo de ver una explicación de la conducta técnica adecuada en los siguientes puntos: muestra correctamente el fenómeno de que tanto la conducta humana como la animal consiste mayormente (aunque creemos que no exclusivamente) en relaciones de uso o instrumentalización del entorno inmediato. Muestra además que toda identificación de la conducta, técnica o no técnica, tiene que ser holista, o al menos no puede ser completamente "individualista" –según la terminología de Preston-, es decir, debe tener en cuenta los elementos relevantes del ambiente, tanto los que denominaríamos naturales como culturales. Y finalmente supone un naturalismo que admite un gradualismo entre la tecnicidad de animales humanos y la de no humanos.

Sin embargo, pensamos que esta posición posee una falencia importante, consistente en ocultar e incluso en impedir la distinción entre dos fenómenos de conducta técnica muy diferentes entre sí, uno de los cuales es específicamente humano. En lo que sigue nos enfocaremos en este último, lo cual nos llevará en la dirección de la distinción de dos clases de tecnicidad, lo cual involucrará a su vez una clarificación del gradualismo técnico entre animales humanos y no humanos.

Nuestro primer reparo consiste entonces en contraponer a la concepción de Preston la siguiente intuición: si bien toda caracterización adecuada de una conducta debe ser holista, existen conductas técnicas que involucran el uso de objetos técnicos y otras que no lo hacen. Por ejemplo, abrir nueces con una piedra es una conducta diferente de abrirlas con un cascanueces, aunque más no sea porque en el segundo caso se involucra el uso de un objeto diseñado para tal fin.

Parece entonces que cuando intentamos hacer una descripción adecuada de la tecnicidad en los animales humanos nos encontramos con una clase *sui generis* de entidad, irreductible a las entidades naturales que encuentra o puede típicamente encontrar un animal en su entorno ecológico. Mientras que en el caso de los animales no humanos podría en principio (al menos eso parece) prescindirse de la alusión a artefactos en la individuación de su conducta, en el caso humano dicha individuación requiere en muchos casos la mención de estos últimos; es decir, de entidades que si bien se hallan en el entorno relevante ya tienen, previa a la tarea de individuación holista de la conducta en cuestión, sus propias condiciones de identidad dadas por sus "funciones propias". Así, para individuar la conducta típicamente humana de cascar nueces debo hacer alusión al cascanueces como objeto técnico cuyas propiedades funcionales y operacionales me son conocidas con anterioridad.

Aquí puede surgir la objeción de que estos objetos técnicos se definen también holísticamente a partir de la conducta en un sistema o contexto determinado. Así, podemos hacer zoom-in en la conducta anterior, centrarnos en el cascanueces y, en lugar de simplemente mencionarlo, redescribirlo como un objeto que cumple tal o cual función en determinado contexto y clase de conducta. Así podemos ir reduciendo las explicaciones que mencionen artefactos sin definirlos hasta llegar a explicaciones más completas que no involucren ya elementos previamente definidos. En suma, todo elemento y aspecto de una conducta técnica podría explicarse en referencia al sistema entero.

Este modo de proceder es por supuesto legítimo, pero no creemos que se pueda extraer de ella la conclusión de que todos los fenómenos técnicos son de una misma clase, aunque más no sea porque los fenómenos que involucran artefactos requieren explicaciones funcionales ulteriores y más complejas, anidadas en la conducta inicial y cristalizada en entidades artefactuales. Pero no es solamente la complejidad de las funciones realizadas por las diversas entidades lo que caracteriza la tecnicidad humana sino más bien el hecho de que estas funciones sean reconocidas como tales. Es decir, se trata del reconocimiento de funciones estándar o "propias" que determinados entes no solo suelen cumplir sino que se supone que deben cumplir (algo que no sucede con los objetos naturales que no han sido incluidos en un uso estándar determinado). Y esto conduce a su vez a una relación intencional que se supone implícita en los artefactos: se reconoce no solo la función propia de los cascanueces, sino que han sido diseñados y fabricados para cumplir esa función de abrir nueces.

Es posible ofrecer una explicación ontológica de este fenómeno señalando que el mundo técnico adquiere "solidez ontológica" de manera diferente al mundo natural. En la primera de estas esferas, la conducta se "fosiliza", "cristaliza" o "inscribe" en entidades cuya descripción, función y sentido técnico pueden ser luego comunicados a otros.

Según este "realismo reflexivo",[1] los artefactos son elementos del mundo cuya realidad es independiente de quien los conoce, de modo que es posible aprender de ellos y llegar a conocerlos, como cuando se reconstruye el contexto de uso de un objeto pre-histórico. Es por esto que al identificar gran parte de las conductas humanas nos valemos de referencias a objetos de los cuales conocemos ya su función. En el lenguaje se encuentran implícitos estos sentidos funcionales de los objetos, como cuando afirmamos que alguien rema, destapa una botella con un sacacorchos o martilla. En estos casos, una descripción completa requiere explicar el sentido funcional de un martillo, un sacacorchos o un remo. Pero raramente damos una descripción completa, pues este sentido funcional es un patrimonio ya adquirido.

Esta distinción entre dos clases de fenómeno técnico no resulta todavía adecuada, ante todo porque corre el riesgo de sugerir una distinción entre tecnicidad animal y no animal demasiado tajante, en contra del naturalismo gradualista que pretenderemos defender. Es necesario, entonces, continuar explorando ambos fenómenos para captar la diferencia específica que estamos buscando.

La tecnicidad humana y los "*affordances* intencionales"

Vimos que la conducta técnica humana involucra entidades de una clase particular, identificadas por propiedades funcionales de determinado tipo (así, un remo es un objeto que sirve para remar, etc.). Antes de avanzar, es

---

[1] Elegimos la denominación "realismo reflexivo" (Crelier/Parente 2011) para indicar que los artefactos son entidades cuya existencia es dependiente de las intenciones humanas pero no por eso menos real. Se trata de una perspectiva ontológica defendida actualmente por autores como A. Thomasson y J. Baker.

preciso despejar una objeción que puede surgir en este punto, la cual cobraría impulso si se sostuviera que la conducta técnica humana involucra necesariamente objetos manipulables.

De este modo, aunque existan instancias intermedias el soporte más adecuado de una función técnica sería un objeto manipulable que permanece en el tiempo, siendo el soporte de propiedades funcionales, y no entidades o *affordances* del entorno inmediato. Sin embargo, además de entrar en tensión con el holismo, esto nos lleva en una dirección objetivizante que da lugar a objeciones de diverso tipo: ¿es una carretera un objeto en el mismo sentido en que lo es una taza? ¿Debe considerarse que los diversos elementos que conforman un cine, desde el edificio hasta la suma de todas las butacas, conforman un único objeto? Estas preguntas advierten ante los errores categoriales que pueden surgir de reducir toda conducta humana técnica al uso de objetos manipulables, y sugieren no prejuzgar sobre la naturaleza objetual de los artefactos ni, en tal medida, sobre los objetos involucrados en la tecnicidad humana.

Evitando entonces el objetivismo y manteniendo una perspectiva holista centrada en la conducta como unidad de análisis, proponemos continuar indagando el modo en que se desarrollan las acciones técnicas, en el caso humano, sobre la base de una distinción propuesta por Michael Tomasello entre "*affordances* sensorio-motoras" y "*affordances* intencionales" (1999, pp. 84 y ss). Como es sabido, la noción de "affordance" proviene de Gibson, quien se refiere con ella a las posibilidades de acción y re-acción que el entorno le ofrece a un organismo (Gibson, 1979). Así, desde el suelo, que ofrece resistencia para andar, hasta una roca, que le ofrece a un lagarto la posibilidad de calentarse al sol, constituyen *affordances* sensoriomotoras. Las categorías "ecológicas" de superficies, medios y sustancias permiten especificar *affordances*.

Ahora bien, Gibson se refiere indistintamente a las *affordances* del entorno inmediato, en un sentido "ecológico" compatible con el holismo que hemos reconstruido en la sección inicial de este trabajo. Pero hemos sostenido que, incluso para una perspectiva holista, no toda conducta técnica es de la misma clase. Especialmente en el marco de las culturas humanas existe un modo peculiar de aprovechamiento de las potencialidades del entorno que es, podríamos decir, "indirecto", que no se tipifica solamente mediante la caracterización de las *affordances* sensoriomotoras involucradas. Se trata de lo que Tomasello denomina "*affordances* intencionales", caracterizadas porque, para ser captadas, requieren que el agente comprenda las relaciones intencionales que *otros* agentes tienen con una entidad técnica determinada (Tomasello, 1999, pp. 84-85).

A diferencia de la captación de *affordances* sensoriomotoras del entorno, abierta a la totalidad de las especies y desarrollada a través de aprendizaje individual directo o emulación, Tomasello sostiene que los agentes humanos, sobre la base de sus particulares capacidades de aprendizaje social, pueden –inclusive desde antes del año de vida– reconocer funciones propias estables usualmente plasmadas por otros en un objeto, distinguiéndolas de funciones impropias. Se trata de comprender "the intentional relations that other persons have with that object or artifact –that is, the intentional relation that other persons have to the world through the artifact" (p. 85). Por ejemplo, el comprender que una silla tiene como función propia el permitir sentarse o un cuchillo de cocina tiene la función de cortar alimentos.

Hasta aquí la distinción, que nos lleva a los siguientes problemas: ¿se trata de dos clases de conducta excluyentes o coexistentes?, y si coexisten, ¿cómo se relacionan? Estas preguntas resultan relevantes para comprender las clases correspondientes de tecnicidad. Exploraremos tres opciones respecto de cómo entender la relación entre las *affordances* de una y otra clase, y defenderemos la tercera de ella.

La primera consiste en sostener que las sensorio-motoras y las intencionales se excluyen mutuamente: así, los animales no humanos participarían de una relación con el entorno caracterizado como sensorio-motora, y los humanos en una relación siempre mediada por la comprensión de cómo los demás interactúan con el entorno. Más aun, si una conducta determinada se describe como el aprovechamiento de una clase de *affordances*, esto excluiría su descripción como aprovechando el otro tipo de affordance. Esta opción no es convincente porque, como es obvio, la relación sensorio-motora impregna todo el trato humano con las cosas, incluso cuando esta relación está mediada por la comprensión de la intencionalidad técnica ajena. De este modo, es preciso ver cómo se coexisten ambos modos de relacionarse con el entorno.

La segunda opción ofrece una respuesta a esto último, señalando que las *affordances* intencionales se montan o apoyan en las sensorio-motoras al modo de un objeto en otro o de una propiedad en un objeto o en otra propiedad. Si bien esta opción da cuenta del hecho de que, en el caso de la tecnicidad humana, la relación sensorio-motora y la intencionalmente mediada coexisten, resulta inadecuado entender esa coexistencia sobre la base de la analogía de objetos que se insertan en otros objetos o en sistemas para funcionar. Mientras que un foco de luz es un objeto que precisa insertarse en un sistema eléctrico, la relación con el entorno puede en cambio ser a la vez sensorio-motora e intencional con el mismo objeto: el cascanueces debe ofrecerle a la mano una empuñadura adecuada, por ejemplo. Se trata entonces de dos tipos de relación diferentes con el entorno pero un mismo objeto material.

El modo como esos dos tipos de acceso práctico coexisten puede expresarse en nuestra tercera opción: las *affordances* intencionales requieren la presencia de *affordances* sensorio motoras para determinar el sentido de su uso y especialmente la función propia estándar en el seno de una cultura. Así, entre las posibilidades de acción que ofrece un cascanueces, existen algunos usos estándar privilegiados, justamente aquellos por los que estas entidades han sido fabricadas. Si bien este objeto ofrece potencialidades que incluyen ser arrojado como arma o servir de peso para que un conjunto de hojas no se vuele, la función propia es la de abrir nueces. Coexisten entonces dos modos de acceso: el agente comprende la función estándar y, si decide aplicarla, aprovecha determinados *affordances* sensorio-motores del objeto en cuestión en detrimento de otros. De hecho, la determinación estándar de las funciones de los objetos y entidades del entorno requieren que estos posean ya, independientemente de esta determinación cultural, determinadas potencialidades (que pueden por supuesto ser fruto del diseño y la fabricación intencional).

Podemos afirmar entonces que las *affordances* sensorio-motoras son condición necesaria aunque no suficiente para establecer intencionalmente funciones estándar. Todo affordance intencional específicamente técnico supone una materialidad, la cual ofrece al agente posibilidades concretas de acción técnica. Y también podemos afirmar que las intencionales están solo infradeterminadas por las sensorio-motoras.² Estas últimas ofrecen una variedad de posibilidades de acción (de acuerdo también con las características del organismo). De entre estas posibilidades materiales preponderá una o unas pocas, que constituyen la función propia intencionalmente asignada en una cultura.

Siempre dentro de esta necesaria infradeterminación sensorio-motora, las *affordances* intencionales abren una dimensión simbólica que tiene, en parte, sus propias leyes. Esto es lo que Tomasello pone en evidencia con el fenómeno del juego, que caracteriza la conducta de los niños humanos, quienes por ejemplo pueden jugar a que un lápiz es un martillo, cambiando el uso convencional con fines lúdicos (p. 85). Quien juega así comprende primero la función propia del artefacto pero la deja de lado imprimiendo otra función propia (o al menos sistémica) en la misma entidad, cambiando de este modo, podríamos decir, una affordance intencional por otra. Ciertamente, en el juego se actualizan posibilidades de acción materiales –*affordances* sensorio-motoras–, pero es haberse introducido en el espacio simbólico de los artefactos lo que permite luego cambiar la relación intencional con la entidad. Este "como si" que caracteriza al juego del niño está permitido solamente por la capacidad del agente humano para percibir *affordances* intencionales. Sin esta capacidad, no hay posibilidad de juegos en este sentido del término.

---

2   Una idea similar es la de "realizabilidad múltiple" de las funciones, según la cual diferentes estructuras y principios operacionales pueden cumplir una misma función, como sucede con diferentes clases de sacacorchos o relojes.

La tecnicidad humana y no humana: esbozo de un marco gradualista

Puede objetarse con cierta razón que hemos sido un tanto apresurados al atribuir la capacidad para comprender *affordances* intencionales exclusivamente a los animales humanos. Por ello, resulta más exacto sostener que hemos ahondado en una distinción de dos maneras de relacionarse técnicamente con el entorno. La diferencia entre ambos modos es sin embargo muy grande, y puede volcarse en un esquema gradualista como el que proponemos a continuación, y que pretende captar los diferentes "momentos" de la tecnicidad que van desde la animal no humana hasta la animal humana. Aclaramos que se trata de esbozar los contornos de una posición que debe ser sometida a discusión, en parte sobre la base de información empírica relevante. Los niveles o momentos de la tecnicidad, ordenados desde los más simples hasta los más complejos aunque a menudo integrados entre sí, serían los siguientes:

1. Captación y uso de *affordances* sensorio-motoras del entorno inmediato por parte de un organismo vivo: caminar sobre una superficie dura, volar, beber agua. Se trataría en verdad de un momento "pre-técnico", en tanto involucra actividades básicas de los organismos que no requieren en principio una conducta compleja de "medio-fin" con elementos del entorno. Sin embargo, estas conductas pueden entenderse también como "proto-técnicas", en el sentido de que admiten la siguiente descripción: un organismo *usa* elementos del entorno *para*. Como hemos sostenido, esta instrumentalidad general e indiferenciada no captura todos

los momentos relevantes de la relación técnica con el entorno, ni siquiera en el ámbito de las criaturas no humanas.
2. Captación y uso complejo de la funcionalidad de los elementos del entorno, en el sentido de una racionalidad o "proto-racionalidad" instrumental o al menos de conductas innatas cuyo desenvolvimiento es complejo y que describimos utilizando las categorías de medio-fin. Ejemplos de esta conducta son la construcción de panales de abejas, termiteros, nidos tejidos por pájaros, castores que construyen canales como refugio y para transportar y reservar alimento (cf. Gould, 2007).
3. Fabricación y uso de objetos con funciones determinables, en el sentido de la racionalidad instrumental medio-fin no solo en la descripción de la conducta sino en la realización de la misma por parte del agente: construcción de palitos termiteros por parte de chimpancés (cf. Boesch y Boesch, 1990).
4. Trasmisión entre congéneres de la funcionalidad de los artefactos mediante mecanismos no-lingüísticos como el aprendizaje, mayormente no tutelado, mediante la emulación de la conducta de otro.

A nuestro modo de ver, la actualización de las capacidades resumidas en estos cuatro momentos da lugar a un incipiente "mundo técnico". O, visto de otro modo, teniendo en cuenta que esta expresión es un tanto estipulativa, puede afirmarse que la justificación para hablar de un mundo técnico no humano consiste en reseñar estas capacidades, con lo cual se le puede dar un sentido algo más concreto a la tecnicidad fuera del ámbito específicamente humano. Como se desprende de lo argumentado en la sección anterior, la frontera imprecisa que permite entender la especificidad técnica humana a nuestro modo está conformada por la siguiente facultad:

5. Captación de "*affordances* intencionales" a partir de la conducta de otros: el agente es capaz de entender la relación intencional que existe entre otros agentes y una clase de artefactos, y de interactuar él mismo según las pautas de esta relación. Los objetos poseen según esto una función estándar asignada por grupos de agentes.

Para Tomasello, solo los primates humanos pueden captar la intencionalidad de otros agentes y la inscripción de la intencionalidad en objetos (aunque luego Tomasello se opone a esta tesis en *The Origins...*, pp. 176-177). Sin embargo, creemos que esta tesis es apresurada y debe dejarse abierta la posibilidad de una tal captación. Así, este momento de la tecnicidad constituye, a nuestro modo de ver, la zona gris que separa la tecnicidad humana y la no humana. Ciertamente, la capacidad plena de captar la intencionalidad de los otros grabada en los artefactos se encuentra del lado humano, pero esto no excluye casos de animales que se acercan ya a la posesión de una tal facultad técnica. En efecto, el ejemplo citado de la fabricación de herramientas para pescar hormigas por parte de grupos de chimpancés sugiere que estos poseen, incluso sin el dominio de un lenguaje articulado, la comprensión de la función propia de determinado objeto técnico. Si a esto se le agrega la posibilidad de enseñar y transmitir, al menos en un grado incipiente, el uso captado, estamos ya ante la inscripción de intenciones en objetos que define al mundo técnico. De hecho, Boesch y Boesch han observado que entre los chimpancés de Tai existen conductas de fabricación y uso de herramientas que recién se desarrollan completamente en la vida adulta de estos primates (1990, p. 96). Asimismo, la mediatez del uso, y las inferencias que debe hacer la criatura sobre un uso futuro, sugieren que podemos hablar de un objeto que es el portador de la funcionalidad, y no de una propiedad evanescente o inmediata del entorno (cf. Mulcahy *et al.*, 2006).

La diferencia entre humanos y no humanos sería en todo caso relativa aunque insuperable sin un lenguaje público. En efecto, como veremos a continuación, el lenguaje articulado y público no solo potencia capacidades preexistentes sino que abre posibilidades completamente nuevas. Es preciso pues agregar en este esbozo de esquema gradualista las capacidades que claramente no poseen los animales no humanos y que dan cuenta de nuestra denominada "cultura material". En este caso, se trata de capacidades claramente integradas en la dimensión técnica humana (de modo que su ubicación en una escala de apariencia jerárquica es en cierto modo arbitraria):

6. Lenguaje público y articulado mediante el cual no solo transmitir sino especialmente legar y acceder a la comprensión de la funcionalidad de los objetos técnicos. Entendemos aquí por lenguaje un sistema articulado de signos que permite combinar sus unidades, de modo tal que cada combinación (potencialmente infinita) da lugar (o puede darlo) a una nueva unidad de sentido.[3]

---

[3] No introdujimos aquí el problema de la atribución de capacidades conceptuales sin lenguaje, pues entendemos que se trata de un tema altamente debatido que no cambia sustancialmente nuestro esbozo gradualista. De hecho, el corte entre lo conceptual y lo no conceptual puede ser ubicado más arriba o más abajo de nuestra escala sin que la separación entre dos modos de tecnicidad se vea afectada.

7. Cultura acumulativa: en el ámbito técnico, la tradición humana, lingüísticamente potenciada, da lugar a linajes de entidades técnicas. Así, los artefactos devienen no solo colección de memoria colectiva de gestos e intenciones sino también un soporte objetivo material para la acumulación de información heredable.
8. Capacidad de creación de nuevos artefactos sobre la base de una tradición técnica recibida (variabilidad de la técnica). La tecnicidad humana se caracteriza fuertemente por este rasgo, al punto que en las culturas modernas prácticamente no existe fabricación de artefactos que no introduzca alguna clase de variación respecto de las entidades precedentes en el linaje.

Un párrafo accesorio requiere la capacidad lingüística, ya que, como hemos afirmado, esta no solo potencia capacidades previamente existentes sino que permite abrir facetas nuevas de la tecnicidad. Esto es así porque el lenguaje permite la identificación, reidentificación y transmisión de las intenciones inscritas en los objetos, es decir, de sus funciones. Podemos ilustrar esto último a través de una anécdota relatada por Preston:

> [...] in a restored eighteenth-century house I was touring recently, I came across a puzzling object: a large glass globe with a long neck open at the top, set on a metal base. On inquiring, I was told that the globe was meant to be filled with water, and then a candle would be set behind it. The water amplified the candlelight for sewing or reading. [...] In these cases, we may indeed be able to individuate the object categorically as a tool, but not specifically as a particular kind of tool, without independent knowledge of the normal use history (p. 519).

¿De qué otro modo, si no es mediante una explicación lingüística, podríamos identificar la función auténtica de objetos como este, al menos cuando están aislados de un contexto de sentido que ya no existe? Como hacen los arqueólogos, es preciso el lenguaje siquiera para equivocarse y asignar una función que el objeto en verdad nunca tuvo. Y por otra parte, al atribuirle al lenguaje capacidades inéditas respecto de la técnica, no estamos a nuestro modo de ver estableciendo una brecha tajante entre la tecnicidad animal humana y no humana, entre otras cosas porque la comunicación y la inteligencia social son algo más amplio que la comunicación lingüística.

Bibliografía

Beck, B. (1980). *Animal Tool Behavior: The Use and Manufacture of Tools by Animals*. New York and London: Garland STPM Press.

Boesch, Christophe y Boesch, Hedwige (1990). "Tool Use and Tool Making in Wild Chimpanzees". *Follia Primatologica*, 54, 86-99.

Gibson, J. (1979). *The Ecological Approach to Visual Perception*. Boston: Houghton-Mifflin.

Margolis, E. y Laurence, S. (eds.). (2007). "Animal Artifacts". En *Creations of the Mind. Theories of Artifacts and Their Representation* (249-266). Oxford and New York: Oxford University Press.

Ingold, Tim (2000). *The Perception of the Environment. Essays on livelihood, dwelling and skill*. London/New York: Routledge.

Mulcahy, Nicholas J. *et al.* (2006). "Apes Save Tools for Future Use". *Science*, 312, 1038-1040.

Parente/Crelier (2011). "La rehabilitación ontológica de los artefactos. Un enfoque 'reflexivo'". *Agora Philosophica*, 12, 40-51.

Preston, Beth (1998). "Cognition and Tool Use". *Mind & Language*, 13, 513-547.

Tomasello, M. (1999). "The Cultural Origins of Human Cognition". Cambridge, MA: Harvard University Press.

4

Técnica, mimesis y violencia

Extensión de un problema planteado por Walter Benjamin

ROMÁN DOMÍNGUEZ JIMÉNEZ

1. Violencia y humanidad

En uno de sus textos más polémicos, *Hacia una crítica de la violencia*, Walter Benjamin (2007) señala que

> [...] una causa operante de uno u otro modo se convierte en violencia (en el sentido enfático de la palabra) en cuanto se adentra en situaciones morales. Pero la esfera de tales situaciones se designa mediante los conceptos de derecho y justicia (p. 183).

Resulta que la palabra que aquí se traduce como *violencia* es, en el original alemán, *Gewalt* (Benjamin, 1991d, p. 179). Jorge Navarro Pérez, traductor de la versión al castellano de *Hacia una crítica de la violencia* que aquí utilizamos, señala que *Gewalt* se utiliza para designar una fuerza, poder o capacidad cualquiera y que solo cuando se enfatiza corresponde a lo que en nuestra lengua entendemos por violencia (Benjamin, 2007, p. 183, nota al pie de página 2). De tal suerte la frase de Benjamin da cuenta de un desplazamiento de sentido en la lengua alemana: una fuerza o impulso cualquiera (*Gewalt*) solo es violencia cuando entra en el terreno moral. Pero lo que en un principio aparece como una variación semántica propia a la lengua alemana nos puede servir a nosotros para replantear una definición de la violencia. Si efectuamos una lectura literal de esta frase, podemos sugerir que *una fuerza, en cualquier lengua, se convierte en violencia desde el momento en que irrumpe en la esfera de la moral*, o mejor dicho, *en la esfera del derecho y la justicia*. De lo que se puede deducir que quizá la cuestión de la violencia misma sea la pregunta por la *legitimidad de una fuerza*.

Así, la violencia no sería tal en la pura naturaleza: una tormenta solar es incomparablemente más potente que la detonación de una bomba casera o el impulso de un tsunami, pero las dos últimas son incomparablemente más violentas que la primera si afectan directa o indirectamente el desarrollo de una comunidad. Las emisiones eléctricas de transmisión de datos informáticos apenas tienen una incidencia en la escala física de la conciencia humana, pero esta transmisión puede ser inmensamente violenta si lo que transmite es una decisión financiera que implica el despido de cientos de trabajadores. No habría entonces una violencia natural o pura, como tampoco, como comúnmente se dice, una violencia sinsentido, sino una fuerza que nos obliga, nos fuerza, nos interpela, a preguntarnos sobre su legitimidad y su sentido.

La violencia no sería entonces un acontecimiento cualquiera, sino un *fiat* o evento que arriba, irrumpe, bajo la forma de preguntas terribles: ¿por qué? ¿Quién? ¿Para qué? Parafraseando a Nietzsche, hemos señalado anteriormente que "lejos de manifestarse como la insurgencia de lo inhumano en lo humano y en la naturaleza, la violencia vendría a darse como un acontecimiento muy humano, demasiado humano" (Domínguez, 2015, p. 113). La violencia concierne lo humano porque aunque la fuerza pueda ser comprendida como proveniente de una catástrofe natural (*Moira*) o de la potestad divina de castigar (*Némesis*), y aunque la fuerza ataque a lo no humano como pueden ser los animales o la Tierra misma, solo frente a los humanos se manifiesta como pregunta moral, solo frente a lo humano la fuerza interpela por la resolución de su sentido, ya sea para conjurarla, para apropiársela, para condenarla.

Toda violencia sería pues una fuerza que implica la pregunta por su sentido moral y en esta medida toda violencia convoca a un reclamo por el derecho y la justicia. La violencia no sería por ello la esencia de lo humano, sino lo humano como pregunta y como riesgo en esa pregunta, pues este riesgo implica pensar la eventualidad de lo inhumano en el fondo de lo humano mismo.

Violencia y derecho

Pero lo más desconcertante del texto de Benjamin es quizá lo siguiente: el derecho no es lo que se opone de manera simple a la violencia, tal y como desde una perspectiva dualista el alma se opondría al cuerpo o la forma a la materia. No se opone a la violencia porque todo derecho instaurado (y aun aquel que busca instaurarse) se legitima en la autoridad de su fundación. Como dice Benjamin: "La instauración del derecho es sin duda alguna instauración del poder y, por tanto, es un acto de manifestación inmediata de la violencia" (Benjamin, 2007, p. 201). De lo que se puede derivar lo siguiente: no habría tanto una violencia propia del derecho y violencias contra derecho, sino que el derecho es la violencia misma, instaurada como prerrogativa que impera frente a otros derechos o prerrogativas, como prerrogativa que ejerce su derecho por encima de otros derechos.

Tal es la historia mítica de la humanidad de acuerdo con este texto de Benjamin: un derecho se funda violentamente frente a otras prerrogativas, fuerzas y pretensiones, para después confeccionar el mito de su fundación como *violencia legítima* y ejercer durante un cierto tiempo su hegemonía con lo que Benjamin llama "violencia mantenedora de derecho" (p. 190), es decir, con medios como la policía o el ejercito, que no fundan sino que mantienen en vigencia el derecho fundado; todo esto hasta que un nuevo derecho fundador destrona al anterior, y mantiene su hegemonía hasta que otro novísimo derecho fundador lo derroca, y así, incesantemente.

A este círculo mítico, Benjamin opondrá la posibilidad de la violencia divina, es decir, de la aparición de una justicia intempestiva que liberaría en ciertas ocasiones a la humanidad del ciclo mítico en el que se desarrolla de ordinario la historia. Pero aun en este caso, y aun bajo la modalidad de la justicia intempestiva ejercida por la humanidad misma sin intervención divina, es decir, incluso bajo el modo de la revolución, la instauración de derecho sigue siendo violenta (202-206).

Violencia y gesto

Pareciera que hasta ahora solo nos hemos ocupado de la violencia institucional, aquella que tiene que ver con la violencia política y con la soberanía de un Estado. ¿Pero no es cierto que las llamadas violencias domésticas, así como las llamadas violencias simbólicas obedecen y reproducen este mismo esquema? ¿No es cierto que la violencia del hombre hacia la mujer, de una raza sobre otra, de un Señor frente a su sirviente obedecen a prerrogativas que pretenden ser naturales e intemporales?

Existen ciertamente las violencias de los oprimidos, de los marginales, de los locos, y en algunos casos puede tratarse de violencias justas, en el sentido establecido más arriba, es decir: como el arribo inopinado de una fuerza revolucionaria que irrumpe en el devenir histórico. El objeto de una crítica contemporánea de la violencia no sería así la supresión de esta. Pues en tanto que no puede ser pensada sino en el terreno de la moral y de la justicia, de lo humano y lo inhumano, la violencia no es una *physis* cuyos excesos frente a lo humano puedan ser limitados o abolidos: *toda violencia es metafísica*. La supresión absoluta de la violencia no puede llegar sino como abolición de la metafísica, de la moral y de lo humano mismo por parte de una violencia definitiva y última. Frente a la búsqueda de esta supresión definitiva, que en su forma filosófica funciona como aspiración a una razón triunfante; que en su forma teológico-apocalíptica se manifiesta como esperanza en el juicio del fin de los tiempos; y que en su variante tecno-apocalíptica aparece como posibilidad de un fin de la humanidad por medios técnicos de destrucción total, la crítica contemporánea de la violencia les opone *la búsqueda de una política crítica de las fuerzas a disposición de los humanos*.

Si bien, de acuerdo con lo que hemos señalado antes, no hay violencia puramente física, sino que siempre es metafísica, es decir, moral, también hay que decir que no habría violencia puramente intelectual, simbólica, pues la violencia siempre tiene lugar como *gesto*. Dicho de otra manera, toda violencia implica una corporalidad, una dinámica, una plástica, incluso cuando se manifiesta como supresión o prohibición del ámbito gestual. Si el gesto es ya desprendimiento de una superficie, movimiento que se singulariza, corporalidad aun en la más abstracta de las esferas, suspensión en el más severo de los juicios, la gestualidad de la violencia implica siempre una plástica (y a veces también una erótica) del dolor, una praxis de la crueldad: no hay violencia sin cuerpo, sin dolor, la violencia siempre conlleva una herida.

Violencia y técnicas de sentido

Decir que la violencia provoca una herida es también decir que en esta herida se juega su sentido. ¿Pero qué es el sentido de algo? Tomemos esta definición:

> [...] el sentido de la política es la libertad. [...] el sentido de una cosa, a diferencia de su fin, está incluido en ella misma. [...] la frase: "El sentido de la política es la libertad" alude [...] a que la libertad o el ser-libre [*Frei-sein*] está incluido en lo político y sus actividades (Arendt, 1997, p. 61, nota al pie de página).

Hay que prolongar esta observación de Arendt e indicar que si el sentido está incluido en algo, también es cierto que no suele presentarse de manera explícita, por lo menos en una primera aproximación. Es por ello que el sentido se busca y eventualmente se encuentra al fondo o en el núcleo de algo. El sentido de la violencia no está dado primeramente en su definición, sino que se encuentra como incrustado en la manifestación del gesto violento, bajo la forma de una percepción y una sensibilidad desgarradas. Y es en este punto en donde creemos que algo ha cambiado, que el sentido de la violencia para nosotros no es el mismo que el de nuestros antepasados, pues percibimos la violencia de otro modo, y la percibimos de manera diferente porque como nunca antes, debido a la gran exposición de gestos distantes que tenemos hoy día, vivimos la violencia ajena como propia, hoy día solemos ser más sensibles frente a manifestaciones de violencia.

Este cambio no se debe a lo que sería un dudoso avance moral en la percepción y comprensión de la violencia, como tampoco se debe tanto a un cierto cambio de régimen del uso de la violencia institucional, sino a la incesante *creación, multiplicación y transmisión del sentido de la violencia por medios técnicos*. Dicho de otro modo, lo propio de nuestra época sería la expansión casi universal de la violencia por medio de técnicas que llamaremos *técnicas de sentido*. A este respecto, podemos ya decir que la técnica misma, en tanto que prerrogativa humana, no es neutra, y en esa medida acoge también a la violencia, pues la técnica, en tanto que fuerza que implica la moral, funda y conserva derechos frente a otras prerrogativas (por ejemplo, la decisión de promover el transporte privado en automóvil de combustión por petróleo y su medio técnico asociado, que es la construcción de autopistas adaptadas se hace a expensas de otras posibilidades técnicas: desarrollo del automóvil eléctrico, de vías de trenes o buses).

Desde el punto de vista del Heidegger de *La pregunta por la técnica* (1994), esto sería ya suficiente para declarar que vivimos en otra época de la violencia, pues el poder de destrucción de la técnica actual es incomparablemente mayor al que alguna vez pudo tener en el pasado. Pero este criterio, que para Heidegger es cualitativo (la técnica moderna es esencialmente distinta de la técnica ancestral porque provoca a la Naturaleza), para nosotros sigue siendo meramente cuantitativo en su relación con el sentido de la violencia: la destrucción relativa se vuelve ahora peligro absoluto.

Pero creemos que la técnica ha sido siempre una prerrogativa humana. Al contrario de Heidegger, pensamos que el riesgo y la fundación de la violencia son inmanentes a la técnica; que siempre la Naturaleza ha sido provocada. Creemos que lo que ha cambiado además del poder destructor de la humanidad es la manera en como percibimos no solo este poder, sino cualquier manifestación violenta. Y esta percepción pasa en la mayor parte de los casos (es decir, cuando no sufrimos la violencia de manera directa) por la mediación de técnicas de sentido. Por técnicas de sentido entendemos aquellas técnicas que al contrario de otras que se asocian como máquinas a un medio exterior físico o geográfico (por ejemplo un avión con el aire, un cultivo con la tierra, una turbina de generación de energía eléctrica con el agua, un automóvil con la autopista), crean, para retomar el término de Simondon (2008), su propio *medio asociado* (74-77), bajo una temporalidad que les es propia. Esto no quiere decir que las técnicas de sentido no tengan un afuera, sino que este afuera, antes que ser un medio físico o geográfico se conforma y se adapta a estas técnicas como superficie de signos potenciales en una cultura. Por ejemplo: el fuera de campo en el cine implica no solamente lo que no se ve en el plano y que tiene una incidencia en la trama de una película (una voz en *off*), sino también algo así como un *fuera de campo expandido* que implica elementos culturales, políticos, sociales, que no son vistos o que son elementos cuya naturaleza no es visible pero que inciden en la recepción.

Ejemplos de técnicas tradicionales de sentido son la escritura, la narración oral, la magia y las llamadas bellas artes. Al contrario de las tradicionales, las técnicas contemporáneas de sentido son eminentemente, aunque no exclusivamente, audiovisuales. Y entre las más potentes de estas están las que reproducen movimiento, como el cine, la televisión, los videos de Internet.

Hacia una subversión de la violencia

Es cierto que la fotografía juega también un papel preponderante en esta configuración, pero creemos que esta es rebasada por estas otras técnicas, en la medida en que es en el movimiento en donde se completa más fuertemente la capacidad de imitación y de reproducción, es decir, la mimesis. La fotografía, así sea digital, evoca y nos remite a un *ça a été*, a un *eso fue* o un *eso ha sido*, como diría Barthes (1980, p. 119), mientras que lo audiovisual, las imágenes móviles, por más artificiales que sean *nos hace vivir*.

La fotografía introdujo la hegemonía de la reproducción de imágenes como procedimiento de sentido, mientras que la llegada del cine implicó, a partir de la introducción industrial de imagen en movimiento y de su correlato, el montaje, la disrupción de lo *performativo-técnico* como ámbito hegemónico en el que se juega de modo mimético el sentido de la violencia contemporánea.

René Girard observó en *La violence et le sacré* (1972) que toda violencia parte de un mimetismo arcaico, en el que dos rivales se disputan un mismo objeto de deseo hasta llegar a un paroxismo gestual que Girard llama "crisis sacrificial" (p. 204) o *crisis mimética*. La función del sacrificio para Girard es representar esta escena fundadora ejecutando una víctima que sirve como "chivo expiatorio". Girard (1982) considera que la única conjuración posible del sacrificio se da en el cristianismo, que no es para este autor una religión, sino el modo operatorio de un proceso que anula el sacrificio y la violencia ancestral.

La tesis de Girard es muy polémica, y no podemos desarrollar aquí todas sus aristas, pero pensamos que no es con el puro advenimiento del cristianismo que podemos aspirar a otra configuración, pues la mimesis que experimentamos hoy día no es ni natural ni tradicional, sino tecnificada: no nos remite directamente a un derecho arcaico que habría que conjurar, sino a una *performance reproducible* que habría que subvertir.

Este ámbito relativamente nuevo fue analizado por Benjamin en *Das Kunstwerk im Zeitalter seiner technischen Reproduzierbarkeit* (La obra de arte en la época de su reproductibilidad técnica) como *Testleistung* (1991a, p. 449; 1991b, p. 489; 1991e, p. 364), es decir, como desempeño, hazaña o logro calificable o evaluable, en suma, como *test* (1991c, p. 722). Benjamin observa que al contrario del actor de teatro, que representa un papel de una sola vez y por así decirlo, de corrido, el intérprete de cine pasa por una serie de pruebas en las que lo que más importa es la relación de su cuerpo con la cámara (1991a, p. 450; 1991b, pp. 488-489; 1991c, p. 723; 1991e, p. 369). Lo que vemos en el cine, y por extensión en las técnicas audiovisuales que le suceden, es un conjunto de imágenes evaluables y puestas en orden de un cuerpo, de un rostro, de una situación que nos conmueve, tanto si se trata de una pura ficción como de una serie de imágenes con valor documental.

En el ámbito gestual esta diferencia implica un cambio de proporciones revolucionarias, pues el gesto reproducible se halla en todo momento sometido a un juicio evaluatorio, es decir, a un test. Dicho de otra manera, el modo hegemónico en que percibimos el gesto y eventualmente la violencia, es bajo la forma de un test. Frente al test, no nos encontramos frente a una prueba de vida o frente a un rito de paso, como podría ser en el caso en una sociedad tradicional, sino frente a una prueba mecánica, estandarizada, formateada, que implica una temporalidad particular. ¿Cuál es esta temporalidad? No es otra sino la temporalidad del juicio técnico, en el que los parámetros están fijados de antemano. Frente al test, el ámbito gestual y mimético se encuentra encapsulado, supervisado bajo criterios técnicos. Frente al test, la violencia es también evaluada como performance. Este sería en nuestra opinión *el sentido de la violencia contemporánea* (que no es la violencia contemporánea en sí, sino lo que la sustenta subrepticiamente): una violencia que en su aspecto gestual y mimético se encuentra sometida a una temporalidad tan o más difícil de subvertir que el más inicuo de los regímenes políticos.

En tanto que humanos, no nos es dable acabar con la violencia, que será siempre más que una imagen, pero lo que nos es acaso dable es pensar la subversión del test audiovisual, que es quizá el lugar donde anida el sentido de la violencia hoy en día. Subvertir el sentido de algo no quiere decir acabar con algo ni conjurarlo, sino trastocar su configuración, invertir sus jerarquías, pervertir sus pretensiones. Subvertir el test quiere decir aquí violentar técnicamente la imagen en pos de otra temporalidad, acaso más justa, pero que en todo caso sería por fin nuestra, de la humanidad que afronta, acaso también insensatamente, la violencia, sin concesión alguna. Esta sería nuestra prerrogativa o derecho por fundar: *una imagen técnica que violente la violencia de las imágenes técnicas estandarizadas, para fundar una nueva imagen de la política.*

Bibliografía

Arendt, H. (1997). *¿Qué es la política?* Barcelona: Paidós.
Barthes, R. (1980). *La chambre claire. Notes sur la photographie.* París: Cahiers du cinéma / Gallimard.
Benjamin, W. (1991a). "Das Kunstwerk im Zeitalter seiner technischen Reproduzierbarkeit [Erste Fassung]". En *Gesammelte Schriften*, Libro I, Vol. 2 (431-470). Frankfurt am Main: Suhrkamp.

Benjamin, W. (1991b). "Das Kunstwerk im Zeitalter seiner technischen Reproduzierbarkeit [Dritte Fassung]". En *Gesammelte Schriften*, Libro I, Vol. 2 (471-508). Frankfurt am Main: Suhrkamp.

Benjamin, W. (1991c). "L'œuvre d'art à l'époque de sa réproduction mécanisée". En *Gesammelte Schriften*, Libro I, Vol. 2 (709-739). Frankfurt am Main: Suhrkamp.

Benjamin, W. (1991d). "Zur Kritik der Gewalt". En *Gesammelte Schriften*, Libro II, Vol. 1 (179-203). Frankfurt am Main: Suhrkamp.

Benjamin, W. (1991e). "Das Kunstwerk im Zeitalter seiner technischen Reproduzierbarkeit [Zweite Fassung]". En *Gesammelte Schriften*, Libro VII, Vol. 1 (350-384). Frankfurt am Main: Suhrkamp.

Benjamin, W. (2007). "Hacia una crítica de la violencia". En *Obras*, Libro II, Vol. 1 (183-206). Madrid: Abada.

Domínguez, R. (abril 2015). "Higanbana mon amour: Test, técnica y violencia, de Benjamin a Ozu". *El resplandor, No. 3 "Segundo Coloquio de Cine y filosofía de Valparaíso. Aparatos y violencia"*, 113-137.

Girard, R. (1972). *La violence et le sacré*. París: Grasset.

Girard, R. (1982). *Le bouc émmisaire*. París: Grasset.

Heiddeger, M. (1994). "La pregunta por la técnica". En *Conferencias y artículos* (9-61). Barcelona: Ediciones del Serbal.

Simondon, G. (2008). *El modo de existencia de los objetos técnicos*. Buenos Aires: Prometeo Libros.

5

Técnica y cultura

Jaime Fisher

Un muy conocido ensayo de Miguel Ángel Quintanilla tiene el mismo título de este artículo. Sostiene su autor la idea general de que la técnica es un subconjunto de la cultura, para luego desarrollar y exponer la naturaleza de los vínculos entre ambas.[1] A diferencia del profesor Quintanilla, intento argumentar aquí sobre la coincidencia lógica extensional de ambos conceptos, cosa que anularía cualquier "relación" entre ellos, pues todo cambio en uno implicaría -por definición- un cambio en el otro. *Cultura* y *técnica* se distinguirían solo por su intensionalidad.

    Con ocasión del III Coloquio de Filosofía de la Técnica propuse un esquema para evaluar los sistemas técnicos que sigue pareciendo razonable (Fisher, 2013). Mi intención ahora consiste en plantear que tal esquema de evaluación sobre la técnica es aplicable punto por punto a la evaluación de la cultura. Esto, según creo, resultaría de utilidad a la filosofía política para resolver algunos de los problemas fundamentales en este campo, y de manera particular e importante, los referidos a la diversidad cultural y el multiculturalismo normativo, temas que no de manera coincidencial han adquirido una dimensión creciente en buena medida como resultado del desenvolvimiento

---

[1] Quintanilla, M. A., disponible en https://goo.gl/RmoFIz.

científico y tecnológico, es decir, como derivación de la técnica misma. Cabe decir también por ello que este es un intento por indagar uno de los posibles caminos en que la filosofía política podría beneficiarse de la filosofía de la técnica, y también viceversa.

En sentido estricto no podemos evaluar la técnica en general. Intentar hacerlo conduce a los conocidos callejones sin salida de la tecnofilia y la tecnofobia. Lo único que podemos evaluar es siempre una manifestación particular de ella, es decir, un sistema técnico que opera bajo determinadas condiciones y contextos y al cual se asocian de forma causal ciertos resultados. Propongo entender -de manera muy cercana a Quintanilla- un sistema técnico como *trabajo dirigido a la transformación de objetos o situaciones concretas, materiales o simbólico-culturales, y orientado a la obtención de un resultado -convencionalmente limitado en el tiempo-, que es considerado útil por su agente.* Esta caracterización intenta responder solo a la pregunta: ¿qué evaluamos cuando evaluamos una técnica? Tiene, pues, una naturaleza y una intención descriptiva.

El *significado* de un sistema técnico viene siempre dado por, y asociado a, sus *resultados* observables y previsibles bajo el estado mismo de la técnica disponible en un momento determinado. El significado (los resultados) de un sistema técnico no es siempre el mismo. Depende de las condiciones técnico-culturales que, al ser dinámicas, harán que ese significado cambie junto a ellas.

Toda técnica implica un conocimiento, un saber hacer que se expresa, cuando lo hace, en un sistema técnico concreto. Su estatus ontológico, lo que el sistema técnico es en última instancia, consiste en un conjunto relacionado de decisiones o elecciones: 1) sobre la *acción* o acciones específicas deliberadas que cabe hacer al hombre; 2) sobre el *cómo*, es decir, sobre sus *medios* e *instrumentos* a utilizar;

3) sobre el *qué*, i. e., sobre los *objetivos* o cambios que ha de producir o evitar en la realidad); 4) sobre los *fines*, es decir, sobre el *para qué* de la acción y los cambios que pretende obtener o evitar en el mundo; y finalmente pero no al último, 5) sobre los resultados obtenidos, coincidan estos o no con los objetivos planteados *ex ante*. Así, cabe destacar que al elegir y configurar un sistema técnico se eligen con él, *eo ipso*, ciertos *resultados* y consecuencias que impactan tanto sobre su o sus agentes directos, como sobre el medio ambiente en el que opera; y, por supuesto, sobre un *público* (Dewey, 1958 [1927]), sobre otros seres humanos con quienes se comparte ese medio ambiente.

Oponiéndome en esto a Quintanilla (2005) y a Bunge (1976), quienes coinciden en el criterio de la eficiencia[2] como piedra de toque de la evaluación de un sistema técnico, el baremo que propongo consiste en cierto concepto amplio de *libertad*, que conjunta las ideas de libertad negativa (Berlin, 1969), libertad como capacidades (Sen, 2000), y libertad como aceptabilidad racional contextual de las condiciones en que se ejecuta, y atendiendo a los *resultados* derivados de la operación del sistema (Scanlon, 1982). Me parece razonable sostener que este tercer aspecto de la libertad coincide con un concepto genérico de justicia, entendida como ausencia de violencia (o de injusticia) sobre alguien que, encontrándose en el contexto

---

2 En la argumentación de Quintanilla destaca una contradicción entre su noción de *sistema técnico* y la *eficiencia instrumental* propuesta como criterio para su evaluación. Quedan tres posibilidades para resolverla: 1) abandonar la noción de sistema técnico, 2) abandonar la noción de eficiencia instrumental como baremo de su evaluación, y 3) hallar un criterio de evaluación adecuado para esa noción de sistema técnico. La propuesta de la libertad como tal baremo es esa tercera vía defendida en este trabajo; que sostiene la noción de sistema técnico como objeto de evaluación, que sigue considerando la eficiencia aunque ya no como criterio fundamental de dicha evaluación, y que permite poner al hombre en relación con su medio físico y simbólico-cultural precisamente mediante la noción política y moral de libertad.

físico y simbólico-cultural de su operación, no sea agente del sistema técnico. La *aceptabilidad racional* de este no requiere que quien lo acepte esté dispuesto a utilizarlo, a incorporarlo a sus paquetes meméticos y técnicos; basta con carecer de razones para oponerse a que otros agentes lo hagan. El público de un sistema lo acepta racionalmente cuando no le causa violencia bajo alguna descripción razonable. En este sentido libertad y justicia no solo no están contrapuestas sino que resultan más bien complementarias, como las dos caras de una misma moneda técnico-cultural.[3]

Ampliar y clarificar este punto puede servirse de una analogía con la tesis Duhem-Quine. Si tomamos la evaluación de teorías científicas y la aplicamos a la evaluación de sistemas técnicos, encontraremos que siempre tasamos un sistema técnico en su conjunto, es decir, en su completa estructuración -1)... 5)-, y nunca apreciamos de manera separada cada una de las decisiones o elecciones que lo constituyen; de tal suerte que no sabemos -en caso de que el sistema falle y produzca resultados insatisfactorios e inaceptables-, cuál o cuáles de las decisiones involucradas fueron las que estuvieron mal tomadas o ejecutadas, es decir, no estaríamos en condiciones de saber cuál de las decisiones involucradas (o qué subconjunto de ellas) fue la causa de la falla. No obstante, en cualquier circunstancia, el significado del sistema técnico (sus resultados empíricos) será lo que nos lleve a reconsiderarlo en su conjunto, o al menos en algunas de sus partes constitutivas, en las que se incluye por supuesto a su agente, sea este individual o colectivo. Desde un punto de vista lógico otras analogías válidas se seguirían, tomando como fuente a la filosofía de la ciencia de la segunda mitad del siglo pasado;

---

[3] Parafraseando a Kant podemos decir que la justicia *sin* libertad es vacía y que la libertad *sin* justicia es ciega.

cabe destacar entre ellas la del cambio de paradigma: un sistema técnico no necesariamente se abandona cuando tiene fallas (anomalías), sino que puede seguir utilizándose mientras no se cuente con un sistema alternativo. Un cambio de sistema técnico solo ocurre en casos límite de acumulación de anomalías, cabiendo entonces la pregunta acerca de cuál es la cantidad y calidad suficiente de anomalías para provocar tal cambio de sistema. Considérese, por ejemplo, el sistema global (o conjunto de sistemas técnicos) conocido como el mercado, basado y orientado por el fin de la acumulación de capital. Otro sistema técnico de menor magnitud que puede servir de ejemplo es el de las plantas termonucleares. La acumulación de anomalías en este caso son más evidentes e inmediatas (Three Miles Island, Chernobyl y Fukushima), y requerirían una evaluación relevante[4] más inmediata y urgente.

Una analogía más importante sería la de la racionalidad del cambio técnico. El concepto de racionalidad hallado tras la eficiencia es muy distinto y suele resultar opuesto al concepto de racionalidad que se halla tras la libertad como baremo para tasar un sistema técnico. El primero -sostenido por Quintanilla y Bunge- es la racionalidad instrumental, esto es, la simple adecuación entre medios y objetivos. El segundo concepto de racionalidad, que se halla tras el criterio de la libertad, puede calificarse como racionalidad prudencial, vinculada a la *phrónesis* aristotélica (Aristóteles, 1985, 1988), virtud específica de la filosofía moral y política, como ese sentido del equilibrio

---

[4] Una *evaluación relevante* no solo es capaz de aprobar o reprobar un sistema técnico, sino que tiene la capacidad y habilidad para corregirlo en un sentido que evite los resultados no deseados del mismo. La *relevancia* de la evaluación de un sistema con resultados públicos cruza por el sistema político y, desde luego, por consideraciones de filosofía política que de momento no se pueden enfrentar aquí y ahora.

o de la proporción (*ratio*) entre las decisiones que constituyen al sistema técnico, de tal manera que se evite el mal y se produzca el bien.[5]

En resumen, un sistema técnico, con independencia de su complejidad o grado de sofisticación, será aceptable cuando incremente la libertad, sin afectar negativamente -bajo alguna descripción razonable- a quienes se hallen en su ambiente físico y simbólico cultural. Todo sistema que justifique someterlo a un proceso de evaluación social o política debe tener una dimensión pública al menos en dos sentidos: 1) sus procesos y resultados deben ser observables, y 2) tener efectos sobre un *público*, sobre seres humanos que no sean sus agentes. Esto se basa en la diferencia entre lo público y lo privado, asunto nodal tanto en filosofía política, como en la evaluación de la técnica.

Paso al concepto de cultura. *Colere* ("cultivo" y "cuidado" o "atención") es su origen etimológico aceptado. En su forma original y directa se refirió al cuidado, cultivo y atención de la tierra. Con "techné," Hesíodo (1978) se refiere fundamentalmente al trabajo de la tierra, es decir, a la agricultura, cosa que viene aparejada a la desaparición de esa simple madre proveedora de cazadores y recolectores, y que entonces comienza a verse como tierra de labor y trabajo, es decir, de cultivo. Esta techné-colere cifraría, en su acepción primera y directa, el paso desde una sociedad recolectora y nómada a otra agrícola y sedentaria. Si esto es correcto, hallaríamos un vínculo entre las ideas de progreso y de técnica como cultivo del ser humano, como cultura en su sentido figurado. Este me parece ser el primer referente histórico-documental a partir del que puede sostenerse la tesis de la coincidencia extensional entre

---

[5] Se está entendiendo por el *bien* a la conjunción de justicia o equidad en los grupos sociales y la libertad de sus individuos-ciudadanos. Este *bien* puede ser afectado positiva o negativamente por los sistemas técnicos.

techné y colere, entre técnica y cultura, y de la relación de ambas con cierta idea de progreso, que es lo que yo pretendo entender aquí como libertad[6]. Este criterio o baremo para evaluar un sistema técnico no se contrapone a la eficiencia instrumental, sino que es más bien un mecanismo de control de calidad sobre dicha eficiencia, puesto que si bien esta última es necesaria, no es por sí misma suficiente para alcanzar una racionalidad en la evaluación ni en la corrección ejecutada o ejecutable sobre el sistema. En otras palabras, la eficiencia (económica, termodinámica o instrumental) de un sistema técnico, aunque *puede* ser necesaria, no es por sí misma suficiente para conseguir la aceptabilidad racional del mismo.

Afirmo, pues, que la técnica es cultura *y* que la cultura es técnica. Que la técnica sea cultura sería aceptado por Quintanilla pero no estaría de acuerdo con la segunda parte de la conjunción enunciada, es decir, con la afirmación de que la cultura sea técnica y, por ello, parece que tampoco con la tesis de la coincidencia lógica extensional entre ambos conceptos. En lo que sigue trataré de apuntalar mejor mi tesis.

No parece recomendable a estas alturas entrar al asunto de LA definición de "cultura". Baste indicar, por ejemplo, que Baldwin, John. R. *et al.* (2006, pp. 139-226) proporcionan una lista de más de 300 definiciones, algunas de ellas incompatibles entre sí. Creo que por ello conviene volver a los clásicos. Según Edward Tylor:

> Cultura o civilización, tomada en su sentido etnográfico amplio, es ese todo complejo que incluye conocimientos, creencias, arte, moral, derecho, costumbres, y cualesquier otras capacidades o hábitos adquiridos por el hombre en tanto miembro de la sociedad (1920 [1871], p. 1).

---

[6] Esto coincide con la noción de crecimiento (*growth*) en la obra de Dewey.

En otras palabras, cultura sería todo lo *aprendido*, o *artificial*, en claro contraste lógico conceptual -aunque en continuidad ontológica natural- con la mera y simple herencia biológica.

La cultura es resultado, a la vez que condición, de la relación dinámica entre individuo y sociedad, y de ambos con el medio ambiente. Su lugar de manifestación es siempre físico, i. e., su dimensión observable son las acciones humanas intencionales sistemáticas, a saber, las prácticas distintivas y significativas de los individuos y de los grupos. Esto evitará considerar aspectos problemáticos que la amplia definición tyloriana permite, en particular, los estados mentales como creencias, hábitos de pensamiento, o la cosmovisión entera, que también son aprendidos del grupo pero que solo son accesibles a la introspección, aunque puedan inferirse a través de la acción o las prácticas cotidianas del sujeto.

Un ejemplo de este último problema lo encontramos en Olivé (2004, pp. 29-33). Al recuperar la tradición tyloriana en su propio diseño de un concepto filosófico-antropológico de cultura, y siguiendo a Luis Villoro (1986), Olivé le añade un compuesto de disposiciones internas, accesibles solo a la introspección, pero que, según su decir, son condición de posibilidad de su dimensión externa, conductual o fenoménica. Como ese componente disposicional subjetivo conforma quizá la zona más problemática de todo mapa que se intente trazar sobre el amplio y abierto territorio de la cultura, es razonable reducirnos a su manifestación externa, vale decir, a su dimensión pública.

Esto es razonable porque las disposiciones subjetivas, los estados intencionales o los "mundos internos" no son accesibles al público y, aun si lo fueran, no solo no podrían ser objetos de defensa, preservación o promoción por parte de las instituciones políticas, como propondrá, por ejemplo, el multiculturalismo, sino que ni siquiera podrían ser objeto de estudio de la antropología. En otras palabras, *si* la cultura -entendida como prácticas sistemáticas aprendidas de y compartidas por un grupo- ha de tener una relevancia tal que requiera la evaluación social y política, *entonces* esa cultura deberá también tener una dimensión pública al menos en dos sentidos muy claros: 1) ser observable para un público; y 2) de manera más importante, tener algún efecto perceptible sobre un público, es decir, sobre alguien que no sea su agente o portador cultural directo, bajo alguna descripción razonable (Dewey, 1958 [1927], pp. 28 y ss.). La condición de posibilidad para que una cultura o una técnica tengan interés político es que haya resultados públicos de las acciones intencionales sistemáticas en las que toda cultura y toda técnica consisten desde el punto de vista fenoménico.

La tesis que con esto expongo aquí es que la *cultura* se manifiesta siempre en un determinado *conjunto de sistemas técnicos*, es decir, en ese conjunto de decisiones ya señaladas: 1) sobre la *acción* o acciones específicas posibles; 2) sobre el *cómo*, es decir, sobre sus *medios* e *instrumentos*; 3) sobre el *qué*, i. e., sobre los *objetivos* de la acción y los cambios a producir o evitar en el mundo); 4) sobre los *fines* de la misma, es decir, sobre el *para qué* de la acción, y 5) sobre los *resultados* obtenidos de facto. La técnica es la forma obligada de manifestación de la cultura.

Es menester señalar que aunque técnica y cultura coinciden extensionalmente, es decir, se refieren a la misma clase de fenómenos, intensionalmente son distintos: mientras que el concepto de *cultura* captura esos fenómenos por el lado de los valores o fines que se hallan detrás de y orientan las tradiciones y las prácticas, el concepto de *técnica* lo hace por el lado de las acciones y los cambios -materiales o simbólicos- derivados de su puesta en operación.

Paso a intentar justificar cómo y por qué podemos resolver los problemas de la diversidad cultural y del multiculturalismo, propios de la filosofía política, a partir del esquema de evaluación propuesto para los sistemas técnicos, y propio de la filosofía de la técnica. Antes de ello es necesario decir que, de la misma manera que ocurre con *la* técnica, no podemos evaluar *la* cultura en general sino solo determinados sistemas culturales concretos. No hay algo existente que sea *la* cultura argentina o brasileña o colombiana o mexicana, o latinoamericana, sino individuos y grupos que podemos caracterizar por el hecho de compartir algunos paquetes meméticos, dirían Richard Dawkins (1976) y Jesús Mosterín (1993), o por utilizar algunos sistemas técnicos, diría yo. Me apoyo aquí en Edward Sapir (1932) para quien "cultura", cuando se utiliza para referirse a un pueblo en el sentido antropológico, es más bien una ficción estadística, es decir, una abstracción promedio del conjunto de paquetes meméticos disponibles y utilizados por los individuos que componen ese pueblo. Ese concepto de cultura es útil para describir y referir, hasta cierto punto de manera adecuada, al grupo social, pero es claro que pueblo (o sociedad) y cultura no tienen la misma extensión lógica, es decir, que no pueden ser tenidos por sinónimos; de la misma manera en que el promedio de edad de un grupo -aun si es obtenido con un método estadístico válido- no define o identifica la edad de todos y cada uno de los individuos de ese grupo.

No hay espacio suficiente para exponer con plenitud el tema y los problemas del multiculturalismo y la diversidad cultural, pero una adecuada síntesis de la posición multiculturalista bien puede expresarse en la idea de que "todas las culturas valen lo mismo y que todas merecen ser preservadas"; pero si este fuera el caso, toda evaluación de las culturas -y de las técnicas implícitas en ellas- resultaría innecesaria. Ese reclamo es formulado por los multiculturalistas al Estado liberal. Quizá su formulación más fuerte sea la de Will Kymlicka (1996) -quien no obstante se considera a sí mismo un liberal de cierto tipo que él mismo denomina "liberalismo 2"-, que plantea la idea de una "discriminación positiva," es decir, una especie de políticas de compensación y el otorgamiento de derechos culturales en favor de aquellos grupos cuyas culturas (técnicas) se hallan en peligro de desaparición. Un argumento que suele utilizarse para apoyar este reclamo es el de que, igual que el caso de las especies biológicas en peligro de extinción, el Estado debería encargarse de preservar las condiciones para que las culturas -todas las culturas- "florezcan". Por ello el multiculturalismo puede ser entendido como una especie de keynesianismo cultural.

Ha de llamarse también en apoyo de mi tesis que la diversidad cultural es paralela a la diversidad técnica. Los grupos que se identifican o se distinguen culturalmente se distinguen o identifican por los sistemas técnicos que utilizan, y solo por ellos. No hay manera de distinguir desde la antropología a una cultura de otra si no es por los sistemas técnicos que utilizan para resolver los problemas que se les plantea para la supervivencia y, algunas veces, para la bienvivencia.

Puede sostenerse que la diversidad cultural, como la diversidad técnica, es un fenómeno natural en el sentido de que ha existido durante toda la historia de la humanidad desde que nuestros primeros ancestros emigraron de África. En cada espacio geográfico, y en buena medida como efecto asociado a la dotación de recursos del medio ambiente donde se fueron asentando, los diferentes grupos adoptaron, por deriva, distintas maneras de resolver técnica y culturalmente sus problemas fundamentales. La cultura y la técnica (incluyendo por supuesto el lenguaje simbólico articulado), en el curso de la evolución y las migraciones, siguieron rumbos tan diversos como los caminos que siguieron y los ambientes que encontraron sus portadores humanos, adoptando entonces sus características distintivas. La diversidad de las culturas y de las técnicas es análoga, así, a la diversidad de las especies: la cultura y la técnica adquieren formas particulares en relación estrecha con el medio ambiente (Taylor, 1934), adaptándose aquellas que resultan más eficaces para resolver los diversos problemas que las culturas y las técnicas han de resolver. Puede incluso sugerirse, siguiendo el polémico argumento de Richard Dawkins (1976), que las culturas y las técnicas (en tanto paquetes meméticos) sobreviven a través de sus portadores humanos, tal y como los genes lo harían a través de las especies; sin embargo, esto debe tomarse como una analogía, que puede tener utilidad heurística, pero no como la postulación de un estricto isomorfismo o simetría entre la evolución genético-biológica (donde *no* existe la intencionalidad), y la evolución técnico-cultural (donde libertad e intencionalidad resultan factores centrales a considerar).

La noción de cultura como ficción estadística o promedio indica que no todos los individuos nacidos y/o socializados en un grupo llegan a compartir todos ni los mismos valores, creencias, usos, costumbres y sistemas técnicos del grupo. En otras palabras, pese a la impronta social y cultural sobre el individuo, este mantiene siempre cierto ámbito de libertad frente a tales condicionamientos, libertad que sería la condición de posibilidad para que el individuo genere y desarrolle creencias, valores, usos y costumbres significativos y originales, que puedan ser adoptados por otros miembros del grupo, e incluso por otros grupos o comunidades.[7] Esta libertad individual ha de entenderse, además y entonces, como el baremo para la evaluación racional de los sistemas técnico-culturales, y como el mecanismo de variación en la evolución de las culturas y de las técnicas.

Un individuo o un grupo no solo puede crear nuevos memes o sistemas técnicos que terminen siendo usados por el conjunto más amplio de miembros de su comunidad, sino que también pueden decidir abandonar esa comunidad y/o el conjunto de paquetes meméticos y sistemas técnicos que definen su cultura, y adoptar otros; todo esto sin afectar su identidad lógica y sicológica, aunque sí, desde luego, su(s) identidad(es) cultural(es).

Se sigue con claridad de esto que no habría *esencias* culturales o técnicas inamovibles que defender, sino patrones o pautas de comportamiento técnico-cultural cuyo constante cambio es observable no solo dentro de un grupo social, sino incluso a lo largo de la vida de un mismo individuo. No hay una esencia cultural, como no hay una esencia de la técnica, *pace* Heidegger y sus seguidores.

La técnica, decía Ortega (1994 [1939]), es el esfuerzo por ahorrar esfuerzo, es decir, la técnica liberaría al hombre del trabajo a través de un trabajo sistémicamente más eficiente. Es oportuno destacar aquí que el propio autor (1962) sugiere un origen etimológico común de los conceptos "inteligencia", "elegir" y "elegancia". En ese común origen sugerido por el filósofo madrileño es posible sostener la noción de *eficiencia sistémica* como un producto de la *inteligencia*, del hecho de *elegir* bien los componentes del sistema, como un acto *elegante*. Nada hay más elegante que la libertad en busca de sí misma, que es de lo que

---

7   Mead (1973), parte III, pp. 167-248.

trata la técnica cuando intenta transformar al mundo, así como de lo que trata la cultura cuando transforma al hombre vía la transformación del mundo (Engels *dixit*). Lo que hace el hombre técnico-culturalmente es lo que el hombre hace sobre sí mismo. Somos lo que hacemos, el producto de nuestras acciones técnico-culturales, tanto individual como colectivamente. Esto sugiere la necesidad -y parece que también la urgencia- de desarrollar los vínculos entre filosofía de la técnica y filosofía de la cultura, asunto que implicaría ampliar sus vínculos con la filosofía política. De aquí la importancia de la idea general de preguntar sobre la legitimidad del Estado a partir quizá ya no tanto de su origen, sino más bien de sus resultados -como sistema técnico- sobre la justicia y sobre la libertad de los individuos-ciudadanos que lo conforman, así como sobre la disponibilidad de sistemas técnico-culturales (paquetes meméticos) para perseguir la noción particular del bien que sean capaces de formarse estos individuos-ciudadanos. Se sigue de ello que siendo el Estado un sistema técnico puede y debe ser evaluado en su legitimidad (aceptabilidad racional) con base en el esquema aquí propuesto. Huelga decir, finalmente, que estar en posibilidad efectiva (tener la libertad) de hacer eso es poder formularse de manera clara -y responder de manera valiosa- la pregunta básica de toda filosofía práctica: cómo se ha de vivir.

Bibliografía

Aristóteles (1985). Política. Madrid: Gredos.
Aristóteles (1988). Etica Nicomaquea. Etica Eudemia. Madrid: Gredos.
Baldwin, J. *et al.* (eds.) (2006). *Redefining Culture*. Mahwah, N. J.: Laurence Erlbaum Associates Inc. Publishers.

Berlin, I. (1969). *Four Essays on Liberty*. Oxford: Oxford University Press.
Bunge, M. (1976). *Tecnología y Filosofía*. Monterrey: Universidad Autónoma de Nuevo León.
Dawkins, R. (1976). *The Selfish Gen*. Oxford: Oxford University Press.
Dewey, J. (1958 [1927]). *El público y sus problemas*. Buenos Aires: Ágora.
Fisher, J. (2013). "Normatividad, técnica y política: notas para una evaluación naturalista de la técnica", Actas del III Coloquio de Filosofía de la Técnica.
Hesíodo (1978). *Obras y fragmentos*. Madrid: Gredos.
Kymlicka, W. (1996). *Ciudadanía multicultural*. Barcelona: Paidós.
Mead, G.H. (1973). *Espíritu, persona y sociedad*. Barcelona: Paidós.
Mosterín, J. (1993). *Filosofía de la cultura*. Madrid: Alianza.
Olivé, L. (2004). *Interculturalismo y justicia social*. Ciudad de México, UNAM.
Ortega y Gasset, J. (1994 [1939]). "Meditación de la técnica". En *Obras Completas*, Tomo V (pp. 317-375), Alianza: Madrid.
Ortega y Gasset, J. (1962). "El mito del hombre allende la técnica". En *Obras Completas*, Tomo IX, pp. 617-624, Revista de Occidente: Madrid.
Quintanilla, M. A. (1998). "Técnica y cultura". Disponible en https://goo.gl/SMDcO3.
Quintanilla, M. A. (2005). *Tecnología: un enfoque filosófico y otros ensayos de filosofía de la tecnología*. Ciudad de México: FCE.
Taylor, G. (1934). "The Ecological Basis of Anthropology". *Ecology*, 15(3), pp. 223-242. Ecological Society of America.

Tylor, E.B. (1920 [1871]). *Primitive Culture*. 6th Ed. London: John Murray.

Sapir, E. (1932). "Cultural Anthropology and Psyquiatry". *Journal of Abnormal and Social Psychology*, 27, pp. 229-242.

Scanlon, Th. (1982). "Contractualism and Utilitarianism". En Williams and Sen (eds.). *Utilitarianism and Beyond*. Cambridge: Maison des Science de l'Homme and Cambridge University Press, pp. 103-128.

Sen, A. (2000). *Development as Freedom*. New York: Alfred A. Knopf, Inc.

Villoro, L. (1986). *El concepto de ideología y otros ensayos*. Ciudad de México: FCE.

6

Imagen técnica y pensamiento poshistórico

Una aproximación a la filosofía de Vilém Flusser

SOLEDAD GAONA

> Suponiendo que la Filosofía fuera la disciplina "más pura", entonces su "tecnización", es decir, la matematización del discurso filosófico -y al revés, la "filosofización" de la técnica- constituyen las verdaderas metas de nuestro pensamiento.
>
> Flusser, 2004

Lineamientos generales para una filosofía de la imagen técnica

Vilém Flusser, teórico de medios, ha adquirido un importante significado para el estudio sobre el vínculo entre la cultura y las tecnologías, particularmente las tecnologías de la comunicación. Pero no fue ese el único campo en el que ha desplegado su pensamiento. Sus desarrollos teóricos son ricos y variados. Escribió y discutió sobre la historia cultural, la filosofía del lenguaje y la religión, así como sobre la crítica cultural, el diseño, la arquitectura, la economía política, y la ética. Pero después de *Posthistoire*, publicado en el año 1983, su ensayo *Hacia una Filosofía de la fotografía* del año 1989 se convirtió en el punto central de su obra y su difusión internacional se hizo presente. La mayoría de sus monografías entre 1983 y 1991 abordan el tema central de la comunicación en las condiciones de las tecnologías electrónicas avanzadas, incluidos los aparatos ya clásicos (cine, video), así como el ordenador digital.

Cierto aspecto de la teoría de medios de Flusser merece especial interés. Es aquella que estableció conexiones entre la escritura lineal y la historia. Las implicancias de este análisis son ciertamente relevantes para el concepto de temporalidad. Si la Historia no es posible sin el despliegue de la escritura lineal es fundamentalmente porque la primera necesita de un movimiento lineal y progresivo del tiempo. El código lineal demanda una recepción progresiva y el resultado de esta progresión es una nueva experiencia del tiempo, esto es, una experiencia lineal, una corriente progresiva que no se detiene y que no habilita la repetición de sus eventos. El mundo se ha vuelto irrepetible. Hito irreversible al interior de la cultura literaria. Para Flusser, la escritura como medio alienta un modo específico de concebir el tiempo. En líneas generales podríamos equiparar un argumento compartido en este punto, tanto por Flusser como por Stiegler, sosteniendo que el modo de concebir y experimentar la temporalidad es posible a través de la inscripción técnica de los objetos culturales. La fotografía, el cine y la programación construyen modos distintivos de temporalidad en los procesos de subjetivación.

Flusser argumenta en primer lugar que la historia no es posible sin la escritura lineal:

> Es gracias a la invención del alfabeto que la historia en sentido propio se hace recién posible, y, en efecto, no porque el alfabeto fije los sucesos, sino porque antes de su invención no era posible pensar ningún suceso sino solo acontecimientos. En virtud de esta explicación, solo aquellos que son capaces de dominar el alfabeto disponen de una conciencia histórica (Flusser 2004, p. 100).

A continuación, sus tesis fundamentales. En *Hacia una Filosofía de la fotografía* el filósofo checo desarrollará la siguiente hipótesis de trabajo. La civilización ha experimentado dos momentos de cambio fundamentales desde su comienzo: el primero ocurrió hacia la segunda mitad del milenio II a.C. y es la invención de la escritura lineal. El segundo, del cual somos testigos, puede llamarse la invención de las imágenes técnicas.

La comprensión del mundo mediante la descripción ortográfica ya no es posible hace largo tiempo. El mundo, para ser entendido, debe ser calculado. En una escueta descripción del modo en que esto ha llegado a ser, Flusser argumenta lo siguiente: en su afán por abrir el mundo a su comprensión, la ciencia ha recurrido más y más a los números que son imágenes del pensamiento. El código ideográfico, código numérico, se ha desarrollado en el tiempo, de una manera muy refinada. Los números son transcodificados en códigos digitales y estos a su vez en imágenes sintéticas. Tiene, por otro lado, la profunda convicción de que si en este momento de la cultura pretendemos una clara y distinta comunicación de nuestros conceptos debemos echar mano a las imágenes sintéticas y no ya a las palabras. Esta es una verdadera revolución del pensamiento.

Revoluciones culturales y cultura de la imagen

Cuando el código alfabético fue inventado hace aproximadamente cuatro milenios, una transformación total en nuestra experiencia y en nuestros modos de actuar tuvo lugar. Antes de la invención de la escritura, las imágenes tradicionales cumplían la función de ser mapas del mundo y la estructura de estas imágenes implicaba un modo específico de mirar el mundo que es lo que Flusser denomina la conciencia mítico-mágica. Generar una imagen de algo es primordialmente un acto de creación a distancia. Hay que alejarse del objeto, hay que apartarlo para poder verlo, pintarlo o dibujarlo. La imagen se convierte en una orientación para una actividad futura y recibe un estatus pragmático. Recordemos en este punto la definición de imagen que Flusser expone en el primer capítulo de su Filosofía de la Fotografía:

> Las imágenes son superficies significativas. En la mayoría de los casos estas significan algo exterior, y tienen la finalidad de hacer que este algo se vuelva imaginable para nosotros reduciendo sus cuatro dimensiones de espacio- tiempo a las dos dimensiones de un plano (Flusser, 2001, p. 11).

La relación espacio-temporal que se reconstruye a partir de las imágenes, continúa Flusser, "es propia de la magia donde todo se repite y participa de un contexto pleno de significado. En el mundo mítico-mágico los acontecimientos son el resultado del azar, la suerte, la tira de dados" (Flusser, 2001, p. 14). Lo contrario sucede bajo la órbita del pensamiento histórico. Los acontecimientos ya no son posibles. Los hechos han tomado su lugar y estos tienen una explicación lógico-causal.

A partir de la invención del alfabeto, la conciencia mágica dio lugar al pensamiento histórico-crítico, o para entendernos en los mismos términos que venimos expresando, la conciencia histórica. Y ya que la estructura lineal de la escritura es uni-dimensional y uni-direccional, solo cabía la posibilidad de pensar histórica, causal y críticamente. La escritura lineal abre las imágenes para poder explicarlas. Y es que de aquí en más ya no serán posibles los acontecimientos caóticos o azarosos porque en el mundo lineal-procesal nada sucederá sin su causa y todo estará encausado a producir un efecto. Según la lógica de la modernidad, de las ciencias modernas, del arte moderno, este paso no es suficiente para formular reglas claras e inequívocas para la acción. Las imágenes dejan demasiado espacio abierto para la interpretación. Constituyen principalmente una relación mágica con el mundo.

De manera que, con la modernidad, nos movemos hacia un proceso de transcodificación de la superficie en la línea con ayuda de signos fonéticos y su organización en hileras de letras. Se originan y generan textos a través de la crítica de las imágenes. Para Flusser, el texto y la linealidad son la misma cosa. Con el alfabeto y su organización lineal como texto, "el mundo objetivo ya no se percibe como el hecho/hechos de un caso, sino como un conjunto de procesos lineales" (Flusser, 2005, p. 98).

La crítica alfabética de las imágenes desemboca en lo que entendemos como conciencia histórica. Con el salto científico o el paso hacia la técnica cultural del código binario, o dicho de otro modo, desde la escritura con el código alfanumérico a la dimensión-cero dimensional, números puros, algoritmos, tanto el texto lineal, como nuestra conciencia y el concepto de la historia están atravesando un momento crítico.

Esto es considerado por Flusser como un proceso de puntualización, fractura, de atomización. Mientras que las letras están enrollando la superficie de la imagen en líneas, los números están dividiendo esas superficies en puntos e intervalos. El cómputo como forma de pensar es entonces un pensamiento formal, totalmente abstracto (lo más lejos posible del mundo objetivo). Para procesar un código que consiste de puntos e intervalos se requiere un tipo de imaginación/fantasía que no ha existido nunca antes: una imaginación para la programación (una imaginación capaz de programar). Es así que, al pasar por la dimensión-cero, perdemos mucho, perdemos casi todo lo que resultaba tan valioso para nosotros en la tradición europea de la Ilustración, de la conciencia crítica, casi todo con lo que nos identificamos. Pero potencialmente, ganamos mucho –a lo mejor, hasta algo que todavía somos incapaces de nombrar–. Tras el teclado en que teclean hay un mundo de partículas. Y ese mundo es un campo de posibilidades que puede lograrse; cada vez que se toque una tecla, se podrá imprimir una forma al caos absurdo de esta coincidencia compuesta de ceros y de unos, se podrá in-formar.

La imagen técnica

La teoría de la imagen ha estado centrada en considerar a la imagen como soporte visual; sin embargo, hay carencias en problematizar la concepción de la imagen, abarcando otras áreas, como el lenguaje, el cuerpo, los sonidos y la comunicación. En ese contexto, Vilém Flusser brinda bases teórico- conceptuales, en su amplia obra crítica, para pensar la imagen e indagar en ella, sin reducirla a sus aspectos visuales. Tanto en sus textos más tempranos como en su obra posterior, donde analiza la imagen como imagen técnica, es consciente de que el propio concepto de imagen es limitado para referirse a campos más amplios y problemáticos. Al respecto, aclara que en la era post-histórica, sucesora de la historia y de la escritura, las nuevas imágenes no ocupan el mismo nivel ontológico que las imágenes tradicionales, porque son fenómenos sin paralelo en el pasado.

> La imagen técnica es aquella producida por un aparato. A su vez, los aparatos son producto de los textos científicos aplicados. La posición histórica y ontológica de las imágenes técnicas es

diferente de las que ocuparon las imágenes tradicionales, precisamente porque aquellas son resultado indirecto de los textos científicos aplicados (Flusser, 2001, p. 17).

Nuestro autor argumenta que, la técnica como elogio de la superficialidad, la miniaturización del universo, la superación de lo público y de lo privado, esto es, el fin de la política en el sentido que se consideraba en la época de la representación, es una característica de este momento cultural. La era así llamada *posthistoire* y el auge de los aparatos pone en cuestionamiento, además, el aura de la obra de arte y la pérdida anunciada por Benjamin.

En resumen, a partir del planteamiento teórico del filósofo checo, el concepto de imagen se presenta como superficie, como el entremedio entre los espacios de lo visible y no visible, o cajas negras. La cuestión central, sostiene, es la de problematizar el aparato, porque el mundo actual vive en función de él.

A partir de un análisis inicial de las imágenes técnicas contemporáneas, encontraríamos a partir de la lectura flusseriana, dos movimientos divergentes: una tendería hacia una división de la sociedad totalitaria y centralmente programada que la escindiría entre administradores de imágenes por un lado y meros receptores por otro. La segunda, de carácter utópico según la propia lectura de nuestro autor, se movería hacia un creciente diálogo telemático entre los productores y coleccionistas de imágenes. Esta sociedad imaginaria estaría fuera del tiempo y espacio, mas se desplegaría es superficies imaginarias absorbiendo toda geografía e historia. Sociedad informacional en estado puro. Este no es más que un ejercicio del pensamiento llevado hasta sus últimas fronteras. Flusser suele desplegar este tipo de hipótesis que resultan extremas, pero si entendemos que lo que las guía es un ejercicio crítico del estado actual de la cultura de la imagen técnica y el despliegue de la programación como modo de estar en el mundo en detrimento de modos que ya no funcionan, pueden ser de gran utilidad.

Lo que sí está efectivamente sucediendo es una mutación en nuestras experiencias, percepciones, valoraciones y modos comportacionales, en definitiva, una mutación en nuestro ser-en-el-mundo. A propósito de esta mutación, en *La sociedad Alfanumérica* se lee:

> En principio se ha mostrado que con la velocidad de cálculo alcanzada con los computadores todos los métodos de cálculo elegante elaborados en el transcurso de la época moderna se han vuelto superficiales. Basta con que se opere de manera bien primitiva con dos números básicos (1 y 0). Basta con "digitalizar". El nivel de conciencia matemático calculador se hizo mecanizable y con ello transferible del hombre a las máquinas. De ahí en adelante, nosotros no tenemos que escribir ni números ni leerlos, pues esto se ha transformado en una actividad indigna humanamente hablando.
>
> Por el contrario, es nuestra tarea manipular la estructura del universo numérico, es decir, programar las máquinas para el cálculo (Flusser, 2015, p. 104).

Hacia una Filosofía de la Fotografía es un texto fundamental. Es un texto clave, especialmente porque con la fotografía se inaugura un nuevo tipo de imagen, la imagen técnica o tecno-imagen. El aparato fotográfico es el primero, el más simple y relativamente más transparente de todos los aparatos. El fotógrafo es el primer funcionario, el más ingenuo y más viable de ser analizado. En rigor de verdad, afirma que, para un ejercicio crítico de la imagen técnica,

> [...] el factor es la caja negra. De hecho, el proceso codificador de las imágenes técnicas ocurre dentro de esa caja negra, y toda crítica de las imágenes técnicas debe concurrir al esclarecimiento del interior de esa caja negra. Mientras la crítica fracase en esto, permaneceremos ignorantes en lo que respecta a las imágenes técnicas (Flusser, 2001, p. 19).

La transición de la cultura del texto a la cultura de la imagen está acompañada del pasaje de la sociedad industrial a la postindustrial, de la historia a la posthistoria, de la materia a la postmateria, de la letra al número, de lo analógico a lo digital. Es decir, de la cultura lineal de la historia (centrada en la escritura) a la cerodimensionalidad y circularidad de la magia posthistórica. Del trabajo al juego:

> El nuevo ser humano ha dejado de ser un actuante, para convertirse en un jugador: un homo ludens, ya no un homo faber. Su vida ya no es un drama, sino un espectáculo. No tiene argumento, no tiene acción... (Flusser, 2001, p. 34).

Consideraciones finales

En una entrevista realizada en Ösnabruck con motivo del European Media Art Festival en el año 1988 y cuyas conclusiones transcribimos a continuación, Flusser sostiene:

> Toda revolución, sea esta política, económica, social o estética, en última instancia es siempre una revolución técnica. Si analizamos las grandes revoluciones por las cuales la humanidad ha atravesado, por ejemplo la revolución neolítica, la de la edad de bronce, la de hierro o la revolución Industrial, cada una de ellas en sí misma es una revolución técnica. Así también lo es la actual. Pero hay una diferencia. Hasta aquí la técnica ha intentado simular el cuerpo. Pero por primera vez, nuestras nuevas tecnologías imitan el sistema nervioso. Es así que estamos atravesando lo que podríamos llamar una revolución inmaterial, o para usar un término más antiguo, una revolución espiritual. Creo firmemente que estamos presenciando y siendo testigos de una Revolución que puede ser comparada con aquella que se dio lugar en los comienzos de la historia. Según mis propios términos diría que, antes de la invención del alfabeto, se pensaba de modo pre-histórico. Luego de la invención del código alfabético la conciencia histórica fue elaborada. Hoy estamos en proceso de desarrollar un modo poshistórico y estructural del modo de pensar (Flusser, 1988).

A partir de los vertiginosos cambios tecnológicos en los que nos vemos sumergidos debemos revisar y reformular las preguntas e interrogantes que nos compelen a pensar-nos como habitantes de este tiempo. No para rechazar o intentar ilusoriamente volver a un pasado que hubo sido mejor sino para entender las lógicas de funcionamiento de nuestra actualidad.

Si como sostenía Henri Bergson a finales del siglo XIX, detrás de las imágenes no hay nada excepto imágenes, lo que llamamos mundo no es más que el conjunto de imágenes que nos llegan de él. Es en esta configuración que habitamos que una imagen basta para que consideremos la verdad o falsedad de un acontecimiento, lo que determina el régimen de visibilidad en que distinguiremos lo aparente de lo real, lo verdadero de lo falso, en suma, nuestra experiencia de mundo.

Bibliografía

Flusser, V. (1988). "On Wrinting, complexity and the technical revolutions". Entrevista en Osnabruk, Euopean Media Art Festival. Disponible en https://goo.gl/gLMEq3.

Flusser, V. (2001). *Hacia una Filosofía de la fotografía*. Madrid: Síntesis.

Flusser, V. (2004). "La apariencia digital". En *Pensar el Cine 2* (351-365). Buenos Aires, Manantial.

Flusser. (2005). "La sociedad alfanumérica". *Revista Austral de Ciencias Sociales*, 9, 95-109.

Flusser, V. (2015). *El universo de las imágenes técnicas*. Buenos Aires: Caja negra Editora.

7

La mirada praxiológica sobre la técnica

DIEGO LAWLER

Introducción

El enfoque de la filosofía analítica es el que más ha avanzado en la comprensión de la técnica a través del abordaje sistemático de sus dimensiones ontológica, epistemológica y axiológica. Sin embargo, dicho avance no ha alcanzado la misma profundidad en cada una de ellas puesto que, como se señaló en la introducción, la mayoría de los estudios ha dedicado sus esfuerzos al análisis de la dimensión epistemológica, concentrándose casi por completo en el examen de la naturaleza propia y distintiva del conocimiento técnico y sus diferencias y similitudes con el conocimiento científico, producto de la ciencia básica y aplicada. Pero esta circunstancia está comenzando a cambiar. La recuperación y elaboración del marco conceptual de la praxiología (Kotarbinski, 1965; Bunge, 1985; Quintanilla, 1989) para la filosofía de la técnica está dando lugar a la elucidación de las dimensiones restantes, dado que permite aprehender las cuestiones ontológica y axiológica de la técnica desde el nivel básico de la acción humana. Desde esta perspectiva se recalca que la filosofía de la técnica no es solo, para usar las palabras de uno de los pioneros en promover este enfoque, "una teoría de lo artificial o de los artefactos entendidos como entidades, sino de la realización de artefactos". Tampoco es solo "una teoría del conocimiento, sino de la acción guiada por ese conocimiento" (Quintanilla, 1989, p. 38).[1]

La razón principal de este giro, expresada sintéticamente, es la siguiente: la orientación praxiológica tiene como una de sus más importantes tareas el análisis de las características de las acciones racionales humanas, sus productos y sus valores. En términos generales, la praxiología considera que estas acciones son acciones intencionales guiadas por planes de acción. Y dado que la acción técnica es primordialmente una acción que se realiza de acuerdo con diseños y planes de acción previamente elaborados y representados, puede emplearse el análisis praxiológico sobre la acción intencional humana para clarificar la estructura básica de la acción técnica, sus productos, los artefactos técnicos, y sus respectivos valores.

En las secciones que siguen me propongo explicitar los contenidos filosóficos básicos que conforman lo que he denominado "la mirada praxiológica". En primer lugar, analizo cuál es el significado de la noción de *praxis* que adopta para sí la praxiología. En segundo lugar, retrato las raíces y el objeto de esta disciplina. Finalmente, elucido su pertinencia y empleo en la filosofía de la técnica.

El trasfondo histórico de la praxiología

El ámbito propio de la praxiología es la totalidad de la experiencia práctica de la humanidad. Desde este punto de vista, la praxiología recoge para sí, por un lado, el sentido ordinario que daban los griegos al término *praxis*

---

[1] De acuerdo con este enfoque sobre la técnica, los problemas filosóficos propios de la teoría de la acción son también problemas para la filosofía de la técnica (Ezquerro, 1995, p. 140).

(πράξις) y, por otro, la elaboración posterior de su significado por parte del pensamiento marxista. Esta urdimbre, resultado de las sucesivas transformaciones del significado de la noción de *praxis*, configura el trasfondo histórico de la praxiología.

Los griegos empleaban usualmente el término *praxis* (πράξις) para referirse de manera general a la acción de hacer o llevar a cabo algo. Sin embargo, con Aristóteles el empleo de este término adquiere cierta complejidad. El uso aristotélico lo sitúa en una doble oposición. Por una parte, el contraste es entre *praxis* (πράξις) y *theoria* (θεωρία), donde *theoria* (θεωρία) se refiere a las actividades interesadas en el conocimiento. Esta distinción es, de alguna forma, el antecedente de la distinción actual entre teoría y práctica (Ruggiu, 1973; Yarza, 1986). Por otra parte, el contraste es entre *praxis* (πράξις) y *poiesis* (ποιησις). En esta oposición, la expresión *praxis* (πράξις) pierde su carácter nominal monolítico en tanto que expresión que designaba un hacer o actividad práctica general. En esta contraposición, Aristóteles reserva el término *praxis* (πράξις) para las actividades que no se extinguen en un producto externo independiente del agente, esto es, para las actividades cuyos fines residen en sí mismas, como las actividades predominantes en la vida ética y política del hombre. Y designa con el término *poiesis* (ποιησις) las actividades ligadas a la producción de un artefacto, esto es, las actividades cuyos fines están orientados a la fabricación de algo (actividades que son primordialmente una forma de hacer). Sin embargo, su empleo de estos dos términos no siempre está suficientemente claro. De hecho, como analizan detalladamente, entre otros, Lobkowicz (1967) y Bernstein (1979), Aristóteles parece a veces incluir la *poiesis* (ποιησις) en la *praxis* (πράξις) y otras veces dejarla de lado como algo irrelevante.

No obstante, con independencia de las inconsistencias del propio uso aristotélico, conviene centrarse por un momento en la noción de *poiesis* (ποιησις), puesto que será su contenido el que la tradición marxista, de la cual abreva directamente la praxiología, imputará a la noción de *praxis* (πράξις). Dos preguntas pueden servir de guía para esta exploración: ¿cuál es el significado general del vocablo *poiesis* (ποιησις) en el contexto de la filosofía aristotélica? ¿Cuál es la fuente principal de elaboración de este significado? A continuación consideraré rápidamente estas dos cuestiones.

En términos generales, el vocablo *poiesis* (ποιησις) significa hacer, producir y fabricar (Aspe Armella, 1993; Croce, 1962; Ortega, 1965). Se trata de un vocablo cuyo significado se elabora teniendo en cuenta la relación del hombre con la naturaleza. El término *poiesis* (ποιησις) se refiere a nuestra relación productiva con la naturaleza. Esto es algo que se aprecia con mayor nitidez si se consideran los rasgos generales de lo que podría denominarse la inteligencia *poiética*, la estructura del acto *poiético* y las ideas aristotélicas sobre el cambio. ¿Qué es la inteligencia *poiética*? Básicamente, la inteligencia *poiética* es una inteligencia dirigida a aprehender la constitución real de las cosas con el propósito de emplearlas para un fin diferente del que están de algún modo destinadas por su estructura física. Esta inteligencia aglutina, pues, la identificación y aprehensión de una esencia, su abstracción del contexto real habitual y su consideración *qua* estructura física con el objetivo de actuar sobre ella para relacionarla con algún otro uso o función.

La inteligencia *poiética* se comprende mejor sobre el trasfondo de las ideas aristotélicas sobre el cambio. De acuerdo con Aristóteles (1970a, VII, 7, 1032ª, 7): "De las cosas que se generan, unas se generan por naturaleza, otras por arte y otras espontáneamente. Y todas las que se generan llegan a ser por obra de algo y desde algo y algo". La *poiesis* (ποιησις) entrañaría las características propias del devenir productivo, esto es, englobaría las producciones procedentes del arte o del pensamiento (Aristóteles, 1970a, VII, 7, 1032ª, 27-29).[2] Pero ¿qué es lo propio del devenir productivo? O dicho con otras palabras, ¿qué es lo propio del producir? La peculiaridad del devenir productivo se entiende mejor si se considera la manera en que la inteligencia *poiética* estructura el acto *poiético*.[3]

De acuerdo con el significado atribuido al vocablo *poiesis* (ποιησις), todo acto *poiético* puede ser considerado como un acto productivo. Pero ¿cuál es la estructura del acto productivo? En su condición de acto *poiético*, el acto productivo presenta una estructura que se articula en dos fases. Por una parte, la fase correspondiente al *eidos* (ειδος); por otra, la fase efectiva de la acción sobre la materia. Su conjugación supone que, para decirlo con un lenguaje filosófico más cercano, el proyecto articulado en la intención (fin) se realiza en la materia preexistente.[4] Se trata, pues, de la estructura de un acto que no involucra

---

[2] Por supuesto, se podrían trazar distinciones dentro del ámbito de los productos del devenir productivo o *poiético*; por ejemplo, entre pensamientos y productos propiamente dichos, esto es, resultados de las realizaciones de los pensamientos.

[3] Se puede recurrir a los estudios antropológicos de Leroi-Gourhan (1988) para imaginar cómo fue que la lógica *poiética*, propia de la inteligencia *poiética*, otorgaba forma efectiva al acto *poiético* a través de la constitución de su instancia instrumental. Como muestra este autor, al inicio se tomaba una cosa resistente (por ejemplo, hueso, piedra, madera, etc.) con la mano y se la golpeaba con otra cosa más resistente que la primera dentro del campo visual frontal. De este modo se modificaba la primera cosa con el propósito de emplearla en funciones que con el tiempo iban especializándose, por ejemplo, para romper, aplastar, aplanar, agujerear, tallar, sujetar, etc. A esto habría que agregar la combinación de esta modalidad instrumental con la percusión lanzada y el frotamiento, entre otras modalidades del acto productivo.

[4] Véase, por ejemplo, Aristóteles (1970a, VII, 7, 1032b, 5-30; 8, 1033a, 25-30, 1033b, pp. 5-10).

la generación natural sino que implica en realidad la producción artificial.[5] De allí que lo propio del acto productivo es que el productor produce un producto de acuerdo con el *eidos* (ειδος) –estructura mental sensible–. En el acto productor, pues, el *eidos* se proyecta o imita en la materia (por ejemplo, el ebanista imita o produce su imagen de mesa en el ébano). Así, la producción o fabricación tiene lugar en la materia. Quien produce es, entonces, no solo la causa efectora sino también la causa productora gracias al *eidos* (ειδος) que posee en su mente. Producir es configurar la materia, esto es, realizar ese *eidos* (ειδος) en la materia carente de forma. Esta realización introduciría, por otra parte, la función en el producto o artefacto. En resumen, la *poiesis* (ποιησις) es la actividad productiva encaminada a la transformación de la naturaleza y realizada por hombres libres, artesanos o esclavos.[6]

A pesar de la complejidad y, a menudo, superposición registrada en el empleo aristotélico de los términos *praxis* (πράξις) y *poiesis* (ποιησις), el mundo medieval consideró

---

[5] Véase Aristóteles (1970a, VII, 7, 1032a, pp. 25-30).

[6] Esto último se encadena con la sugerencia aristotélica de que la actividad productiva (*poiesis*) (ποιησις) puede ser realizada por alguien no especializado o por alguien especializado. En el primer caso dicha actividad evidenciará mera apariencia de racionalidad, mientras que en el segundo será una actividad productiva metódica regulada por la racionalidad verdadera. En este último caso nos encontraríamos con que la actividad productiva está asentada sobre una *techne* (τεχνη). Lo cual permitiría cierta conjugación del orden del conocimiento con el orden de la realidad (Aspe Armella, 1993). De esta manera, la racionalidad productiva se conduciría de acuerdo con un *logos* propio, distinto de la ciencia y la política, a saber la *techne* (τεχνη). Según Aristóteles (1970b, Libro IV, 1140a, pp. 91-92): "[N]o hay técnica alguna que no sea una disposición racional para la producción ni disposición alguna de esta clase que no sea una técnica, *serán lo mismo la técnica y la disposición productiva acompañada de razón verdadera*. Toda técnica versa sobre el llegar a ser, y sobre el idear y considerar cómo puede producirse o llegar a ser algo de lo que es susceptible tanto de ser como de no ser y cuyo principio está en el que lo produce y no en lo producido. En efecto, la técnica no tiene que ver ni con las cosas que son o se producen necesariamente, ni con las cosas que son o se producen de una manera natural, porque estas cosas tienen su principio en sí mismas" (el subrayado es mío).

estos dos términos como opuestos, y recogió esta oposición en su distinción entre obrar (*agere*) y hacer (*facere*). Así, el obrar (*agere*) se situaba dentro del ámbito moral, ya sea individual, familiar o político (comunal) en relación con actos originados en la voluntad, mientras que el hacer se situaba en el ámbito del producir o fabricar, esto es, en el ámbito especificado por el hecho de que la obra es en un sentido fuerte exterior al agente. Tomás de Aquino (1988, I-II, 57, 4) se hizo eco de esta diferencia de la siguiente manera: "[L]a hechura es un acto que pasa a la materia exterior, como edificar, cortar, y cosas parecidas, mientras que el obrar es un acto que permanece en el mismo agente, como ver, generar y cosas parecidas" (p. 439).

En este contexto, el hacer supone que la inteligencia de quien hace (i.e, el artífice), en tanto que acto concreto de efectuar, se relaciona con el artefacto coadyuvada por una voluntad que quiere o intenta producir. El significado del hacer *qua* producir se asienta en la sugerencia de que la idea de lo que se va a producir se da con anterioridad en la mente del artífice. La forma del artefacto u objeto tiene lugar previamente como contenido de la intención representada y, posteriormente, se realiza como artefacto u objeto producido, esto es, como forma real que estructura cierta materia preexistente. Sin embargo, este acto productor no se realiza, como a primera vista podría parecerlo, con independencia de la condición real de la materia; por el contrario, como lo indica Tomás de Aquino (1988, I, 14,8):

> El productor para fabricar un cuchillo elige una materia dura y flexible, que pueda ser apta para la incisión, y según esta condición el hierro es materia proporcionada al cuchillo. Por lo que la disposición de la materia debe estar proporcionada a la intención del artífice o la intención del *ars*.

De este modo, los medios de la fabricación (incluidos los insumos o materias primas) contribuyen a la formación del contenido de la intención del productor que se representa la realización de un artefacto.

Muchos siglos más tarde, la filosofía marxista relanza el término *praxis* (πράξις) y emplea como núcleo de su significado lo que Aristóteles básicamente entendía por *poiesis* (ποιησις) y lo que los medievales elaboraron como *facere*. En términos generales, Marx usa este vocablo para referirse a la acción y, en particular, a la actividad libre, universal y autocreadora del hombre. Por consiguiente, el término *praxis* (πράξις) pasa a significar la actividad productiva del hombre a través de la cual transforma el mundo y se moldea a sí mismo (Kosík, 1965). En este sentido, la *praxis* (πράξις) no solo abarca la actividad práctica del hombre, sino que también contiene los diferentes aspectos de una teoría del hombre y de su mundo que aspira a resolverse en acción política (Axelos, 1961; Bernstein, 1979; Flórez, 1968; Sánchez Vázquez, 1967, 1997).

La elaboración más completa que Marx desarrolló de esta noción se encuentra en sus *Manuscritos económico-filosóficos* (1989). Marx desarrolla allí la noción de *praxis* con el propósito de trazar un criterio ontológico a partir del cual desplegar su antropología filosófica. La *praxis* es considerada una actividad específica del hombre mediante la cual se diferencia del resto de los seres. La presentación de esta noción en los *Manuscritos* puede sintetizarse en la siguiente aseveración: el hombre es un ser de *praxis*, esto es, un ser que produce libre y creativamente su propio ser mientras transforma el mundo; y lo es tanto cuando su hacer productivo es un hacer positivo (no alienado) como cuando es un hacer negativo (alienado).

La idea del hombre como un ser de *praxis* prepara el terreno para articular la cuestión ontológica, a saber, cuál es la característica fundamental, o la combinación de características, que todos tenemos y que hace de nosotros una clase de cosa, diferenciándonos de otras clases posibles de cosas, por ejemplo, las cosas inanimadas, las plantas y los animales (aquí "animales" tiene un sentido que obviamente excluye a los seres humanos). Afirmar que el hombre es un ser de *praxis* significa para Marx que aquello que lo distingue (su *diferenttia específica*) es una cierta forma de relacionarse con las cosas: la producción.[7] La *praxis*, entonces, no sería una mera actividad física general sino algo como producir cosas para nosotros, donde "producir" es un asunto que implica transformar algo en otra cosa que los miembros restantes de nuestra clase (de la clase de cosa que somos) puedan usar, esto es, emplear para alcanzar algún fin o como parte de una actividad que se agota en sí misma.[8] Elucidar como *producción* nuestra forma esencial de relacionarnos con las cosas tiene consecuencias profundas que incluyen aspectos metafísicos, epistémicos,

---

[7] Adviértanse, como breves muestras, las siguientes afirmaciones de los *Manuscritos* (Marx, 1989): "La vida productiva es, sin embargo, la vida genérica. Es la vida que crea vida. En la forma de la actividad vital reside el carácter dado de una especie, su carácter genérico, y la actividad libre, consciente, es el carácter genérico del hombre" (p. 111). Y luego agrega: "La producción práctica de un *mundo objetivo*, la elaboración de la naturaleza inorgánica, es la afirmación del hombre como un ser genérico consciente, es decir, la afirmación de un ser que se relaciona con el género como con su propia esencia o que se relaciona consigo mismo como ser genérico" (p. 112).

[8] La expresión "miembros de nuestra clase" se refiere, en el empleo que aquí se hace, a un ser humano, esto es, a un miembro de la clase de cosa que somos. En consecuencia, este uso genérico y básico no presenta connotación económica o política alguna; cuando se pretenda lo contrario, se indicará claramente.

económicos y ético-políticos.⁹ Sin embargo, no todas son de interés para este trabajo. En lo que sigue destacaré las derivaciones que considero relevantes para la configuración de la noción de *praxis*. Se trata de un conjunto de consecuencias que subyace a la constitución de la praxiología y que tendrá un fuerte impacto en la conformación de la mirada de esta disciplina sobre la filosofía de la técnica.

Considerar que nuestra relación esencial con las cosas es una relación de producción tiene al menos cuatro consecuencias importantes. En primer lugar, conduce a una concepción de las cosas como usables (i.e., como cosas útiles). De hecho, así es como se presentan desde el punto de vista de la producción. Las cosas que producimos son útiles para los miembros de nuestra clase, las cosas que usamos como materias primas son útiles para transformarlas en productos y las cosas que usamos como herramientas son útiles para actuar sobre esas materias primas y convertirlas en productos.¹⁰

En segundo lugar, esto arroja una concepción de nosotros mismos como productores y usuarios de los productos propios y de los productos de otros seres humanos. De este modo, lo que nos convierte en miembros de una clase es que producimos para otros de nuestra clase y que usamos aquellas cosas que los miembros restantes han producido para nosotros. Cada individuo humano se constituye como miembro de la clase de cosa que efecti-

---

[9] Desde el punto de vista de la economía política, el análisis de la *praxis* a través de la idea de producción conduce directamente a la piedra angular de la estructura teórica del pensamiento económico de Marx: el concepto de valor o, más específicamente, el valor-trabajo. Marx plantea esta dirección de análisis en su *Contribución a la crítica de la economía política* (Marx, 1970).

[10] Una comprensión esquemática de esta primera consecuencia favorece una concepción de actividad productiva humana como poseedora de un carácter únicamente utilitario; cuestión que muchas veces sucede cuando se reduce la *praxis* a "lo práctico" y que se refleja en el significado que, ocasionalmente, tiene esta última expresión en el lenguaje ordinario.

vamente es en virtud de las relaciones de *producir para* y *usar el producto de*, es decir, gracias a las relaciones de producción.[11] Por consiguiente, las relaciones de producción nos constituyen mutuamente, o dicho de otra manera, son interconstitutivas.[12] Así, en tanto que miembros de una clase determinada realizamos actividades específicas; por ende, nuestro *ser-específico* (término que emplea Marx para referirse a la clase básica) está dado porque nos involucramos en acciones productivas.

En tercer lugar, esta relación de producción (*producir para* y *usar el producto de*) es una relación intencional, es decir, una relación que conlleva acciones en que las otras partes y las cosas producidas figuran como objetos intencionales. Esto introduce las representaciones y los fines u objetivos en la estructura básica de estas acciones. Aunque subordinadas a la acción, las representaciones presentan previamente las secuencias de acciones productivas y orientan su realización.[13] Por otra parte, los fines

---

[11] De aquí viene la idea de Marx de que la esencia humana no está presente como algo abstracto en cada individuo en particular sino que está en toda su actualidad en el conjunto de las relaciones sociales.

[12] A través de distintas formulaciones, esta idea se retrotrae vía Feuerbach hasta Hegel, para quien somos seres racionales y libres gracias a relaciones de reconocimiento mutuo. Véase especialmente el desarrollo hegeliano de la dialéctica del amo y el esclavo en la *Fenomenología del Espíritu* (1980).

[13] Dice Marx en los *Manuscritos* (1989, p. 112): "El animal produce únicamente según la necesidad y la medida de la especie a la que pertenece, mientras que el hombre sabe producir según la medida de cualquier especie y sabe siempre imponer al objeto la medida que le es inherente; por ello el hombre crea también según las leyes de la belleza". La idea de que el hombre es capaz de producir "según la medida de cualquier especie" e imponer "al objeto la medida que le es inherente" supone que la actividad humana es una actividad conforme a fines. Por consiguiente, una vez que se advierte que la relación de producción es una relación intencional, se puede reflexionar sobre ella descomponiéndola en sus distintos elementos: el tipo de agente, la naturaleza de la materia prima sobre la que se actúa, la especie de acto que se lleva a cabo, el tipo de producto que se obtiene, etc. Esta idea de los *Manuscritos* es retomada mucho más tarde en *El Capital* (1964). Marx relata en su obra de madurez el papel del fin en la actividad productiva humana: "Al final del proceso de trabajo, brota un resultado que antes de comenzar el proceso existía ya en la mente del obrero: es decir, un

u objetivos de las acciones productivas no son independientes de las condiciones existentes para alcanzarlos. Para Marx, los fines dependen de los medios de producción para adquirir su carácter práctico de fines. La representación y adopción de objetivos solo son posibles sobre el trasfondo de un conjunto de medios productivos naturales y artificiales. De lo contrario, la proposición de fines no sería un principio de acción y, a su vez, las acciones productivas no constituirían una manifestación de confianza en la consumación del fin.[14]

En cuarto lugar, si bien la relación de producción constituye el rasgo esencial que define nuestra pertenencia a una clase básica determinada, puede adquirir diferentes formas a través del tiempo. Las diferentes formas de la relación de producción darían lugar no solo a diferentes formas de sociedad, sino a diferentes formas de ser la clase de cosa que somos, esto es, a distintas modalidades de expresar nuestra condición humana.

Estas cuatro consecuencias, que resultan de aceptar la afirmación de Marx sobre el carácter de nuestra relación productiva con las cosas, conforman el núcleo significativo de su noción de *praxis* y de su idea del hombre como ser de *praxis*.[15]

---

resultado que tenía ya existencia ideal. El obrero no se limita a hacer cambiar de forma la materia que le brinda la naturaleza, sino que, al mismo tiempo, realiza en ella su fin, fin que él sabe que rige como una ley las modalidades de su actuación, y al que tiene que supeditar su voluntad" (pp. 130-31). En cualquier caso, este pasaje destaca que el hombre produce de acuerdo con planes, esto es, de acuerdo con representaciones de acciones. Más adelante, al analizar la acción productiva en tanto que acción técnica, desarrollaré y estudiaré esta cuestión.

[14] Una idea como esta es la que está encapsulada en la expresión marxiana de que la humanidad únicamente se propone los fines que está en condiciones de alcanzar. La representación de los fines y su logro no son independientes de los medios disponibles.

[15] Flórez (1968) sitúa la fuente de la complejidad de nuestra relación productiva con las cosas en el criterio que según Marx distingue al hombre del animal. En palabras de este autor: "El hombre hace de su actividad vital un objeto de su

Por consiguiente, el término *praxis* adquiere significado político tardíamente en la obra de Marx. Y cuando esa connotación política pasa a primer plano -como ocurre cuando lo emplea para oponerlo al término "teoría" y definir a través de la noción de *praxis* la clave de la práctica revolucionaria, algo que tiene lugar, por ejemplo, en la tercera y octava tesis sobre Feuerbach (1985)-[16] su significado no deja de ser un significado que resulta de la elaboración básica de los *Manuscritos*. Por otra parte, el término *praxis* también presenta un significado derivado, el significado que resulta de oponerlo al término "trabajo", una oposición que aparece fugazmente en los mismos *Manuscritos* y que recorrerá posteriormente *La ideología Alemana* (1959), los *Grundrisse* (1978, Vol. 1 y 2) y *El Capital* (1964). De acuerdo con esta distinción, "trabajo" es el acto de alienación de la actividad productiva humana, mientras que *praxis* es autoactividad creativa y libre: actividad productiva no alienada.

A pesar de que el contenido político del vocablo *praxis* es secundario y filosóficamente pobre, fue destacado por algunos seguidores del propio Marx, como Engels, Lenin y Mao Zedong; además, pasó a funcionar como etiqueta para nombrar la totalidad de un pensamiento y una opción política –por ejemplo, así lo empleó Gramsci (1976) cuan-

---

voluntad. Porque el hombre es un ser para sí mismo, un ser consciente; y por ello su vida misma y la naturaleza dentro de la cual se da esta vida, son para él objeto de su conciencia [...] He aquí tres derivaciones fundamentales de la actividad consciente del hombre: 1) la construcción teórica de la ciencia; 2) la producción conforme a las leyes de la belleza; 3) la construcción de un mundo humano al servicio del hombre" (Flórez, 1968, p. 114). Adviértase nuevamente que es esta distinción, propia de la antropología filosófica del joven Marx, la que constituye la base para construir el potente núcleo significativo de la noción de *praxis*.

16 La tercera tesis dice: "La coincidencia de la modificación de las circunstancias con la de la actividad humana o modificación del hombre mismo solo se puede concebir y entender de modo racional como *praxis* revolucionaria" (Marx, 1985, p. 107). La octava tesis reza: "Toda la vida social es esencialmente práctica. Todos los misterios que inducen la teoría al misticismo hallan su solución racional en la *praxis* humana y en la comprensión de esa *praxis*" (Marx, 1985, p. 108).

do llamó al marxismo "filosofía de la *praxis*"-. No obstante, este es el sentido menos interesante desde el punto de vista filosófico. Suscribir su empleo supone, entre otras cosas, despojar a Marx de toda filosofía y aislarlo, encerrándolo en el terreno de la economía política o la política a secas. Sin embargo, si hay algo de filosofía en la obra de Marx, ella es una filosofía de la producción humana, una filosofía que se elabora sobre la noción básica de *praxis* como relación productiva práctica esencialmente humana. Esta noción de *praxis* es la que me interesa, puesto que subyace a las ideas que puede aportar la praxiología a una filosofía de la técnica entendida a partir de las características propias de la acción humana. Desde este punto de vista, la filosofía de la producción tal como la entendió Marx no podría ser indiferente a la filosofía de la acción técnica.

La praxiología como disciplina

El término "praxiología" fue empleado por primera vez por Louis Bourdeau (1882) para referirse a la ciencia de las acciones.[17] Sin embargo, de acuerdo con Skolimowski (1967), ese no fue el primer intento de construir un sistema praxiológico. Los antecedentes directos, relacionados con intentos de desarrollo de una cierta clase de teoría sobre la acción eficiente, pueden agruparse según dos grandes líneas: la reflexión teórica sobre la acción en general, y las observaciones y recomendaciones prácticas para mejorar las actividades productivas y organizativas. Estas últimas provienen de hombres prácticos interesados en la embrionaria ciencia de la administración y organización indus-

---

[17] Louis Bourdeau (1882), *Theorie des sciences. Plan de science integrale*, Vols. I y II, París. Citado en Skolimowski (1967, p. 117).

trial. Pero la mayoría de estos estudios no se proponen ser únicamente elaboraciones praxiológicas. Se podría decir, entonces, que en estas publicaciones la noción de praxiología está tomada en su acepción más amplia posible.

Desde el punto de vista de la reflexión teórica, el primer intento de formulación de un sistema praxiológico fue realizado por Dunoyer (1845), aunque, según Skolimowski (1967, especialmente pp. 117-130), la elaboración del programa más concreto de praxiología se debe a Espinas (1897), predecesor directo de los estudios praxiológicos de Kotarbinski.[18] Sin embargo, es este último filósofo polaco quien considera la praxiología en su acepción más restringida. Su trabajo *Tratado sobre el buen trabajo* (*Traktat o dobrej robocie*) de 1955, editado posteriormente junto a otros ensayos breves bajo el título *Praxiology: An introduction to the Sciences of Efficient Action* en 1965, constituye la primera elaboración de la praxiología como una disciplina especial. De hecho es el escrito donde Kotarbinski analiza detalladamente todos los aspectos esenciales de la praxiología.

Según Kotarbinski (1965), el objeto general de la praxiología es la acción intencional humana, esto es, la acción deliberada y consciente. La investigación praxiológica supone el análisis de esta clase de acción desde el punto de vista de la eficiencia. En términos amplios, esto involucra el estudio detallado de las condiciones de la acción humana, en especial de los factores que la favorecen y limitan, y de las normas que rigen su desarrollo racional. Sin embargo, el análisis praxiológico no se

---

[18] Charles Dunoyer (1845), *De la liberté du travail, or simple exposé des conditions dans lesquelles les forces humaines s'exercent ave le plus de puissance*, Vols. I-III, París; Alfred Espinas (1897), *Les Origines de la technologie*, París. Ambos citados en Skolimowski (1967, p. 117). Espinas fue un ingeniero español y, aunque no empleó el término "praxiología", propuso el concepto de "ponología", muy cercano a la noción de praxiología que más tarde desarrollaría Kotarbinski.

compromete con ninguna esfera particular de actividad humana. Puesto que cualquier esfera de actividad humana puede analizarse desde el punto de vista de la acción eficiente, la praxiología abarca todo el ámbito de las actividades prácticas del hombre. En consecuencia, los resultados de este análisis, las proposiciones praxiológicas, son recomendaciones que en su condición de directivas simples contribuyen a aumentar la eficacia y eficiencia de la acción intencional humana en general, independientemente de su campo de aplicación.

En términos más concretos, la praxiología se ocupa de investigar la esencia del proceso de la acción intencional y clarificar todos aquellos conceptos indispensables tanto para la descripción, evaluación y planificación de la acción como para la teoría de la acción en general.[19] Dado que toda actividad práctica intencional puede para su estudio reducirse a sus elementos mínimos, el punto de partida de la investigación praxiológica es la descomposición de las actividades complejas en sus actos elementales, esto es, "actos simples" (Kotarbinski, 1965, especialmente pp. 14-20). La estructura del acto simple supone el análisis de las nociones de agente y resultado, producto, instrumento y medio, condiciones de la acción, acto complejo, acción colectiva, optimización de la acción, valores de la acción y cooperación.

Como puede apreciarse, la praxiología no es solo una disciplina descriptiva que estudia los actos simples y la composición de actos complejos en diferentes situaciones, sino que además es una disciplina normativa. En tanto que trata de establecer "normas para la acción eficiente" (Kotarbinski, 1965, p. 1), hace uso de un sistema de valores

---

[19] En tanto que esfuerzo de clarificación conceptual, la praxiología emerge como una rama de la filosofía; en tanto que teoría general de la acción eficiente, constituye una parte de la teoría general de la causalidad (véase Kotarbinski, 1965).

que asigna a diversos actos y especies de actos. Si bien los valores praxiológicos no deben confundirse con otros tipos de valores, por ejemplo, los valores éticos o estéticos, aunque mantengan relaciones con estos, tampoco es correcto restringirlos a los valores instrumentales, puesto que en ningún caso la praxiología se reduce a un mero intento de optimización de la acción.[20] Por otra parte, una vez que se evita el error de considerar a la praxiología como una disciplina primariamente instrumental, emerge en toda su dimensión el problema de los fines praxiológicos y de la relación que estos presentan con otro tipo de fines. Los valores y los fines praxiológicos hacen posible la evaluación intrínseca y extrínseca de las acciones intencionales humanas, a la vez que dan lugar a la proposición de sugerencias para aumentar su eficiencia.

1.4 La praxiología en la filosofía de la técnica: pertinencia y empleo

Tal como se ha dicho más arriba, el trabajo filosófico de Marx reinterpreta la noción aristotélica de *praxis* (πράξις) en términos de la noción griega de *poiesis* (ποιησις). La clave de la aproximación marxiana consiste en analizar nuestra relación esencial con las cosas como acción productiva. Se trata de un análisis ontológico con importantes consecuencias para los estudios posteriores de la acción productiva específicamente humana. Inspirado en la propuesta Marx, Kotarbinski intentará describir analíticamente esa acción propia del *homo faber* estudiando los elementos que la componen: el agente, su intencionalidad, el material, los medios y procedimientos, los fines u objetivos, el producto, el plan de acción, etc. Sin embargo, su análisis no es un análisis realizado desde cualquier óptica;

---

[20] El análisis de los valores praxiológicos más importantes se lleva a cabo en la tercera parte de este trabajo de investigación.

por el contrario, supone el estudio de la acción productiva intencional desde el punto de vista de su eficiencia. Esto hace que su perspectiva resulte filosóficamente atractiva para abordar la acción técnica, puesto que permite integrar tanto sus aspectos ontológicos como axiológicos.

En definitiva, la pertinencia de la praxiología para la filosofía de la técnica es casi obvia. La filosofía de la técnica de orientación analítica está articulada alrededor de un supuesto normativo básico: la acción técnica constituye la forma más valiosa de intervención, modificación y control de la realidad con el fin de adecuarla a las necesidades y deseos humanos (Ortega y Gasset, 1992; Quintanilla, 1989; Broncano, 2000; Liz, 1995 y 2001a). Por consiguiente, no se puede analizar adecuadamente la técnica sin haber construido una teoría bien fundada de la acción humana. Y no es posible lograr esto último sin contar con la praxiología para analizar y evaluar, desde los mismos valores praxiológicos (eficiencia, eficacia, productividad, etc.), los objetivos de la acción, sus resultados y las acciones mismas. Es más, la clave teórica y práctica necesaria para investigar la técnica y sus productos se obtienen si se la enfoca desde la praxiología. Por tanto, la perspectiva de la praxiología otorga un acceso privilegiado a la reflexión sobre la acción en el contexto de la técnica. Bunge (1985) resumió muy bien este punto cuando señaló que "[T]he philosophy of technology is concerned with [...] the pragmatic (or praxiological) problem of defining the concept of rational action, i.e., action guided by designs and plans; with the axiological problem of identifying and analyzing the typical values of technology such as efficiency and reliability" (p. 219).

Desde este punto de vista, la técnica consiste en un tipo especial de acción humana: la acción técnica. En tanto que acción humana productiva, la acción técnica es una acción conforme a fines, esto es, está guiada por una descripción precisa del objeto, evento o estado deseado como resultado y por un determinado conocimiento aprendido, ejecutándose dicha acción para la satisfacción de unos objetivos previamente asumidos. Así, el agente intenta producir un objeto, evento o estado de cierta clase, ayudado por un *corpus* aprendido de conocimientos, con un propósito decidido de antemano. Este retrato de la acción técnica puede analizarse de muchas maneras. Aquí interesa aquello que es específico de la acción técnica en su condición de acción humana productiva intencional: por un lado, que es una acción realizada por un agente que se representa tanto la acción misma como sus resultados (véase, entre otros, Marx, 1989), y por otro, que estas representaciones pueden o no adecuarse a la acción efectiva y sus resultados concretos. Este ámbito de cuestiones plantea los problemas praxiológicos más relevantes sobre la acción técnica en su naturaleza de acción intencional humana y sobre sus productos, los artefactos (Bunge, 1985, 1989; Kotarbinski, 1965; Quintanilla, 1989).

Bibliografía

Aristóteles, (1930). The *Works of Aristotle*, II. Ross y Hon (eds. y traductores). Oxford: Oxford University Press.
Aristóteles, (1970a). *Metafísica*. Edición trilingüe de Valentín García Yebra, Madrid: Gredos.
Aristóteles, (1970b). *Ética a Nicómaco*. Madrid: Instituto de Estudios Políticos.
Aspe Armella, V. (1993). *El concepto de técnica, arte y producción en la filosofía de Aristóteles*. México: Fondo de Cultura Económica.
Axelos, K. (1961). *Marx Penseur de la Technique*. Paris: Les Éditions de Minuit (especialmente, pp. 77-84).

Bernstein, R. (1979). *Praxis y acción*. Madrid: Alianza.
Broncano, F. (2000). *Mundos artificiales. Filosofía del cambio tecnológico*. México: Paidós.
Bunge, M. (1985). *Treatise on Basic Philosophy*, Vol. VII: *Philosphy of Science and Technology. Part II: Life Science, Social Science and Technology*. Dordrecht-Boston: Reidel.
Croce, B. (1962). "El concepto aristotélico de técnica". *Revue Philosophique de Louvain*, t. 62, 253-264.
Ezquerro, J. (1995). "Acciones, planes y tecnología". En F. Broncano (ed.) (1995), *Nuevas meditaciones sobre la técnica*. Madrid: Trotta.
Flórez, C. (1968). *Dialéctica, historia y progreso*. Salamanca: Ediciones Sígueme.
Gramsci, A. (1976). *Introducción a la filosofía de la praxis*. Barcelona: Península.
Kosík, K. (1965). *Dialettica del concreto*. Milano: Valentino Bompiani.
Kotarbinski, T. (1965). *Praxiology*. Oxford: Oxford Clarendon Press.
Leroi-Gourhan, A. (1988). *El hombre y la técnica (Evolución y Técnica I)*. Madrid: Taurus.
Liz, M. (1995). "Conocer y actuar a través de la tecnología". En F. Broncano (ed.) (1995). *Nuevas meditaciones sobre la técnica*. Madrid: Trotta, 23-55.
Liz, M. (2001). *Un metafísico en Tecnolandia. Realidad, conocimiento y acción bajo nuevos puntos de vista* (I Premio Internacional de Ensayo de Filosofía Luis Vives). Murcia: Serv. de Publicaciones Universidad de Murcia.
Lobkowicz, N. (1967). *Theory and Practice: history of a concept from Aristotle to Marx*. Lanham, MD: University Press of America.

Marx, K. (1959). *La ideología alemana* (en colaboración con F. Engels). Montevideo: Editorial Pueblos Unidos.
Marx, K. (1964). *El Capital. Crítica de la economía política.* México: Fondo de Cultura Económica.
Marx, K. (1970). *Contribución a la crítica de la economía política.* Madrid: Alberto Corazón Editor.
Marx, K. (1978). *Grundrisse: lineamientos fundamentales para la crítica de la economía política 1857-1858 I y II.* México: Fondo de Cultura Económica.
Marx, K. (1985). *El manifiesto comunista. Once tesis sobre Feuerbach.* Edición y material didáctico A. San Juan. Madrid: Alhambra.
Marx, K. (1989). *Manuscritos económicos-filosóficos.* Madrid: Alianza.
Ortega, A. (1965). "Aspectos del concepto de τέχνη en Aristóteles". *Helmántica. Revista de Humanidades Clásicas.* Salamanca: Universidad Pontificia, año XVI, t. XVI.
Ortega y Gasset, J. (1992). *Meditación de la técnica y otros ensayos sobre ciencia y filosofía.* Madrid: Revista de Occidente.
Quintanilla, M. A. (1989). *Tecnología. Un enfoque filosófico.* Madrid: Fundesco.
Sánchez Vázquez, A. (1967). *Filosofía de la praxis.* México: Grijalbo.
Sánchez Vázquez, A. (1997). "La filosofía de la praxis". F. Quesada (ed.) (1997). *Filosofía política I. Ideas políticas y movimientos sociales.* Madrid, Trotta-CSIC.
Schummer, J. (2000). "Aristotle on Technology and Nature". *Philosophia Naturalis*, 104-120.
Skolimowski, H. (1967). *Polish Analytical Philosophy. A survey and a Comparison with British Analytical Philosophy.* London: Routledge.

Skolimowski, H. (1968). "On the Concept of Truth in Science and in Technology", *Proceedings of the XIV Congress of Philosophy*. Viena: Herder, 2: 1968, 553-559.

Skolimowski, H. (1972). "The Structure of Thinking in Technology". En Mitcham, C. y Mackey, R. (eds) (1972). *Philosophy and Technology. Readings in the philosophical problems of technology*. London: Free Press, 42-49.

Tomás de Aquino (1988). *Suma de Teología II*. Madrid: Biblioteca de Estudios Cristianos.

Yarza, I. (1986). "Sobre la praxis filosófica". *Anuario Filosófico de Navarra*: Pamplona, t. 1.

8

La articulación Naturaleza-Técnica en la filosofía del primer Heidegger

Luciano Mascaró

A lo largo de los parágrafos de *Ser y tiempo*, pueden identificarse diversos usos del problemático término "Naturaleza". Algunos de estos usos resultan más asociados al empleo cotidiano y pre-filosófico del término, otros responden a un nivel de mayor reflexión temática, ya sea esta de índole filosófica o científica. Paralelamente, algunas de estas acepciones se relacionan de manera más directa con las estructuras existenciales que constituyen el ser-en-el-mundo, otras, por el contrario, responden a diversos niveles de derivación o alejamiento del suelo originario que relaciona el problema de la Naturaleza con la cuestión de la existencia.

Dentro de este contexto hace su aparición un problema: dado que el trato técnico-pragmático con los entes es descripto como la forma cotidiana y originaria de relación hombre-mundo, y dado que la Naturaleza, en su sentido más tradicional, parece manifestarse solo ante una reflexión temática, o ante una contemplación artística que se aíslan en cierto modo de la ocupación técnica, nos preguntamos: ¿de qué manera, si acaso existe alguna, hace su aparición la Naturaleza ante los ojos de la ocupación? ¿Es posible tener una experiencia de la Naturaleza desde el interior de la actitud técnica en la que la existencia se despliega más cotidianamente?, y si lo es, ¿de qué tipo es esta experiencia, qué estructuras involucra, y cómo puede ser descripta ontológicamente?

Teniendo en cuenta dicha situación, la primera parte de este trabajo llevará a cabo la propuesta de exponer ordenadamente los diversos sentidos de Naturaleza empleados en la obra de 1927, para ubicarlos en los diversos niveles de originariedad que les corresponden, diferenciando a su vez los sentidos ónticos de los ontológicos. La segunda parte del trabajo abordará de lleno el problema que nos ocupa, a saber, el modo de aparición de la Naturaleza en el contexto del quehacer técnico con los entes. Se afirmará, junto con Heidegger, que la Naturaleza posee diversas formas originarias de aparición dentro del contexto pragmático de la ocupación, es decir, en el trato con artefactos.

Sentidos de Naturaleza

A continuación intentaré exponer los diversos sentidos en los que se emplea el término "Naturaleza" en el contexto de *Ser y tiempo*; casi todos los sentidos estudiados en esta primera parte coinciden en encontrarse dentro del rango de la derivación, es decir, se muestran como alejados del suelo de la experiencia originaria por medio de la cual la Naturaleza viene primariamente a la presencia.

a) El sentido derivativo fundamental en el que se comprende la naturaleza es el de *conjunto exterior de lo que está-ahí ante los ojos* (Heidegger, 2006, p. 168). Esta interpretación puede ser rastreada fundamentalmente en los parágrafos 14 y subsiguientes. El objetivo inicial de esa sección es la de diferenciar la noción de Naturaleza de otra usual, aunque erróneamente emparentada con ella, a saber, la noción de Mundo. Según Heidegger, la interpretación tradicional del mundo como el conjunto de "lo exterior" proviene de la identificación de la *extensio* como la determinación fundamental del medio circundante, realizada por Descartes. La distinción cartesiana de *res cogitans* y *res extensa* definirá, en lo sucesivo, la diferencia entre dos ámbitos del ser: el Espíritu y la Naturaleza.

Según Heidegger, la Naturaleza aparece en la concepción cartesiana (y desde ella, en toda la tradición filosófica posterior) como el "ente intramundano que funda en su ser todo otro ente" (Heidegger, 2006, p. 125). Desde esta perspectiva, la Naturaleza sería ella misma un ente que comparece dentro del mundo, y que, por tanto, no se identifica con este último. "La Naturaleza, comprendida en sentido ontológico categorial, es un caso límite del ser del posible ente intramundano" (Heidegger, 2006, p. 93). La Naturaleza queda comprendida como un ente, el ente máximo, y caracterizada, como todos los demás entes, por su substancialidad, es decir, su independencia de la instancia productora (Heidegger, 2000, § 12a). La Naturaleza se define como la totalidad del ente que comparece ante los ojos [*Vorhandensein*], ente que se muestra determinado por una serie de propiedades predicativas, últimamente derivables de la *extensio*, su característica más esencial. La Naturaleza se muestra, pues, como una interpretación derivada e impropia del fenómeno existencial del Mundo, derivación provocada por el hecho de que este último resulta interpretado a partir de lo que primeramente se muestra a la experiencia: el ente intramundano.

Así queda definido el primero y más global de los sentidos derivativos de Naturaleza: el conjunto de lo que está-ahí ante los ojos. Heidegger considera que la noción de Mundo como *lo exterior corpóreo-sustancial* encuentra sus raíces en el así llamado *proyecto matemático de la naturaleza*, propio de la modernidad; el mismo interpreta este ámbito como el espacio fenoménico de los procesos susceptibles de cuantificación y cálculo; en esta línea, se afirma en el parágrafo 69b que la matematización de la naturaleza no consiste principalmente en la aplicación de la matemática a la determinación de los procesos naturales, sino en el hecho de abrir de antemano lo circundante en una dirección muy específica, la cual le permite advenir únicamente en su aspecto mesurable por la investigación científica. La Naturaleza se proyecta aquí como el conjunto de los fenómenos ajenos a la subjetividad, en tanto cuantitativamente caracterizables. El proyecto matemático de la Naturaleza constituye una mirada que inspecciona lo circundante y le permite advenir en su aspecto de mero "hecho".

A continuación observaremos cómo de esta primera interpretación se ramifican diversas acepciones anexas.

b) Un segundo sentido derivativo lo constituye la comprensión de la Naturaleza en tanto *paisaje*, ya sea este interpretado como espacio de contemplación artística, o como objeto "para ser visitado" en el emplazamiento de una industria de vacaciones. El paisaje es, eminentemente, lo que está allí ante los ojos interesados de la existencia, aunque, en general, el interés que se dirige al panorama natural no coincida con el interés práctico de la actividad técnica. El paisaje puede mostrarse como lo que nos cautiva, como un objeto de contemplación en sentido artístico, estético o afectivo.

Este modo de aparecer de la Naturaleza se aparta ya de la consideración que hacía de ella la "totalidad de lo que solo está-ahí". Desde esta visión nos alejamos en cierta medida de un movimiento de tematización que distancia los intereses pragmáticos y originarios de la existencia. La contemplación estética del pasiaje se ubica en un nivel de mayor originariedad con respecto a la contemplación tematizante, ya que en ella, la separación hombre-mundo no se encuentra tan acentuada como en la labor científica, al tiempo que se relaciona más cercanamente con la dimensión afectiva de la existencia. Por supuesto, como ya se dijo, el paisaje también puede presentarse como ámbito del desarrollo técnico de la industria del turismo (Heidegger, 1994, p. 15), en cuyo caso la contemplación estética quedaría reducida a un producto de compraventa, o un bien en stock. Sin embargo, estas últimas reflexiones pertenecen a una consideración quizás más normativa y crítica de la técnica, propia del así llamado segundo período del pensar de Heidegger. Su análisis pormenorizado escapa a nuestro actual objetivo.

c) En tercer lugar, también puede descubrirse la Naturaleza como *Fuerza natural* [*Naturmacht*] la cual se expresa en el poder de los elementos y los desastres naturales. Heidegger se ocupa brevemente de este problema al dedicarse al estudio de la estructura del *sentido* [*Sinn*]. Habiéndose referido a la triple estructura del sentido, constituida por el *haber, ver y concebir previos*, se afirma que, en tanto modo de ser del Dasein, único ente al cual por su propia constitución le corresponde un comportamiento comprensor hacia el mundo, el *sentido* solo puede poseer el modo de ser de la existencia, es decir, se trata de una estructura esencial del Dasein. De aquí se extrae que solo el Dasein tiene sentido, y que todo lo demás es, de suyo propio, sinsentido. Es en este punto que se realiza la aclaración que nos interesa: en el modo poderoso, y, por lo mismo, potencialmente amenazador de manifestarse de la fuerza natural, la Naturaleza se muestra como un *contrasentido* para el Dasein, es decir, como aquello que, estando presente ante la existencia, puede ir en contra de ella (Heidegger, 2006, p. 175).

La fuerza natural comparece como aquello que puede amenazar a la existencia, acercarla a su completa cancelación, y al mismo tiempo, como aquello que el hombre no se ha dado a sí mismo, lo cual lo revela a merced de lo inclemente, de lo que se "agita y afana" [*webt und strebt*], como confirmación de su estado de arrojado [*Geworfenheit*].

d) En cuarto lugar, puede señalarse el regreso Heideggeriano al sentido griego de Naturaleza [*Physis*] como *lo que viene a la presencia* en un proceso de manifestación. Este sentido no se encuentra explicitado en *Ser y tiempo*, pero funciona como trasfondo de las consideraciones en torno a la *alétheia* (verdad como des-ocultamiento), el *lógos* (como mostración y determinación) y los *prágmata* (como noción griega asociada a los entes, en tanto descubiertos por el trato ocupacional). La concepción de la Naturaleza como *lo que viene a la presencia* es estudiada detenidamente en la obra de 1935 *Introducción a la metafísica*. Allí se afirma, con ocasión del tratamiento de diversos fragmentos de Heráclito, que para los griegos, *Physis* tendría un sentido incluso identificable con el de Ser. Ya que estas consideraciones nos alejan de la obra a la que nos limitamos, deberán quedar solo enunciadas.

e) En quinto lugar puede destacarse la noción de *Naturaleza histórica*, un aspecto de lo natural que lo coloca en una relación directa con el despliegue del acontecer humano en general (Heidegger, 2006, p. 404). Con ocasión del tratamiento del problema de la historicidad del Dasein como fundamento de la historiografía, Heidegger afirma que la historia del mundo se encuentra desde siempre incorporada a los objetos con los cuales el Dasein se relaciona o se ha relacionado pragmáticamente. El artefacto, en tanto manifestación cultural e histórica (puesto que surge del proyectar del Dasein, que es histórico en su propia constitución) siempre es capaz de abrir mundo, es decir, por medio de un proceso de reflexión tematizante, es posible reconstruir, con diversos grados de precisión o especulación, el contexto pragmático al cual pertenecía, es decir, aquella red remisional de la que formaba parte, siempre en función de los intereses de la existencia que se ubicaba en su centro como remisión final; en esa red remisional, se acusa el mundo.

Esta posibilidad de rastrear antiguos contextos pragmáticos por medio de la investigación dirigida hacia entes a la mano, como libros, fotos, utensilios y construcciones, puede ser expandida hacia la detección de la relevancia histórica de espacios donde la intervención humana no resulta tan manifiesta, se trata de ámbitos que, de algún modo u otro, han sido afectados por el proyectar de la existencia, y que en esa medida, se vuelven expresión de un contexto pragmático que ha quedado alejado en el tiempo en sentido vulgar. Así harán su aparición ciertos sectores del "mundo exterior" especialmente recargados de un contenido y sentido definido por el transcurrir histórico, tales como el terreno de asentamiento o explotación, el campo de batalla y el lugar de culto. De esta manera, la Naturaleza se configura como un objeto temático más que cae bajo los intereses de la historiografía.

f) En sexto lugar, puede destacarse el que quizás resulte el sentido de Naturaleza más alejado de la originaria experiencia pragmática en el mundo; nos referimos a la acepción fundamental de la Naturaleza en tanto objeto de contemplación teórica por parte de la ciencia. Heidegger ha dedicado extensos pasajes de diversas obras al problema de la ciencia y su carácter derivado. En líneas muy generales, la postura de *Ser y tiempo* al respecto puede sintetizarse de la siguiente manera: la ciencia es un modo de ser del Dasein, un comportamiento, una actitud ante el mundo, como tal, encuentra sus fundamentos en las estructuras existenciales que definen al ser del hombre.

En efecto, la ciencia aparece como una modificación del originario modo pragmático de relacionarse con el mundo, e implica un proceso derivativo por medio del cual se apacigua la urgencia del trato ocupacional, y se elide la pertenencia de los entes al plexo remisional del que formaban parte. Este proceso es denominado *desmundanización* [*Entweltlichung*]. La desmundanización acarrea una serie de movimientos correlativos, que complementan el intercambio entre la visión circunspectiva [*Umsicht*] (asociada a la ocupación) y la visión contemplativa [*Hinsehen*] (asociada a la actitud teórica).

Entre los procesos auxiliares destacamos dos fundamentales: La tematización por medio de la cual el "con qué" del *tener que ver con* (estructura del Cuidado) se transforma en el *acerca de qué* de un enunciado mostrativo. El segundo proceso es la objetivación, que opera como una individualización, resultante de la desconexión del ente (o ámbito de entes) del entramado significativo del mundo, de este modo queda configurada una región ontológica que funcionará como el espectro de posibles objetos de una determinada ciencia. Solo como resultado de estos procesos integrados podrán hacer su aparición las así llamadas "propiedades" [*Eigenschaften*] de los entes, temática fundamental en el discurso objetivante de la ciencia.

A su vez, se hace manifiesto que estas propiedades predicativas derivan de aspectos del ente que ya aparecían fusionados en la praxis cotidiana. Así, y retomando una clásica distinción Heideggeriana, la expresión "el martillo es demasiado pesado", enunciado extraído del trato cotidiano con los entes, en cuyo contexto el artefacto se ha revelado como ineficaz o inadecuado para la tarea a realizarse, quedaría convertida, por medio de la objetivación y tematización en la atribución predicativa de una propiedad, la "pesantez" a un ente subsistente, o sujeto de predicación (el martillo).

Cuando se hace referencia a las "leyes de la naturaleza", o al anteriormente mencionado "proyecto matemático de la naturaleza", se está empleando el sentido científico de naturaleza del que aquí nos ocupamos. Según esta visión tematizante, la Naturaleza quedaría integrada por la totalidad de los objetos de las ciencias, totalidad que se diversifica en las diferentes regiones sobre las cuales las distintas disciplinas extienden su discurso domino.

Naturaleza y técnica

Nos introducimos ahora en la segunda parte de esta investigación, la cual, según lo anticipado, estará dedicada al estudio de los modos de aparición de la Naturaleza dentro del contexto del trato pragmático con los entes.

En *Ser y tiempo* se afirma que el modo primigenio de relación del hombre con su mundo no es cognoscitivo en el sentido manejado por las ciencias, sino inicialmente pragmático. Tal como ya se ha afirmado, la visión contemplativa, que convierte al ente en tema de un discurso, solo es accesible si primero se abandona la visión ocupacional de la circunspección. Tratándose, pues, de un modo primordial de visión dirigido a lo circundante, deberán interponerse a la circunspección una serie de procesos derivados, que la cancelen y transformen en teoría. Lo dicho pone de manifiesto el carácter originario de la visión ocupacional, y del correlativo trato pragmático con los entes. Por tanto, cabe preguntar: ya que los sentidos de Naturaleza a los que nos dedicamos coinciden en manifestar, con diverso grado de objetivación, al medio ambiente como el conjunto de lo que está ante los ojos [*Vorhandenheit*], ¿es posible establecer una serie de formas de aparecer de la Naturaleza asociadas al estilo de visión interesada (la circunspección)?, o en otras palabras, ¿existen modos de manifestación de la Naturaleza que la hagan accesible en términos de la segunda modalidad fundamental del ente, a saber, la condición de "a la mano" [*Zuhandenheit*]?, ¿cómo es la experiencia de la naturaleza que se ofrece a partir del contacto con los artefactos?

Ser y tiempo destaca una serie de experiencias técnicas de lo natural, que a continuación expondremos. Como se verá, todas ellas coinciden en que la Naturaleza se hace presente en tanto relacionada con la praxis, y no como algo ante los ojos, ofrecido a una experiencia contemplativa o tematizante. En estas experiencias, la Naturaleza es descubierta como fenómeno accidental del trato ocupacional con artefactos, es decir, ella misma nunca comparece como ente a la mano, sino como algo en relación con el útil y con la ocupación técnica, en otras palabras, aparece de manera concomitante e inexplícita con el trato pragmático. Para el estudio de estas nociones serán fundamentales las reflexiones del parágrafo 15 de *Ser y tiempo*.

a) En primer lugar, la Naturaleza viene a la presencia en el *material* (o el "de qué" [*Woraus*]) del ente técnico.

> Martillo, alicate, clavo, remiten por sí mismos al acero, hierro, mineral, piedra, madera (están hechos de todo eso). Por medio del uso, en el útil está descubierta también la "naturaleza", y lo está a la luz de los productos naturales (Heidegger, 2006, p. 98).

Así, el proceso pragmático de martillar descubre el aspecto utilitario de los elementos de los que está fabricado este útil: la tarea que el martillo debe realizar demandan el peso y la solidez de la cabeza; además de la resistencia y comodidad del mango, características que remiten, a su vez, a su composición de madera y acero respectivamente, o bien, otros elementos que satisfagan estas mismas necesidades.

b) Un segundo aspecto que dirige y da sentido al uso técnico de herramientas es el así llamado "para-qué" [*Wozu*]. Junto con el "de-qué", el "para-qué" orienta el obrar hacia una finalidad, que siempre coincide con la obra terminada. El para-qué cumple un papel tan fundamental que puede ser identificado con la misma esencia del útil, en efecto, en los artefactos técnicos, su *quidditas* coincide con su función. El para-qué es capaz de traer la Naturaleza a la presencia de un modo peculiar: ella se hace accesible, cotidiana, y pre-temáticamente en la llamada "materia prima", es decir, en el tipo de elemento requerido para el desarrollo del producto técnico finalizado: cuero, madera, piedra, hierro, etc.

La Naturaleza compareciente de este modo se vuelve disponible para el Dasein en tanto usuario y productor, y según las características y comportamientos de los elementos utilizados (dureza, flexibilidad, resistencia, y también forma, tamaño, figura), ella se revelará como adecuada o inadecuada para aquello que le otorga sentido a todo el proceso de producción: las finalidades propias del proyectar fáctico de la existencia. Por ejemplo, si el proyectar fáctico requiere de la fabricación (o re-diseño) de un artefacto para cumplir con la primitiva función de cortar cuero, cualquier material liviano, flexible e inestable como el caucho o el algodón se mostrará como ineficaz para llevar a cabo la tarea especificada, al haber sido incorporada al diseño del artefacto; lo contrario vale para cualquier material sólido, resistente y fácil de tallar y manejar, como el pedernal. Por supuesto, todas aquellas características no son percibidas temáticamente, sino desde la comprensión pre-científica inherente a la circunspección que hace uso de las cosas. En cada uno de los mencionados materiales se acusa como última referencia la Naturaleza, la cual ya no depende de ninguna instancia de producción. La Naturaleza comparece aquí como lo disponible y adecuado, aquello sobre lo cual la ocupación puede extenderse para incorporarlo al plan técnico con el fin de que este último sea llevado a término.

Un sentido adicional, que no se encuentra explicitado en *Ser y tiempo* pero que puede ser pertinentemente extraído de los principios expuestos es el siguiente: La Naturaleza comparece como aquello que posee una posibilidad latente tal que lo relaciona con el trato pragmático con los entes, pero que, sin embargo, no requiere de una intervención humana para cumplir con su función, sino simplemente que la existencia se coloque bajo su espectro, y se deje beneficiar por sus potencialidades. Es en este sentido que decimos que el árbol es sombra, que la caverna es guarida, o que una serie de piedras en un arroyo, es un puente. Desde esta perspectiva, algo que ya se manifiesta frente a nosotros como carente de interés técnico es re-descubierto por los ojos de la ocupación, y pasa a formar parte del circuito de motivaciones y finalidades pragmáticas, sin que el hombre lo modifique materialmente en modo alguno.

c) Este sentido de Naturaleza al que aún nos dedicamos puede extenderse hacia ámbitos más amplios: no hacemos referencia ya a los materiales de los cuales está hecho el artefacto, o los elementos que el trato técnico requiere para llevar a cabo su obra, sino a la misma posibilidad de obtención de materia prima y energía, es decir, a la disponibilidad total de materiales en general. Este modo de visión descubre técnicamente a la naturaleza, fijando su atención pre-teórica en las posibilidades inherentes al medio ambiente disponible.

Heidegger afirma que la Naturaleza puede resultar abierta en el mismo descubrimiento del mundo circundante: el río comparece como energía hidráulica, el bosque como reserva forestal, y el cerro como cantera. La utilización del paisaje para los fines técnicos de la ocupación revela a la Naturaleza como "aquello de lo cual se puede extraer algo", como reserva de energía y materia prima, que espera a la intervención humana para poner sus posibilidades al servicio de la existencia. Este modo de aparición es quizás el más discutido por las críticas heideggerianas posteriores a la *Kehre,* que se centran en la concepción de la *Gestell* ("imposición", "estructura de emplazamiento") como esencia de la técnica contemporánea. Sin embargo, es importante destacar que en el contexto de *Ser y tiempo*, la intervención humana buscadora de energías, que interpreta a la naturaleza como stock o reservas, no es tratada con el matiz negativo propio del segundo período de su pensar. *Ser y tiempo* se pronuncia con una visible neutralidad con respecto al efecto favorable o pernicioso de la técnica humana sobre el medio circundante.

d) En cuarto lugar, y en un sentido quizás más omnipresente, pero por lo mismo, más subliminal, puede destacarse el descubrimiento de la Naturaleza como aquello en vistas a lo cual los objetos técnicos adquieren su configuración específica. La Naturaleza está presente en el sistema de alumbrado público, en tanto que este tiene en cuenta la oscuridad; el reloj lleva consigo la originaria referencia a una determinada posición del sol en el firmamento; el desagüe y el techo a dos aguas esperan la lluvia, a la vez que protegen de la intemperie. La misma configuración de nuestro mundo circundante "civilizado" ha ido adquiriendo su forma actual en referencia a los fenómenos naturales de los cuales ha intentado protegerse o separarse de manera insistente y constante. En este sentido, podría afirmarse que la Naturaleza comparece permanentemente en nuestra experiencia del mundo técnico [*Werkwelt*] circundante, pero en tanto que cancelada por este, o, más bien, prevista en el diseño que persigue la protección contra ella.

e) Por último resulta interesante señalar un carácter de la Naturaleza que en *Ser y tiempo* resulta trabajado de manera algo circunstancial: nos referimos a la dimensión tempórea que opera como su trasfondo y condición de posibilidad: el así llamado "tiempo de la naturaleza". Heidegger se ocupa de esta noción en el parágrafo 80, al trabajar el problema de la publicidad del tiempo. La cuestión analizada por esta sección es el modo en que el Dasein "se ocupa del tiempo", es decir, la forma de aparecer del tiempo en el contexto del trato pragmático con los entes. El modo más típico de ocuparse del tiempo es el llamado *cómputo astronómico*. Este cómputo, se afirma, tiene una necesidad ontológico-existencial, que se explica de la siguiente manera:

> Para poder tratar en la ocupación con lo a la mano dentro de lo que está-ahí, el cotidiano y circunspectivo estar-en-el-mundo necesita *poder ver*, es decir, necesita de la claridad. En virtud de la aperturidad fáctica de su mundo, la naturaleza queda descubierta para el Dasein. Por su condición de arrojado, el Dasein está a merced de la fluctuación de día y noche. El día con su claridad hace posible la visión, la noche la imposibilita (Hedegger, 2006, p. 426).

Como puede verse, Heidegger afirma que la temporeidad de la Naturaleza se expresa ónticamente en la fluctuación del día y la noche, la cual aparece originariamente asociada a la posibilidad o imposibilidad del *ver*, que permite o impide ocuparse de los asuntos cotidianos. La salida del sol cobra su originario sentido en vistas a la praxis que se ocupa en el mundo técnico, en tanto posibilidad de continuar trabajando entre útiles gracias a la iluminación que ofrece el día. Este es el modo en que la oscuridad y la luz se introducen en el universo técnico de la ocupación cotidiana, no ya en tanto tenidas en cuenta por la etapa de diseño que anticipa la fluctuación noche-día, para generar iluminación u oscuridad artificial, sino como presupuestas a toda la ordenación de las tareas, las cuales tienden a aumentar en número e intensidad conforme avanza el día, y a disminuir a medida que se avecina la noche.

Conclusiones

Las modalidades hasta aquí expuestas representarían las dimensiones originarias de aparición de la Naturaleza en el contexto del trato técnico con los entes. Desde estas modalidades se derivarán todas los demás, siempre acompañando el desarrollo del interés de la existencia.

Este trabajo persiguió el objetivo de ofrecer un panorama de la posible y necesaria coordinación entre técnica y Naturaleza, por medio del posicionamiento en la obra fundamental de la filosofía heideggeriana anterior a los años 30, una perspectiva que aún no resalta los aspectos críticos característicos del así llamado "segundo período" de su pensamiento, en donde la técnica, en tanto *Gestell*, como la última (y perniciosa) forma de relación entre el hombre y el Ser, se revela como modo fundamental del pensar contemporáneo y el fenómeno central de la cultura. En contraste con esta última perspectiva, *Ser y tiempo* ofrece una visión en torno a la técnica, en cierto sentido, no tan comprometida cultural y normativamente como la propia de los escritos posteriores a la *Kehre*, obras que representan el obligado foco de análisis para las temáticas asociadas a la técnica y sus fenómenos auxiliares.

Los párrafos precedentes han señalado el modo en que la Naturaleza se muestra como un fenómeno multiforme ante los divergentes ojos de la ocupación y de la teoría. El análisis de la obra de 1927 ofrece una descripción del modo de aparición de la Naturaleza desde la visión circunspectiva, que plantea una posibilidad de articulación que no compromete ni oscurece la originaria relación del hombre con el Ser, de hecho, se percibe en este análisis la exigencia ontológica de una particular comparecencia de la Naturaleza desde la perspectiva ocupacional. La asociación Naturaleza-técnica por medio de la mirada afín a la praxis cotidiana pone de manifiesto que dicha coordinación encuentra sus bases en la misma estructura de ser del Dasein, y que, por tanto, la técnica no necesariamente compromete al medio ambiente en el despliegue de su esencia. La articulación Naturaleza-técnica es posible, tal como se extrae de los principios de la analítica existencial.

Bibliografía

Heidegger, Martin (1994). "La pregunta por la técnica", en *Conferencias y Artículos*. Barcelona: Ed. del Serbal, trad. de Eustaquio Barjau.

Heidegger, Martin (2000). *Los problemas fundamentales de la fenomenología*. Madrid: Trotta, trad. y prólogo de Juan José García Norro.

Heidegger, Martin (2006). *Ser y tiempo*. Madrid: Trotta. Traducción y notas de Jorge Eduardo Rivera.

9

Sobre las condiciones de posibilidad y validez de la responsabilidad

Un análisis de la crítica a la ética jonasiana

ÁNGELA LUZIA MIRANDA

Resumen

El siglo XX fue una época de relativo escepticismo sobre las posibilidades de fundamentar filosóficamente una ética normativa, un clima de opinión académica que resultaba del triunfo del positivismo como orientación teórica dominante luego de la Segunda Guerra Mundial. En aquella época, por otra parte, los movimientos ecologistas y organizaciones políticas verdes eran muy incipientes. En este contexto, Hans Jonas lanza a fines de la década una propuesta de ética normativa ligada directamente con la problemática ecológica, un verdadero llamado a la acción, que se sintetiza en su famoso principio de la responsabilidad (*das Prinzip Verantwortung*). En muy poco tiempo, el pensamiento de Jonas habría de alcanzar una gran influencia, lo que le daría un estatuto fundacional para las nuevas corrientes de la ética normativa y para la creciente organización e impacto de movimientos políticos que colocaban la responsabilidad ante el medio ambiente como principio fundamental de su visión del mundo. En el presente trabajo, vamos a considerar los orígenes teóricos del pensamiento de Jonas, atendiendo a su formación filosófica y a su trayectoria posterior. Vamos a destacar, en este contexto, la influencia de una perspectiva fenomenológica sobre su trabajo y su cercanía, en distintos aspectos, con las propuestas filosóficas de Martin Heidegger. Jonas y Heidegger continúan, en este sentido, la obra de Husserl, es decir, la revisión crítica de los fundamentos metafísicos de la ciencia occidental y de las sociedades modernas. En segundo lugar, vamos a analizar las críticas a Jonas elaboradas por dos filósofos contemporáneos, a partir de orientaciones filosóficas muy influyentes en ambos casos. Por una parte, Karl-Otto Apel, quien critica a Jonas desde la perspectiva específica de una ética del discurso, es decir, una orientación filosófica post-metafísica, fundada en el carácter deliberativo de la razón práctica. Por otra parte, Javier Echeverría, filósofo español que es representativo de la tradición positivista, ya mencionada arriba, la que constituye todavía en nuestros días una de las corrientes filosóficas más extendidas e influyentes en el ámbito iberoamericano. Luego del análisis y discusión de las críticas mencionadas, intentaremos, en las conclusiones, realizar una evaluación sobre la actualidad del pensamiento de Jonas ante sus críticos.

1. La trayectoria filosófica de Hans Jonas

> En respuesta directa a la agónica catástrofe histórica de la que Jonas había sigo testigo [...] se impuso una ingente tarea intelectual: descubrir los orígenes filosóficos de la crisis de la civilización occidental y con ello sugerir, aunque sea de manera experimental, una nueva y positiva orientación a la humanidad (Wollin, 2003, p. 8).

En una conferencia de octubre de 1986 Jonas hace el siguiente panorama autobiográfico, con el cual evalúa tres momentos de su formación filosófica y define las fases de su vida intelectual (Jonas, 2007). La primera fue su época de estudiante en Friburgo y Marburgo, que tuvo como resultado la publicación de su tesis doctoral, *Gnosis und Spätantiker Geist*, en 1934. La segunda fase se centra en la publicación de su obra *The phenomenon of life* en 1966 y se continúa con una tercera y última fase de su tarea filosófica, cuando publica *Das Prinzip Verantwortung – Versuch einer Ethik für die Technologische Zivilisation* en 1979, traducido al inglés en 1984.

Observa Wolin (2003, p. 33) que, así como Hannah Arendt, Karl Löwith y Herbert Marcuse, por las circunstancias históricas que le ha tocado en esta época, Jonas es también uno de estos hijos que filosofaron *con Heidegger contra Heidegger*. Pero si es verdad que Jonas filosofa contra Heidegger, también es verdad que desarrolla sus propias inquietudes y convicciones filosóficas sirviéndose de su formación en fenomenología, adquirida en el período de sus estudios en Friburgo y Marburgo (Jonas, 1988, p. 227). Entre estas inquietudes filosóficas está la intención de establecer una relación auténtica entre hombre y naturaleza que, según Jonas, ha sido sofocada durante muchos siglos por el dominio tecnológico de la naturaleza y la negligencia del ser. Se trata de una crítica de la modernidad tecnológica cuya inspiración heideggeriana resulta evidente.

Jonas busca analizar el problema de la ciencia moderna, que en su opinión ha dado con Darwin el golpe definitivo para eliminar a la teleología de la naturaleza. Es aquí en definitiva que se rompe el mundo aristotélico, y triunfa por completo el mundo moderno de Galileo y Bacon. Jonas tiene en claro que esta ruptura transforma radicalmente la imagen de la naturaleza y la percepción misma de la subjetividad (Jonas, 1966, p. 214). Como hace notar Rodríguez:

> Bajo el lema saber es poder, el "programa baconiano" acomete la conquista de la naturaleza por el hombre. A la base de este intento se halla una metafísica de la naturaleza que entiende a esta como pura extensión inerte, privada de interioridad y finalidad [...] Naturaleza como res extensa: negación cartesiana de la conciencia animal que no tarda en ceder el paso a la abolición de la subjetividad en el mismo hombre, o al menos a la negación de su eficacia en la determinación de su conducta (Rodríguez, 1997, p. 131).

Para Jonas, se trata de recuperar el *imperativo de la vida* y superar así el déficit promovido por la ciencia moderna. Para dicha tarea filosófica, Jonas intenta rescatar el sentido teleológico de la naturaleza. Es una propuesta extremamente provocadora, por cierto, si se tiene en cuenta la actitud totalmente adversa a una tal empresa por parte de sus contemporáneos.

En el epílogo de la obra principal de la segunda fase de su vida intelectual, Jonas aclara que con

> la continuidad de la mente con el organismo y del organismo con la naturaleza, la ética se vuelve parte de la filosofía de la naturaleza [...] solamente una ética fundada en la amplitud del ser, no solamente en la singularidad del hombre [...] puede tener significado en el gran esquema de las cosas (Jonas, 1966, pp. 282-284).

Como se puede observar, en estas formulaciones ya se dibujan los presupuestos de lo que más tarde va a llamar *principio de la responsabilidad*: "obra de tal modo que los efectos de tu acción sean compatibles con la permanencia de una vida humana auténtica en la tierra" (Jonas, 1995, p. 40).

Ahora bien, es por cierto relevante tener en cuenta que, en vista del alcance y repercusiones de la propuesta ética de Jonas, se le han dirigido infinidad de críticas, desde distintas orientaciones filosóficas. Sin embargo, muchas de estas críticas carecen de suficiente fundamentación filosófica si tenemos en cuenta la génesis del pensamiento filosófico de Jonas. Es necesario considerar que los orígenes de la ética jonasiana están marcados por una perspectiva fenomenológica y por el intento de aplicar este abordaje al terreno de la metafísica, una empresa característica del pensamiento de Heidegger. Ya hemos desarrollado este tema en otros escritos (Miranda, 2012; 2008), pero lo cierto es que muchas críticas ignoran este contexto, sea por mero descuido, sea porque ignoran la trayectoria intelectual de Jonas, o simplemente porque desconocen completamente su contexto filosófico.

A continuación vamos a exponer dos argumentaciones críticas contra Jonas. Se trata de dos autores que, en sus críticas, encierran un buena parte del debate en torno a la propuesta de la ética en Jonas, ya sea por el lado de la ética, como es el caso de Apel, ya sea por el lado de la axiología de la tecnología, como es el caso de Echeverría.

2. La crítica de Karl-Otto Apel

Apel admite, ciertamente, la necesidad de una ética de la ciencia y de la técnica. Pero entre Jonas y Apel hay diferencias importantes al respecto. Apel (1990), desde la teoría de la acción comunicativa, no comparte la idea de Jonas sobre el retorno a una ética con fundamentación metafísica. Jonas, por su parte, no acepta fundar la ética en una teoría del discurso, como hace explícito en una de sus últimas entrevistas (Greisch, 1991, pp. 5-21).

Ambos filósofos coinciden, sin embargo, en que la responsabilidad es un principio indispensable para la sociedad tecnocientífica. Pero la fundamentación de este principio es muy diferente en uno y otro autor. Consideremos dos pasajes donde claramente aparecen las semejanzas y diferencias entre ambos. Apel, por un lado, sostiene:

> Pues de lo que hoy se trata, por primera vez en la historia del hombre, es de asumir la *responsabilidad solidaria* por las consecuencias y subconsecuencias a escala mundial de las actividades colectivas de los hombres –como, por ejemplo, la aplicación industrial de la ciencia y de la técnica– y de organizar esa *responsabilidad como praxis colectiva* (Apel, 1987, p 148).

Jonas, por otro lado, afirma que

> [...] en la era de la civilización técnica, que ha llegado a ser "omnipotente" de modo negativo, el primer deber del comportamiento humano colectivo es el futuro de los hombres. En él está manifiestamente contenido el futuro de la naturaleza como condición *sine qua non*; sin embargo además, independientemente de ello, el futuro de la naturaleza es de suyo una *responsabilidad metafísica*, una vez que el hombre no solo se ha convertido en un peligro para sí mismo, sino también para toda la biosfera (Jonas, 1995, p. 227).

Hemos subrayado el sentido de "responsabilidad" en ambas citas, porque indica claramente la concordancia y discordancia entre los autores. En efecto, ambos coinciden en la responsabilidad como dimensión de la ética en la era de una sociedad tecnocientífica. Pero con diferencias elementales en su forma y contenido. Para empezar, Jonas habla de una *responsabilidad metafísica*, mientras que Apel se refiere a una *responsabilidad solidaria*. Apel propone una ética *dialógica* de la responsabilidad, mientras que Jonas habla de una ética *ontológica* de la responsabilidad. La diferencia fundamental está en que Apel parte del carácter de la historicidad; de la "pragmática-trascendental" de la responsabilidad, es decir, de la crítica de la ética del discurso al imperativo kantiano por su carácter abstracto y monológico (Apel, 1987, pp. 26 y ss). Jonas, por su lado, parte del carácter ontológico de la responsabilidad, es decir, de la crítica fundamental de la ética jonasiana a las éticas deontológicas, que separan los ámbitos del ser y del deber (Jonas, 1995).

Para Apel, desde la razón comunicativa, "la perspectiva normativa de una ética de la responsabilidad" está en "la institucionalización de los discursos prácticos", como una "tarea que estaría sujeta a la cooperación solidaria de todos los individuos corresponsables, y, en este sentido, estaría sujeta también a la crítica de la 'opinión pública', mediante los discursos" (Apel, 1987, p. 149).

Por lo tanto, la ética del discurso correspondería a "la ética de la responsabilidad con referencia histórica" (Apel, 1987, p. 163). Para Jonas, la perspectiva normativa de la ética de la responsabilidad adviene desde la propia existencia fáctica: existe responsabilidad porque hay hombres. O, dicho de modo imperativo: hay hombres, luego existe responsabilidad. Esta idea se acerca a la visión heideggeriana del sentido ontológico del cuidado [*Sorge*], como ya hemos mencionado antes. Basta hacer notar que, para Heidegger, el cuidado es el rasgo fundamental de la condición humana; es la estructura fundamental del comportarse en el mundo propio del *Dasein* (Heidegger, 2001, pp. 218 y ss).

Para Apel, sin embargo, la condición metafísica del existir del hombre en el mundo es insuficiente a la hora de plantear el problema de la fundamentación y necesidad de la ética, porque se refiere todavía a un postulado abstracto. Todo el recorrido del principio de la ética del discurso está basado en esta crítica, que fundamenta también su rechazo al imperativo categórico de Kant.

Ahora bien, si Apel formula una crítica al carácter abstracto del imperativo kantiano, intentando establecer una ética alejada del formalismo y a la vez, poniendo de relieve su sentido histórico, eso no significa afirmar que el principio jonasiano de la responsabilidad sigue el mismo camino que el formalismo kantiano. El hecho de sostener que la responsabilidad posee una fundamentación metafísica no significa que su sentido sea abstracto. Jonas (1995, pp. 159 y ss) parece tener en claro el peligro de incurrir en el formalismo. Tal vez por eso mismo ha invertido el imperativo categórico. Mientras que Kant (1996) argumenta a favor del deber: porque debemos podemos; Jonas argumenta exactamente desde el punto de vista contrario: porque podemos, debemos. Es decir, Jonas argumenta en favor del "poder ser" responsable. La condición de poder se corresponde con la condición fáctica de existir en el mundo. Y en eso no hay nada de abstracto; es la pura facticidad de la vida, que Heidegger (2001) definía como ser-en-el mundo.

Apel parece admitir "las concepciones de la *hermenéutica* filosófica en el *a priori* de la 'facticidad' y la 'historicidad' del ser en-el-mundo humano" (Apel, 1987, p. 165), conforme nota en su artículo sobre *La ética del discurso como ética de la responsabilidad referida a la historia,* en donde alude a Heidegger, aunque con ciertas restricciones. Dichas restricciones se refieren, según Apel, a que los seguidores de Heidegger (y también los del segundo Wittgenstein) ignoran "el a priori no-contingente de los presupuestos universales y la racionalidad del discurso argumentativo" (Apel, 1987, p. 166). Por lo tanto, aunque fundada en la metafísica, la responsabilidad en Jonas posee un carácter eminentemente fáctico, histórico. No se trata aquí de una metafísica trascendental, en el sentido kantiano, sino de una ontología en el sentido fenomenológico. Considerando la influencia de Heidegger en el sentido ontológico de la responsabilidad postulado por Jonas, podemos cuestionar la crítica que lo tacha de formalista y abstracto. Al fin y al cabo, la ontología heideggeriana parte de la existencia fáctica como dato fundamental, su intención no es, en ningún momento, trascender lo dado históricamente.

2.1. Sobre las condiciones de posibilidad y validez de la responsabilidad

Las condiciones de posibilidad de la ética de la responsabilidad representan otra diferencia entre ambos filósofos. Jonas funda la responsabilidad respecto a las consecuencias, de cara al futuro de los seres humanos y de la propia biosfera. Sostiene así que en "la era de la civilización técnica [...] el primer deber del comportamiento humano colectivo es el futuro de los hombres" (Jonas, 1995, p. 227). Pero a esto añade que en ese deber está también "manifiestamente contenido el futuro de la naturaleza como condición *sine qua non*" (Jonas, 1995, p. 227). Apel sitúa la responsabilidad, en cambio, en el ámbito de la solidaridad. Propone así un concepto del deber que supone "asumir la responsabilidad solidaria por las consecuencias y subconsecuencias a escala mundial de las actividades colectivas de los hombres" (Apel, 1987, p. 148). Por lo tanto, "la organización de la responsabilidad solidaria de los hombres por las repercusiones universales de la acción humana en todos los niveles de la cultura" es la condición fáctica, histórica desde donde se puede plantear el lugar de la responsabilidad en el mundo (Apel, 1985, p. 249).

La crítica de Apel a Jonas presupone una concepción de la responsabilidad como el condicionante en "todos los niveles de la cultura", pues debe informar todas las acciones prácticas en la esfera humana. De ahí la expresión *responsabilidad solidaria*. Luego no se trata de plantear la responsabilidad como dimensión de la ética solamente, desde la cual "asuma las consecuencias imprevisibles de las actividades humanas" (Apel, 1985, p. 249), conforme sostiene Jonas. Dicho de otro modo: para Apel la responsabilidad por las consecuencias no es un principio suficientemente capaz de superar el formalismo deontológico kantiano. Así observa:

> Precisamente en este punto [un principio capaz de superar los límites de la ética kantiana] una transformación de la ética kantiana tiene que enfrentarse hoy –a mi juicio– a la crítica del formalismo kantiano, realizada por Hegel, por el utilitarismo anglosajón y, por último, por Hans Jonas (Apel, 1985, p. 249).

A esta visión kantiana y a la ética consecuencialista de la responsabilidad se debe contraponer una ética solidaria de la responsabilidad, asegura Apel (Apel, 1985, p. 249). Este autor polemiza así directamente con una ética consecuencialista según el modelo de Max Weber y también de Jonas. Para Weber, en efecto, la responsabilidad tiene que ver con las consecuencias de la acción. Por lo tanto, en la base de la propuesta de Weber está la racionalidad teleológica. En este caso, "los efectos de las decisiones tomadas y las acciones emprendidas contarán tanto o más que las intenciones que movieron al responsable de las mismas a tomarlas o emprenderlas", tal como señala Muguerza (2007, p. 23) al analizar la diferencia entre intención y consecuencia en Max Weber en su ensayo "Convicciones y/o responsabilidades. Tres perspectivas de la ética en el siglo XXI".

Si Weber se ocupa de la responsabilidad como consecuencia desde la perspectiva política, Jonas se ocupa de ella desde la perspectiva tecnocientífica. Pero una responsabilidad consecuencialista no convence a Apel, su crítica se extiende a toda idea de una responsabilidad definida a partir de las consecuencias de la acción. Apel considera que la acción práctica no solamente debe ser pensada desde el futuro, sino y sobre todo desde lo que hay que hacerse cargo en el presente, considerando todos los niveles de la cultura. En este punto estamos plenamente de acuerdo con Apel. En efecto, Apel revela un límite de la ética de la responsabilidad al apuntar a las deficiencias de una validación de la acción práctica desde la perspectiva de futuro. Pensamos también que la responsabilidad no debe estar condicionada a las consecuencias previsibles, sino más bien orientada a todos los niveles de la existencia de lo que es, en el presente.

2.2. Sobre el fundamento de una ética en la era tecnocientífica

La crítica de Apel a la ética consecuencialista de Jonas nos conduce a otro ámbito de divergencia entre ambos autores. Se trata del lugar desde donde parte la reflexión sobre la ética de la responsabilidad en la era de la ciencia y de la técnica. El punto de partida de la ética de la responsabilidad solidaria propuesta por Apel tiene como base, por un lado, las circunstancias históricas, que han producido enormes cambios tecnológicos y científicos, los que a su vez demandan una reflexión ética. Por otro lado, el punto de partida de Apel es la propia concepción científica sobre la imposibilidad de un discurso racional de la ética, por considerar a la ciencia como libre de valores (Apel, 1986, pp. 105-173; 1973, pp. 358-435). Apel constata aquí una paradoja: si por una parte, la racionalidad está determinada por la ciencia y la propia ciencia se considera incapaz de formular un fundamento racional de la ética, por otra parte, dadas las circunstancias históricas y las consecuencias de su acción, la ciencia misma carece de fundamentación ética.

Las circunstancias históricas de nuestro tiempo, los efectos globales del cambio tecnológico, vuelven evidente el hecho de que las actividades científicas no pueden considerarse valorativamente neutrales. Al fin y al cabo, todas las actividades de la cultura, incluyendo las actividades científicas y tecnológicas, presuponen como condición de posibilidad una ética (Apel, 1973, p. 399). Afirmar la ausencia de la ética en la ciencia es un recurso ideológico, donde la pretendida neutralidad es una forma de justificación de cualquier tipo de empresa científica. Apel fundamenta este punto, además, recurriendo a las condiciones pragmáticas de la argumentación científica: toda argumentación presupone determinadas reglas sobre la manera de llegar a un consenso deliberado, reglas que tienen un contenido ético en el sentido de un sistema de costumbres o *ethos*. Y esto también ocurre con la comunidad de científicos. Si es así, entonces, todo tipo de conocimiento, toda forma de hacer ciencia, presupone ya una ética. El conocimiento científico no puede sino ser producido públicamente en la comunidad de comunicación formada por los sujetos de la argumentación científica.

Pero tampoco es suficiente decir que la ética de la ciencia reside en la lógica discursiva de la argumentación entre miembros de la comunidad científica. Si así fuera, estaríamos cayendo en una falacia intelectualista, mucho más que si nos remitimos a las propias condiciones del obrar práctico. Se trata de un reconocido talón de Aquiles para la ética del discurso. Apel, así como el propio Habermas, han hecho muchos esfuerzos para superar este problema, mediante diversos argumentos. No vamos a profundizar esta cuestión aquí, porque no es el objeto de nuestro estudio, pero interesa destacar que las condiciones de validación de enunciados científicos, en el marco de una comunidad de argumentación, contienen para Apel reglas con un contenido ético. Sin estas reglas, la ciencia misma no sería posible.

También hay en torno a esta cuestión un cierto paralelismo con Jonas. Para este autor, la validez de una norma moral para la acción técnica se funda en la propia técnica como un ejercicio del obrar humano. En verdad Jonas considera que la técnica es objeto de la ética no solo porque es un tipo de acción humana, sino también por su modo de ser en la modernidad (Jonas, 1987). Ahora bien, si todo obrar humano está expuesto a un examen de orden moral, entonces toda acción técnica tiene en sí misma implicaciones éticas. Este argumento ha sido blanco de muchas críticas, especialmente por parte de los filósofos positivistas, que insisten en separar acciones técnicas de acciones morales. A propósito, véase el ensayo de Paolo Becchi sobre los elementos para una crítica a Karl-Otto Apel y Hans Jonas (2002, pp. 128 y ss.). Discutiremos este aspecto en el próximo punto.

3. La crítica de Javier Echeverría

El filósofo español Echeverría hace una fuerte crítica a la noción de responsabilidad en Jonas, que puede sintetizarse en dos puntos centrales: (1) la ética de Jonas estaría afectada por un "monismo axiológico" que la vuelve reduccionista y abstracta; luego, Jonas no desarrolla una teoría de la acción, de modo que su descripción de la tecnología es inadecuada; (2) no se define el destinatario del imperativo de la responsabilidad, que resulta así insuficiente para fundamentar una propuesta ética. Vamos a exponer y discutir cada uno de estos puntos a continuación.

3.1. Monismo axiológico

Para Echeverría (2003, pp. 125-137; 2007, p. 251), la responsabilidad no puede ser considerada solamente como un principio ético, sino también como una "cuestión axiológica". En opinión de este autor, la axiología es mucho más amplia que la ética, porque en aquella están implicados no solamente valores morales, sino también los valores pertenecientes a la política, a la economía, a las artes militares, etc (Echeverría, 2007, p. 253). Por eso considera que hay un monismo axiológico en Jonas, puesto que este autor estaría restringiendo la evaluación de las acciones a la dimensión moral. Echeverría propone, por su lado, un pluralismo axiológico que comprende "diversos sistemas de valores relevantes para la ciencia y la tecnología" (Echeverría, 2007, nota 8). La teoría del pluralismo axiológico de Echeverría se encuentra desarrollada también en el capítulo II de su obra *Filosofía de la Ciencia* (1995) y también en *Ciencia y Valores* (2002).

Al considerar este argumento de Echeverría, cabe preguntarse si la enumeración plural de valores es suficiente para construir una ética. A nuestro juicio, la descripción de valores y su clasificación, desde distintos ámbitos de la cultura, puede ser el punto de partida para reflexionar sobre una propuesta de ética. Pero la mera clasificación de valores no puede ser el punto de llegada de una teoría ética.

Echeverría da por supuesto que existen valores independientes de la ética, puesto que pretende separar valores económicos o militares, por ejemplo, de los valores morales. Ahora bien, ¿es posible que los valores sean independientes de la ética? La respuesta parecería ser negativa, por cierto, puesto que todo valor presupone de antemano una dimensión ética, según una orientación previamente asumida. Si, por ejemplo, adherimos a una ética utilitarista, la escala de valores será muy distinta a una clasificación sugerida por la ética del discurso o la ética de la responsabilidad. El punto débil de la argumentación de Echeverría es aquí el mismo que ya ha criticado Jonas al llamar la atención sobre el error frecuente de confundir valor con finalidad. Para Jonas, el hecho de definir finalidades no significa necesariamente definir valores. Decir que el martillo sirve para golpear no me habilita para emitir un juicio de valor sobre este artefacto.

Para Jonas, la responsabilidad no es un valor, sino un principio ético que puede enunciarse en la forma de un imperativo categórico, incondicionado. Así por ejemplo, la más conocida formulación del principio de la responsabilidad es la siguiente: "obra de tal modo que los efectos de tu acción sean compatibles con la permanencia de una vida humana auténtica en la tierra" (Jonas, 1995, p. 40). Pero los valores a que se refiere Echeverría son puramente condicionados: su carácter positivo o valioso depende de la finalidad que se establezca en cada caso y no pueden, por tanto, juzgar de manera inequívoca a las acciones. Consideremos la eficiencia: es un valor de la economía o de la administración, es algo positivo si nuestros fines presupuestos son, por ejemplo, obtener un resultado de manera rápida y maximizando los recursos disponibles. Pero en el ámbito político, por ejemplo, este valor puede entrar en conflicto con otro valor, como la solidaridad. Una política pública, por se acaso, puede ser altamente eficiente pero no ser suficientemente solidaria y viceversa (respecto a valores siempre hay una cuestión de graduación). Un imperativo categórico, como el principio de la responsabilidad de Jonas, permite evaluar las acciones sin necesidad de presuponer fines de antemano y sin gradaciones: las acciones son correctas o incorrectas. En este sentido, queda claro que el primer fundamento de un sistema de ética son los principios: los valores son imprecisos y meramente condicionales. La objeción de Echeverría es poco sólida desde el punto de vista metodológico: su pluralismo axiológico corre el riesgo de perderse en la arbitrariedad y en la imprecisión.

Volviendo al principio de responsabilidad, su contenido normativo puede ser formulado también de otras maneras. Así por ejemplo, Jonas ensaya la siguiente variante positiva: "incluye en tu elección presente, como objeto también de tu querer, la futura integridad del hombre" (Jonas, 1995, p. 40). Y finalmente, el principio se puede formular de modo negativo: "obra de tal modo que los efectos de tu acción no sean destructivos para la futura posibilidad de esa vida" o "no pongas en peligro las condiciones de la continuidad indefinida de la humanidad en la tierra" (Jonas, 1995, p. 40).

Echeverría (2007, p. 255) critica esta formulación imperativa de la ética de Jonas y cualquier otra ética que se formule de este modo. Pero aquí es interesante considerar que Jonas parte de la responsabilidad como un principio que surge directamente del modo de ser de la vida, incluyendo por cierto a los seres humanos en esta categoría. En razón de nuestra condición ontológica se nos impone un "deber" en términos normativos. La razón del hacer reside para Jonas en una postulación normativa que resulta directa e incondicionadamente del plano ontológico. Sostiene así Jonas:

> En la vida orgánica ha manifestado la naturaleza su interés y lo ha satisfecho progresivamente [...] en la enorme variedad de sus formas, cada una de las cuales es un modo de ser y apetecer [...] La multiplicidad genérica es una manifestación de ello y su conservación es de seguro un bien frente a la alternativa de la aniquilación o la decadencia [...] En este sentido, cada ser que siente y anhela no es solo un fin de la naturaleza, sino también un fin en sí mismo, esto es, su propio fin (Jonas, 1995, p. 148).

La responsabilidad para Jonas no tiene una dimensión axiológica, sino ante todo ontológica y, a partir de esto, es un principio de la ética. Echeverría parece pasar por alto la distinción entre normas, principios y valores al criticar el "monismo axiológico" de Jonas. Se puede cuestionar que la responsabilidad pueda derivarse directamente de la ontología, del ser. Pero desde aquí a reprochar a Jonas un monismo axiológico parece haber un abismo, sobre todo si tenemos en cuenta que Jonas no tiene la pretensión de producir axiología de la tecnología. Su principal preocupación es postular una ética para la civilización tecnológica. Una cosa es justificar la responsabilidad como principio, elemento fundante de la ética; otra cosa es situar la responsabilidad dentro de una dada categoría de valores y dentro de un ámbito de la cultura, por ejemplo, la técnica. Jonas está preocupado por el primer aspecto y no por el segundo. Por lo tanto, criticarlo por un supuesto monismo axiológico no parece tener mucho sentido si tenemos en cuenta su propósito principal.

En cualquier caso, una escala de valores se subordina a un modelo dado de ética y proviene en última instancia de sus principios normativos. Por ejemplo, para el utilitarismo ético, puede que la eficiencia sea uno de los valores más relevantes, no solamente en la esfera de la tecnología, sino también en la economía, la política, las artes militares, etc. Pero para una ética de la responsabilidad, la vida y la dignidad son valores mucho más relevantes que la eficiencia, no solamente en la esfera tecnocientífica, sino también en otras esferas de la cultura. Ambas escalas de valores se fundan en decisiones previas sobre principios normativos.

3.2. El destinatario del imperativo de la responsabilidad

Para Echeverría, tampoco está muy claro en la propuesta de Jonas a quién está dirigido el imperativo de la responsabilidad. Echeverría así se pregunta: "¿a quien se dirige el imperativo categórico jonasiano? ¿A los tecnólogos? ¿A los políticos? ¿A los que tienen el poder económico? ¿O, por qué no, a los militares?" (Echeverría, 2007, p. 256). Y prosigue:

> En la vida cotidiana de la inmensa mayoría de personas es difícil hallar alguna acción que pueda poner en peligro la conservación de la naturaleza, por lo que el pretendido imperativo [jonasiano] ha de ser entendido más bien como un consejo, si no como una súplica dirigida a quienes de verdad tienen la capacidad de incidir gravemente en la naturaleza con sus acciones (Echeverría, 2007, p. 256).

Con eso, concluye Echeverría, "su noción de responsabilidad resulta excesivamente abstracta y de ella no se derivan normas para las acciones concretas" (Echeverría, 2007, p. 256). Ni mucho menos puede entenderse, según Echeverría, que estemos en presencia de una nueva ética fundada en dicho principio, porque Jonas no afronta ciertas cuestiones centrales de la ética contemporánea, como es el caso de la bioética o el control de la natalidad, de donde se sigue una vez más el carácter "abstracto" de las propuestas de Jonas.

Ahora bien, respecto a la primera observación de Echeverría, sobre el destinatario del principio de la responsabilidad, es evidente que esta crítica no es acorde con la realidad política en nuestros días. Pues resulta claro que las decisiones relevantes sobre la conservación de la naturaleza no son solamente las que toman quienes de verdad tienen la capacidad de incidir, en opinión de Echeverría, o sea las élites, sino las que toman gran número de ciudadanos. En los últimos veinte años, con iniciativas fuertes sobre todo en Alemania, Gran Bretaña y países escandinavos, resulta claro que las causas ambientales y ecologistas dependen de la amplia participación popular, que se estructura en torno a organizaciones no gubernamentales y partidos verdes. Tal vez los ciudadanos tienen de verdad capacidad de incidir con sus acciones, pese al escepticismo de Echeverría al respecto. Jonas no se equivocaba al dirigir su principio de responsabilidad a todos los ciudadanos, antes que a las élites. ¿Acaso las élites son los actores más indicados para confiarles la protección del medio ambiente? En términos políticos, la crítica de Echeverría a Jonas padece aquí de una cierta falta de realismo.

Pero en segundo lugar, es visible el error de Echeverría al afirmar que en la vida cotidiana de la inmensa mayoría de las personas es difícil hallar alguna acción que pueda poner en peligro la conservación de la naturaleza. Por el contrario, las políticas ambientales más exitosas son aquellas que cuentan con la participación comprometida de los ciudadanos, desde el ahorro de energía hasta el reciclado de la basura y muchos otros ejemplos. Es relativamente sorprendente, una vez más, que Echeverría solamente considere las acciones de los miembros de la élite como relevantes en este contexto.

Es cierto que el comportamiento privado de las personas no puede lograr, por sí mismo, un cambio en la política pública y, de manera más fundamental, un cambio en el modo de relacionarnos con la naturaleza y concebir nuestra propia situación en el mundo. Jonas tenía esto perfectamente claro, sus propuestas no incurren en el idealismo político ingenuo de pensar que debe cambiarse cada consciencia individual para lograr entonces el cambio colectivo. Todo lo contrario, al referirse al principio de la responsabilidad, afirmaba que "el nuevo imperativo se dirige más a la política pública que al comportamiento privado" (Jonas, 1995, p. 40). Pero el error que cometen muchos autores aquí, por una deficiencia en su concepción normativa de la democracia, es pensar que dirigirse a la política pública significa dirigirse a las élites. Este tipo de distorsión no solo es normativamente condenable, por su visión restringida de la democracia, sino que es poco realista. En efecto, los cambios profundos solamente se logran a través de la movilización y el compromiso de amplios grupos de ciudadanos. Es ingenuo pensar que las élites van a tomar decisiones para la preservación del medio ambiente y que solamente podemos (y debemos) confiarnos en su benevolencia.

Conclusiones

Como decíamos en la introducción de este trabajo, a finales de la década de los 70 la ética de la responsabilidad de Hans Jonas abre una nueva época, tanto para la reflexión filosófica como para el contenido y orientación de la participación política en torno a causas ambientales. En el presente ensayo, hemos intentado evaluar, además, la medida en que el pensamiento de Jonas continúa siendo relevante en el tiempo presente, a través del análisis de su capacidad para confrontar críticas que se le han dirigido desde distintas orientaciones filosóficas.

A partir de la discusión de las críticas de Apel y Echeverría, ambas representativas de corrientes filosóficas muy influyentes en la filosofía contemporánea, en el segundo caso en el ámbito iberoamericano, podemos concluir que la propuesta ética de Jonas muestra amplia capacidad para continuar afirmándose en debates éticos actuales. Ahora bien, el análisis de estas críticas revela también la importancia de tener en cuenta los puntos de partida y presupuestos metodológicos de la ética de Jonas, de modo de poder entablar un diálogo productivo con sus propuestas.

Particularmente a partir de algunos de los comentarios de Echeverría podemos notar que hay una tendencia a ciertos equívocos, y críticas por tanto meramente superficiales a la ética de la responsabilidad, que resultan de la falta de atención a la particular orientación fenomenológica con que la propuesta de Jonas ha sido concebida. Es cierto que la fenomenología no es una de las orientaciones filosóficas más difundidas al día de hoy, particularmente en el terreno de la ética, pero es indispensable atender a la fundamentación filosófica de un pensador si se pretende dialogar con su pensamiento.

Además, se puede concluir de este trabajo que el diálogo con la ética de la responsabilidad de Hans Jonas seguirá siendo buscado por autores de las más variadas tendencias intelectuales. Pues el pensamiento de Jonas marcó un punto de inflexión en su época, como queda dicho. Pero ante los crecientes problemas causados en nuestros días por un desarrollo tecnológico, por momentos, fuera de control, las propuestas de Jonas se vuelven cada vez más actuales. Hoy por hoy, se volvió indispensable pensar el modelo de sociedad tecnocietífica que queremos.

Bibiografía

Apel, K. O. (1973). "Das A priori der Komunikationsgemeinschaft un die Grundlagen der Ethik. Zum Problem einer rationalen Bregründung der Ethik im Zeitalter der Wissenschaft". En Apel, K.O. *Transformation der Philosophie*, Bd 2: *Das A priori der Kommunikationsgemeinschaft*. Frankfurt am Main: Suhrkamp.

Apel, K. O. (1985). "¿Límites de la ética del discurso?" (Epílogo). En Cortina, A. *Razón comunicativa y responsabilidad solidaria*. Salamanca: Sígueme.

Apel, K.O. (1986). "Necesidad dificultad y posibilidad de una fundamentación filosófica de la ética en la época de la ciencia". En *Estudios éticos*. Barcelona: Alfa.

Apel, K. O. (1987). "La ética del discurso como ética de la responsabilidad: una transformación posmetafísica de la ética de Kant". En *Teoría de la verdad y ética del discurso*. Barcelona: Paidós.

Apel, K.O. (1990). "Verantwortung heute-nur noch Prinzip der Bewarhrung und Selbstbeschänkung oder immer noch der Befreiung un Verwirkung von Humanität?" (1986). En Apel, K.O. *Diskurs und Verantwortung. Das Problem des Übergangs zur postkonventionellen Moral*. Frankfurt: Suhrkamp.

Becchi, P. (2002). "La ética en la era de la técnica. Elementos para una crítica a Karl-Otto Apel y Hans Jonas". In *Revista Doxa* (Cuadernos de Filosofía del Derecho), n° 25. Alicante: Universidad de Alicante.

Echeverría, J. (2007). "El principio de la responsabilidad: ensayo de una axiología para la tecnociencia". En Aramayo y Guerra (eds.) *Los laberintos de la responsabilidad*. Madrid: Plaza y Valdés.

Echeverria, J. (1995). *Filosofía de la ciencia*. Madrid: Akal.

Echeverria, J. (2002). *Ciencia y valores*. Barcelona: Destino.

Echeverría, J. (2003). *Revista de Filosofía Moral y Política Isegoría* N° 29. Madrid: CSIC.

Greisch, J. (1991). "De la gnose au Principe responsabilité. Un entretien avec Hans Jonas". En *Esprit*, N° 171. Paris, pp. 5-21.

Heidegger, M. (2001). *El ser y el tiempo*. Madrid: Fondo de la Cultura Económica.

Jonas, H. (1966). "Gnosticism, Existentialism, and Nihilism". En *The Phenomenon of Lyfe: Towards a Philosophical Biology*. New York: Dell Publishing.
Jonas, H. (1966). *The Phenomenon of Lyfe: Towards a Philosophical Biology*. New York: Dell Publishing.
Jonas, H. (1987). *Technik, Medizin und Ethik: zur Praxis des Prinzips Verantwortung*. Frankfurt am Main: Suhrkamp.
Jonas, H. (1988). "Heideggers Entschlossenheit und Entschluss". En Neske, Günther y Emil Kettering (eds.). *Antwort: Martin Heidegger im Gespräch*. Pfullingen: Klett-Cotta.
Jonas, H. (1995). *El principio de responsabilidad. Ensayo de una ética para la civilización tecnológica*. Barcelona: Herder.
Jonas, H. (2007). *Wissenschaft als persönliches Erlebnis*. Göttingen: Vandenhoeck & Ruprecht.
Kant, I. (1996). *La fundamentación de la metafísica de las costumbres*. Barcelona: Ariel.
Miranda, A. L. (2008) *Técnica y ser en Heidegger. Hacia una ontología de la técnica moderna*. [Tesis de Doctorado]. Salamanca: Universidad de Salamanca.
Miranda, A. L. (2012). *¿Una ética para la civilización tecnológica? Posibilidades y límites de una ética en la era de la civilización tecnológica*. Alemanha/Espanha: Lap Lambert/EAE, 2012.
Muguerza. (2007). "Convicciones y/o responsabilidades. Tres perspectivas de la ética en el siglo XXI". En Aramayo, R. y Guerra, M. *Los laberintos de la. responsabilidad*. Madrid: Plaza y Valdés.
Rodríguez, L. (1997). "Una ética para la civilización tecnológica: la propuesta de Hans Jonas". En Gómez-Heras, J. M. (ed.). *Ética del Medio Ambiente. Problemas, perspectivas e historia*. Tecnos: Madrid.
Wolin, R. (2003). *Los hijos de Heidegger: Hanna Arendt, Karl Löwith, Hans Jonas y Herbert Marcuse*. Madrid: Cátedra.

10

La noción de cultura material como alternativa entre el dualismo y el colectivismo en la ontología de artefactos

ÁLVARO DAVID MONTERROZA RÍOS Y JORGE ANTONIO MEJÍA ESCOBAR

En la historia reciente de la filosofía de los artefactos técnicos, en gran parte de tradición anglosajona, se han privilegiado tres orientaciones: el enfoque funcional, el enfoque intencional y un enfoque dual (Lawler, 2010) (Lawler, 2010a) (Vega, 2009), los cuales han intentado elaborar teorías filosóficas para dar cuenta de la ontología, la epistemología y la normatividad de los artefactos técnicos. Una buena parte de la discusión sobre estos enfoques se ha centrado en la adscripción de funciones por parte de los diseñadores a los artefactos. No obstante, algunos autores, como Martin Kusch (1997) y Pablo Schyfter (2009), han intentado reorientar recientemente estos enfoques y construir una teoría ontológica de los artefactos técnicos retomando algunos aspectos del "Programa Fuerte" de la sociología del conocimiento y del constructivismo social para aplicarlos a los objetos artificiales. Esta visión, que se conoce como colectivista, busca suplir las falencias que presentan los enfoques anteriores en cuanto al papel del entorno en el desarrollo de los artefactos. En este trabajo se presentarán en primer lugar los rasgos generales de los enfoques ya mencionados, haciendo énfasis en la concepción dual de los artefactos técnicos. Enseguida se mostrará la propuesta colectivista y se revisarán las críticas de algunos de sus autores al enfoque dual, así como las falencias que también muestra el enfoque colectivo. Finalmente, con base en el concepto de cultura material se intentará describir las principales características de las funciones técnicas teniendo en cuenta los apuntes de los enfoques constructivistas sobre las condiciones relacionales de dichas funciones.

Las funciones en las descripciones ontológicas de los artefactos

El enfoque funcional tiene sus orígenes en la noción de función de la biología, y sus autores buscan extenderla al ámbito de lo artificial. De ellos, unos son defensores de una concepción sistémica, por ejemplo, Robert Cummins (1975), cuya noción primaria de función es *la contribución causal a la actividad de un sistema*; otros apoyan las concepciones etiológicas desarrolladas por Larry Wright (1976), según las cuales la función se produce no solo con base en lo que el elemento hace, sino también en su historia causal, es decir, en cómo ha llegado a ser lo que es (Vega, 2009, p. 326). Es claro que hay algunas similitudes entre las funciones biológicas y las artefactuales; por ejemplo, ambas consideran las capacidades físicas del objeto en la adscripción de funciones; también, que la función está justificada en términos de la historia causal del objeto, lo que involucra una noción de tipo histórico, que proviene de la idea de selección natural para el caso de los órganos, o de la historia deliberativa para el caso de los artefactos. No obstante, si bien tanto las funciones biológicas como las artefactuales aluden a una historia causal, se diferencian profundamente en el tipo de historia que determina la función. A diferencia de las biológicas, las funciones artefactuales involucran directamente la acción intencional. Por esta causa, la función en los artefactos está parcialmente determinada por el uso del objeto y por las prácticas y contenidos intencionales de los agentes involucrados en las acciones técnicas, lo que obliga a formular un enfoque que se centre en esta intención (Vega, 2009, p. 328).

Por otro lado, los autores del enfoque intencional proponen que un artefacto técnico es tal debido a que ha sido creado con la intención de ser precisamente ese objeto y no otro. Entre los representantes de este enfoque se encuentran Risto Hilpinen (2004) y Amie Thomasson (2007), que sostienen que lo que distingue a un artefacto de un objeto natural no es que el primero presente propiedades funcionales, puesto que muchos objetos naturales –como los órganos– también las presentan; la diferencia no está relacionada con su presencia sino con su origen, pues en los artefactos dichas propiedades dependen de los estados mentales de los diseñadores, productores y usuarios (Lawler, 2010, p. 2). Un ente se incluye dentro de la categoría de artefacto *x* cuando ha sido producido con la intención de que caiga bajo esa categoría, propia de los artefactos pasados similares; por esta razón, muchos autores llaman a este enfoque "histórico-intencional" (Vega, 2009, p. 328).

Recientemente, Amie Thomasson ha reformulado el enfoque intencional afirmando que la ontología de un artefacto *"está constituida por los contenidos mentales e intencionales de sus hacedores"* (Thomasson, 2007, p. 53); por ejemplo, una mesa es el resultado de la intención humana de producir un objeto que pertenezca a la clase "mesa". En general, el enfoque expuesto por Thomasson puede resumirse, según Diego Lawler, diciendo: "[...] la existencia de un artefacto particular es el resultado de la realización de la intención de un agente, cuyo contenido comporta una idea de la clase de cosa que se produce o se trae al mundo" (Lawler, 2010, p. 4). El criterio de la intención no está exento de dificultades. Fernando Broncano (2008), por ejemplo, hace los siguientes cuestionamientos: ¿qué es lo que nos representamos intencionalmente? ¿Es el objeto?, ¿es la forma?, ¿es su materia?, ¿es el modo en que llegamos a construirlo? Además, Diego Lawler (2010) también ha planteado recientemente algunos interrogantes al enfoque histórico-intencional, resaltando que las intenciones no están completamente formadas hasta que algún hecho, como una nueva clase artificial, no haya sido realizado completamente.

El enfoque dual y la respuesta de los colectivistas

No obstante, en la última década los autores del programa *The Dual Nature of Technical Artifacts* han dado un nuevo impulso a la filosofía de los artefactos técnicos con su teoría dual. El enfoque dual sostiene que los artefactos son entidades híbridas que al mismo tiempo son materiales y son intencionales; por lo tanto, pueden ser objeto de descripciones físico-químicas como otros objetos materiales, pero también de descripciones intencionales, ya que tienen incorporados los planes de acción de sus diseñadores. Como consecuencia, los artefactos no pueden ser descritos exhaustivamente solo por teorías físicas causales, ya que no tendrían cabida las características intencionales; tampoco pueden ser descritos en su integridad desde la conceptualización netamente intencional, ya que su funcionalidad se tiene que plasmar en una estructura física adecuada (Kroes y Meijers, 2006). Además, según Peter Kroes, debido a que una entidad artificial incorpora tanto propósitos humanos como leyes naturales debe caracterizarse atendiendo simultáneamente a sus funciones y a sus componentes materiales (2002).

Aunque es una perspectiva dualista, el problema de tener dos naturalezas distintas podría solucionarse apelando al concepto de "función" como puente mediador entre lo físico y lo intencional (Vermaas y Houkes, 2006), ya que las intenciones se encargan de fijar las funciones en la estructura física. Esta noción de puente levadizo ha promovido entre los investigadores del programa la búsqueda de una definición más clara de función. El programa dual parte de los supuestos mencionados anteriormente, que lo han vuelto *interesante* desde el punto de vista filosófico, y prueba de ello es que ha estado en el centro de las discusiones de filosofía de la técnica en la última década. Este enfoque, como los otros, no puede sustraerse completamente a las críticas, debido a (1) la dificultad para unir dos naturalezas distintas (mental y material), (2) el descuido consistente en dejar por fuera las condiciones sociales y (3) por estar dirigido prevalentemente a la adscripción de funciones (Mitcham, 2002) (Schyfter, 2009) (Broncano, 2008) (Vaesen, 2011).

Como consecuencia de estas críticas, Pablo Schyfter plantea que un enfoque constructivista y colectivo de los artefactos técnicos puede ser aun más adecuado, y superaría las limitaciones del enfoque dual (2009, p. 103). Este enfoque colectivista fue replanteado por Schyfter recientemente (2009) siguiendo las ideas de Martin Kusch (1997) y propone que los artefactos son también híbridos, pero esta vez la hibridación se da entre "clases naturales N" [natural (N) kinds] y "clases sociales S" [social (S) kinds], esto es, los artefactos son "clases artificiales A" [artificial (A) kinds]. Según esta idea, las clases naturales (N) son las entidades como las montañas o los lobos, que existen independientemente de las prácticas colectivas humanas; y las clases sociales (S) son las que solo pueden existir dentro de tales prácticas, como el "dinero" o la "propiedad", ya que, por fuera de estas prácticas, simplemente no tienen sentido. Como consecuencia, los artefactos técnicos entrarían en la categoría de "clase artificial (A)" ya que serían materialmente independientes como las clases naturales (N) (*alter-referentes* según Schyfter), pero también autoreferentes, como las clases sociales (S) (Schyfter, 2009, p. 106). De esta manera, se lograría dar cuenta de que los objetos artificiales son productos de las prácticas sociales y del uso, que según los colectivistas, son los condicionantes principales que determinan la existencia y el desarrollo de la tecnología.[1]

Desde la perspectiva colectivista, el enfoque dual tiene principalmente dos problemas en su planteamiento. Primero, que los aspectos sociales de la tecnología no están considerados explícitamente en su teoría -y así lo admiten sus autores (Houkes, Kroes, Meijers y Vermaas, 2011)-; segundo, que persiste el problema para unir dos ontologías aparentemente separadas, y que no basta para vincularlas asumir la función como puente levadizo –*drawbridge*– (Vermaas y Houkes, 2006) (Vaesen, 2011) (Schyfter, 2009).

Por otra parte, los autores del enfoque dual afirman que una perspectiva puramente colectivista trae también algunos problemas de fondo; tales como que este tipo de análisis corre el riesgo de sobrevalorar las prácticas sociales, cayendo en un reduccionismo; además, también

---

[1] Esta idea hace referencia, entre otras, al conocido *constructivismo tecnológico* desarrollado entre otros por Bijker, W. y Pinch (1984) (1987). Según lo reconoce el mismo Schyfter, esta, su teoría colectivista, está basada en las tesis centrales del *programa fuerte* y del *constructivismo* (Schyfter, 2009, p. 105).

puede subestimar la importancia de las propiedades físicas (y su conocimiento) en un artefacto tecnológico (Houkes, Kroes, Meijers y Vermaas, 2011, p. 200).

Por estas razones, los autores del enfoque dual afirman que si bien tanto el enfoque colectivista como el enfoque dual responden bien a un buen número de casos, el enfoque dual, por su carácter más centrado en las características internas del objeto artificial, da cuenta con mayor detalle del diseño y el fundamento de los artefactos técnicos, posición que se comparte en este trabajo. Si bien hay críticas al enfoque dual que son inevitables, es más viable enriquecer este enfoque complementándolo con los aspectos sociales de la tecnología que hacer lo contrario: dar cuenta desde un enfoque colectivista de los detalles de las propiedades físicas y de diseño (Houkes, Kroes, Meijers y Vermaas, 2011, pp. 204-205). ¿Cómo podrían, por ejemplo, ser explicados desde las prácticas sociales y el uso un artefacto único o uno completamente novedoso?

A pesar de sus diferencias y deficiencias, ambos enfoques tienen buen poder explicativo y convergen en buena parte de los casos. El enfoque colectivista puede ser apropiado en algunos casos, si consideramos que en la actualidad los artefactos técnicos (o tecnológicos) están determinados en gran parte por los patrones estandarizados de manufactura, y por las normas ambientales, de salud o de protección al consumidor. Sin embargo, un enfoque dual puede sumar estas constricciones de contexto, pero a su vez ofrecer más detalles en las prácticas de concepción, diseño y desarrollo de un artefacto o de un sistema artefactual. Los mismos autores del programa dual (Houkes, Kroes, Meijers y Vermaas, 2011, p. 204) han sugerido que cualquier teoría de clases de artefactos debe ser capaz de explicar los dos escenarios siguientes:

Two different objects, A and B, may play identical roles in social use practices, despite their physical differences. Then, from a user perspective, A and B may seem two instances of the same artefact kind. However, for anyone who cares about the physical properties of A and B (e.g. engineers; but also users in some circumstances), A and B seem instances of different artefact kinds.

Two objects that are physically indistinguishable may play a role in two different use practices, both with relevant histories of (engineering) design and development and/or institutionalization. In that case, it may be claimed that we are dealing with two different kinds of technical artefacts, although the physical properties of instances of these two kinds of technical artefacts are identical (Houkes, Kroes, Meijers y Vermaas, 2011, p. 204).[2]

Este trabajo se propone hacer una presentación preliminar de una investigación cuyo objetivo es plantear modificaciones a las teorías de los objetos artificiales con base en la hipótesis de que se puede enriquecer el enfoque dual (u otra teoría general de los artefactos técnicos) recurriendo, en primera instancia, a una idea de Fernando Broncano (2008) (2012) sobre la "cultura material". Esta idea consiste en que la cultura humana, en su sentido amplio, requiere un sustrato material, es decir, un nicho conformado por los sistemas artefactuales. Esto trae como consecuencia que las intenciones humanas no son independientes de la cultura artefactual que nos envuelve y por tanto las condiciones de contexto y la historia propia

---

[2] [Dos objetos diferentes, A y B, pueden desempeñar funciones idénticas en las prácticas de uso social, a pesar de sus diferencias físicas. Entonces, desde la perspectiva de un usuario, A y B pueden parecer dos ejemplos de la misma clase de artefactos. Sin embargo, para cualquiera que se preocupe por las propiedades físicas de A y B (como los ingenieros, pero en algunos casos también los usuarios), A y B parecen ejemplos de diferentes clases de artefactos. Si dos objetos físicamente indiscernibles con antecedentes significativos (en ingeniería) de diseño, desarrollo e institucionalización pueden desempeñar funciones en dos prácticas de uso diferentes, puede afirmarse que se trata de dos clases diferentes de artefactos técnicos, aunque las propiedades físicas de ejemplares de estos dos tipos de artefactos técnicos sean idénticas].

de las invenciones no se pueden dejar por fuera de la teoría. En este sentido, se busca reforzar la idea de que si bien los artefactos técnicos son productos intencionales, poseen también cierta independencia material porque funcionan como nodos de las redes que conforman la cultura humana.

¿Es posible un enfoque alternativo a través de la noción de "cultura material"?

El enfoque colectivista y el enfoque dual parecen ser claros ejemplos del extremismo que ha caracterizado los estudios contemporáneos sobre el papel de la agencia en un entorno técnico. ¿Cómo entender los artefactos técnicos sin abandonar el papel de la agencia humana en la ontología de estos objetos y sin circunscribirse a una teoría externalista que poco explica de los aspectos internos en la construcción y diseño de los objetos artificiales? Fernando Broncano plantea este problema en sus estudios más recientes:

> [...] cómo desarrollar una teoría de la coevolución de sujetos y artefactos que forme parte de la dinámica general de la ontogénesis de la individualidad y la transindividualidad, es decir, de las identidades híbridas en los nichos de cultura material dominados por artefactos tecnológicos (Broncano, 2012a, p. 1).

En otras palabras, cómo construir una teoría más amplia del mundo artefactual y de la agencia técnica que no se quede en los reductivismos propios de la mirada colectivista o que describa solo los aspectos funcionales internos de los artefactos como nos han mostrado los críticos de la versión holandesa del enfoque dual. En ambos extremos se aprecian un determinismo silente y una subestimación de las capacidades individuales y particulares de cada invención que resultan siempre superadas por las fuerzas sociales o por los factores de eficiencia funcional.

Aunque la denominación de "cultura material" para llamar a los artefactos materiales proviene de la antropología, la reelaboración de Fernando Broncano proporciona un eje rico e interesante que permite generar una teoría explicativa más amplia de los objetos artificiales y de la artificialidad. Según el autor, "la cultura material es el entorno de artefactos y objetos técnicos en que se desarrolla la capacidad agente humana" (Broncano, 2012a, p. 1), y este concepto parte de la idea de que "cultura" es el conjunto de arreglos causales que crean los espacios de posibilidad en los que habitamos los seres humanos, y por tanto estos espacios de posibilidad son materiales (Broncano, 2008, p. 20).

Si bien la existencia de imaginarios (que tradicionalmente relacionamos con la cultura) es mental, estos son producto de la interacción continua con los otros y con el medio, y este medio no es otra cosa que nuestra cultura material (ibíd.). El ejemplo preferido de Broncano es la escritura: la escritura es una técnica, un artificio que se inventó para darle una estructura simbólica al lenguaje hablado. La escritura solo es posible con un sustrato material (las piedras talladas, el papiro, el papel, la Web, etc.), y de esta manera, las culturas que adoptaron la forma escrita modificaron incluso su estructura mental y se expandieron en forma de conocimientos, normas, técnicas o literatura. Esta noción es extensible a las religiones, las ciudades, los ejércitos, el ágora y las leyes, pues requieren ese sustrato material para poder perdurar, cambiar, multiplicar y diversificar la cultura. La idea de cultura como mera información o conocimiento sin sustrato portador simplemente es incompleta.

Siguiendo esta idea, los artefactos, en cuanto piezas o elementos de la cultura material, tienen el mismo carácter no esencialista que ahora se le reconoce al lenguaje. Así como las palabras solo tienen sentido en relación con otras palabras y nada en una palabra aislada tiene una esencia por sí, los artefactos hacen parte de un sistema de redes. Este mismo criterio es el que usa la paleontología para darle la categoría de "humano" al *Homo Habilis*, por la capacidad técnica que tenía este homínido de producir artefactos a partir de otros artefactos.

Estos casos nos llevan a considerar que todas las creaciones artificiales humanas están siempre en relación unas con otras: el diseñador y el ingeniero toman pedazos de artefactos, imaginan nuevos objetos con base en artefactos del pasado y los adecuan a los condicionantes contextuales. Esta es otra idea interesante de Broncano, que no hay artefactos individuales aislados, sino redes de artefactos que dan sentido a las prácticas humanas y reciben sentido de ellos (Broncano, 2008, p. 22). Esto es, la identidad de un artefacto no se encuentra en una sustancia individual, sino que es el resultado de la adecuación a las circunstancias de prácticas determinadas.

Otro aspecto que se debe tener en cuenta en esta visión de la artificialidad es la noción de "agencia", en especial, de la "agencia técnica". Se puede entender a la agencia como la capacidad de transformar una situación presente, es decir, la acción intencional y con cierta libertad para elegir las posibles trayectorias bajo la guía de la imaginación y teniendo en cuenta las constricciones del contexto.[3]

---

[3] Según Broncano: "El concepto de agencia ha nacido y se ha desarrollado en la teoría de la acción contemporánea con el fin de señalar lo característico de la acción autónoma humana completa más allá de las formas primitivas de acción de los animales o de los propios seres humanos" (Broncano, *Consideraciones epistemológicas acerca del "sentido de la agencia"*, 2006).

Los artefactos son efectivamente producidos por la agencia técnica, pero ella está mediada por artefactos que a su vez actúan de acuerdo con las condiciones de los entornos físicos, materiales, sociales y simbólicos.

Los enfoques anglosajones de la teoría de los artefactos técnicos aun no parecen haberse percatado de que los artefactos no son solo posibilitadores funcionales o productos de las prácticas y el uso. Si entendemos a los artefactos como mediadores de nuestra agencia dentro de la cultura material, vemos que son generadores de espacios de posibilidad. En otros términos, los objetos son como nudos de posibilidades imaginadas, con posibilidades físicas, posibilidades legítimas y posibilidades pragmáticas (Broncano, 2000, pp. 121-129). Se requiere una ontología para los artefactos con un enfoque heterogéneo que tenga en cuenta, por un lado, las *relaciones* (y por ende los diseñadores, los usuarios, los contextos culturales y las redes de artefactos) y por otro lado su *composición* (y en ella los acoples de materia, forma, energía, información y funciones) (Broncano, 2012a, p. 18). De esta manera, no sería solo una interfaz entre "intenciones y estructura", como propone el enfoque dual, o entre "naturaleza y sociedad", como propone el enfoque colectivista, sino que sería una conjugación más amplia, que podría extender las propiedades explicativas de una teoría general de los artefactos técnicos.

Surge la pregunta: ¿es compatible una propuesta narrativa de los artefactos de Broncano con la perspectiva dual? La respuesta es sí, aunque esta última tiene el inconveniente de que se centra solamente en el proceso de producción del artefacto y deja por fuera su vida en el marco de la cultura material. En esa medida es recomendable la heterogeneidad de la ontología de los artefactos de Broncano ya que se realiza en varios planos de lo real:

lo imaginario, lo formal, lo material, lo funcional, etc., y el artefacto existe justamente en la intersección de todos ellos.

Elementos explicativos del concepto de "cultura material" a la descripción de las funciones técnicas

Las funciones técnicas constan de los siguientes elementos para su adscripción, pero que deben ser puestos en un marco de cultura material de la siguiente manera:

1. *Intenciones de diseñadores y usuarios.* Son un componente fundamental en la adscripción de funciones ya que solo tiene sentido hablar de funciones cuando instauramos propósitos y fines a las cadenas causales y las seleccionamos con su uso. No obstante, las intenciones individuales y colectivas son producto de la interacción social y la relación con el entorno, que es un entorno artificial que es material y simbólico. Por lo tanto, las intenciones no son independientes del entorno de cultura material. Dichas intenciones para el establecimiento de derivas creativas funcionales no surgen de la nada sino de la apropiación y recombinación de elementos de una cultura material. Por lo tanto, la cultura material establece las condiciones de posibilidad para las intenciones.
2. *La capacidad física del objeto.* La adscripción de funciones a un objeto solo es posible si un objeto X tiene la capacidad de transformar estados de cosas dentro de un sistema mayor, es decir que también dependen del rol causal dentro de ese sistema. No es posible adscribir la función de martillar a un martillo de papel ni la adscripción de funciones de objetos novedosos si

no tienen la capacidad de transformar materia, energía o símbolos. No obstante, las capacidades físicas de un artefacto para cumplir una función solo son posibles con los materiales, métodos, conocimientos y artefactos previos presentes en una cultura material, por lo tanto, instaurar una capacidad física performativa en un conjunto de piezas de materia requiere de agentes intencionales que actúen con las relaciones plásticas dentro de una cultura material.
3. *La historia reproductiva.* La adscripción de funciones está fuertemente ligada a la historia de los linajes funcionales. Cualquier intención de diseñador o artesano parte de la apropiación previa de métodos y procedimientos con base en diseños anteriores de una clase de artefacto. Como afirma Preston, la función propia de un artefacto es la función por la cual fue seleccionada en su historia y eso es fundamental para una descripción de las funciones técnicas. No obstante, la perduración en el tiempo de esos linajes, sus registros históricos están plasmados en los objetos de la cultura material (artefactos, planos, libros, etc.). Los artefactos no solo tienen historias, sino que son historias que son conservadas en el hábitat que es la cultura material.

Por lo tanto, tanto las intenciones, la capacidad de transformación y los linajes conforman y surten el entorno de cultura material. Cuando afirmamos que una función de un artefacto es relacional es que está inmersa en una trama de relaciones plásticas dentro de ese contexto.

Por ello, la cultura material es el medio en el cual la iniciativa humana transforma el mundo y se autotransforma, pues los planes de acción que llevan a cabo agentes requieren de un medio material y simbólico para que sean posibles, y como dice Broncano, ese medio no es neutral ni en la concepción ni en el desarrollo de una acción (Broncano, 2012, p. 93). Las funciones están profundamente ligadas a las redes espaciales, temporales, simbólicas y materiales de las cuales se dispone previamente. De esta manera, un artefacto nuevo como un sofá o un torno fue concebido gracias a la cultura material precedente en la que la invención se reparte entre muchos agentes tales como sus diseñadores, técnicos, empresarios y usuarios, pero condicionado por los mercados, las normas, los materiales, los recursos financieros y logísticos, etc., que ya existen en dicha cultura material. Con ello se transforma el escenario ya que el nuevo artefacto jugará un nuevo rol en esa sala o en ese taller metalmecánico al transformar las acciones de los agentes envueltos en dicha trama.

Los roles de los artefactos son diferenciales, es decir, no siempre siguen un guion previamente establecido, sino que en muchos casos se crean guiones a medida que aparece una nueva creación técnica, estableciendo una diferencia que cambia las trayectorias dentro de la cultura material. Para los linajes establecidos es fácil describir sus roles, por ejemplo, los roles de los motores o los relojes, pero cuando aparece un nuevo artefacto o un nuevo linaje, el rol debe establecerse colectivamente con base en las capacidades causales del artefacto y de cómo este cambia las trayectorias sociales.

La noción relacional de función, en términos de rol, tiene además cierta capacidad normativa ya que los colectivos pueden evaluar sus capacidades en términos de cumplir (bien o mal, con éxito o sin éxito) la tarea para la cual fue creado o seleccionado un artefacto. Un artefacto roto no tiene la capacidad física de cambiar los estados de cosas para los cuales fue creado o seleccionado, por lo que incumple su rol; luego esta noción tiene esa capacidad explicativa. Un artefacto es seleccionado tanto por su capacidad física de transformar causalmente un estado de cosas como por los acuerdos colectivos que le reconocen esta capacidad. Esto lleva a una disolución parcial entre la función propia y funciones sistémicas de Preston (1998), ya que el linaje de un objeto, por ejemplo, un tipo de automóvil familiar, puede ser seleccionado tanto por su desempeño técnico como también por sus roles sociales, simbólicos o estéticos.

Conclusiones

Para concluir, hemos visto que la función es un rasgo de identidad fundamental para cualquier descripción de los objetos artificiales, precisamente porque los artefactos son piezas concretas localizadas en un entorno de fines y propósitos en las redes de humanos y artefactos que conforman nuestros mundos artificiales. Por ello, en la descripción funcional se deben tener en cuenta las intenciones de los diseñadores (artesanos, ingenieros, técnicos, arquitectos, etc.), así como las intenciones de los usuarios; de la misma manera, es necesaria una descripción del rol causal de un artefacto que desempeña en un sistema mayor, por lo tanto, un objeto debe tener cierta capacidad física de transformación causal para que sea reconocida esa función por la cual fue seleccionado.

Tomando distancia de los constructivismos sociales, la interpretación flexible de un artefacto no es ilimitada, sus capacidades físicas constriñen dicha variedad interpretativa (un teléfono no puede usarse para lavar ropa porque no tiene esa capacidad). Por otro lado, la función también se adscribe con base en la historia de los diseños y usos de los objetos del pasado, ya que ningún artefacto es completamente nuevo en el sentido estricto, por lo tanto, sus funciones son reproducciones, variaciones o combinaciones de funciones previas. La función sería entonces el rol que juega un artefacto dentro de un contexto de determinado nicho de cultura material, y ese rol depende, como hemos dicho, de múltiples factores tales como las intenciones, las capacidades físicas, los linajes y usos creativos en un contexto. En otras palabras, la función de un artefacto depende de la relación contextual entre humanos y otros artefactos, en un entorno de cultura material.

Bibliografía

Bijker, W. y Pinch, T. (1984). "The social construction of facts and artifacts: Or how the sociology of science and the sociology of technology might benefit each other". *Social Studies of Science*, 399-441.

Bijker, W. y Pinch, T. (1987). *The social construction of technological systems.* Cambrige: The MIT Press.

Broncano, F. (2000). *Mundos artificiales. Filosofía del cambio tecnológico.* Barcelona: Paidós Ibérica.

Broncano, F. (2006). Consideraciones epistemológicas acerca del "sentido de la agencia". *Logos. Anales del Seminario de Metafísica*, 7-27.

Broncano, F. (2008). "In media res: cultura material y artefactos". *ArteFactos,* Vol 1, n°1, 18-32.

Broncano, F. (2012). *La estrategia del simbionte. Cultura material para nuevas humanidades.* Salamanca: Delirio.

Broncano, F. (2012a). *Agencia y cultura material. Notas complementarias a "Movilidad de conceptos y artefactos"* (pp. 1-21). Manuscrito.

Cummins, R. (1975). "Functional Analysis". *The Journal of Philosophy, 72*(20), 741-765.

Hilpinen, R. (16 de agosto de 2004). *Artifact*. Recuperado el 20 de abril de 2009, de Stanford Encyclopedia of Philosophy: https://goo.gl/qlPxaJ.

Houkes, W.; Kroes, P.; Meijers, A. y Vermaas, P. (2011). "Dual-Nature and collectivist frameworks for technical artefacts: a constructive comparation". *Studies in History and Philosophy of Science*, 198-205.

Kroes, P. (2002). "Design methodology and the nature of technical artefacts". *Design Studies 23*, 287-302.

Kroes, P. y Meijers, A. (2006). "Introduction: The dual nature of technical artefacts". *Studies in the History and Philosophy of Science*, 1-4.

Kusch, M. (1997). "The sociophilosophy of folk psycology". *Studies in History and Philosophy of Science*, 1-25.

Lawler, D. (2010). "Intenciones y artificios". *Revista Iberoamericana de Ciencia, Tecnología y Sociedad, 5*(4), 1-7.

Lawler, D. (2010b). "La creación de clases artefactuales". En C. Lorenzano y P. Lorenzano, *Libro de abstracts y resúmenes. III Congreso Iberoamericano de Filosofía de la Ciencia y la Tecnología* (pp. 600-602). Buenos Aires: Universidad Nacional de Tres de Febrero (EDUNTREF).

Mitcham, C. (2002). "Do Artifacts Have Dual Natures? Two Points of Commentary on the Delft Project". *Techné: Research in Philosophy and Technology*, 1-4.

Schyfter, P. (2009). "The bootstrapped artifact: a collectivist account of technological ontology, functions, and normativity". *Studies in History and Philosophy of Science 40*, 102-111.

Thomasson, A. (2007). "Artifacts and Human Concepts". En E. Margolis y S. Laurence, *Creations of the mind* (pp. 52-73). Oxford: Oxford University Press.

Vaesen, K. (2011). "The functional bias of the dual nature or technical artefacts program". *Studies in History and Philosophy of Science, 42*, 190-197.

Vega, J. (2009). "Estado de la cuestión: Filosofía de la tecnología". *Theoria, 66*, 323-341.

Vermaas, P. E. y Houkes, W. (2006). "Technical functions: a drawbridge between the intentional and structural natures of technical artefacts". *Studies in the History and Philosophy of Science 37*, 5-18.

Wright, L. (1976). *Teleological Explanations: An Etiological Analysis of Goals and Functions.* Berkeley: University of California Press.

11

Exploraciones sobre novedad en la cultura material

DIEGO PARENTE

Introducción

El presente trabajo procura indagar los fenómenos de novedad en el marco de la cultura material. Como punto de partida se intenta caracterizar el lugar de las novedades en relación con las prácticas. En segundo término se exploran –a través de ejemplos- cuatro modalidades de novedad en la cultura material. La sección final intenta señalar el alcance de los casos presentados y discutir algunas de sus implicaciones.

La novedad comprendida en el marco de una práctica

Así como en biología la misma noción de "especie" necesita que sus instanciaciones exhiban cierta estabilidad y duración en el tiempo para que sean identificables como tales (Dennett, 1996), algo similar podría plantearse respecto a una novedad en el ámbito artificial: para ser identificada en cuanto tal, se requiere cierta estabilización de una práctica, es decir, de una serie de acciones intersubjetivamente reconocidas y compartidas que involucra la utilización estandarizada de ciertos artefactos para la resolución de determinados problemas.[1]

Si aquello que caracteriza a la cultura material humana es, no tanto el aprovechamiento astuto ocasional del ambiente (que ciertamente compartimos con otros animales no-humanos), sino más bien la reproducción y estabilización de una serie de prácticas técnicas densas y normativamente estructuradas, entonces una noción valiosa de novedad en la cultura material debería contemplar ese peculiar modo reproductivo. Esta restricción nos brindará entonces un territorio más seguro dentro del cual dirigir la indagación.

Una indicación de espíritu wittgensteiniano que se desprende de lo anterior sería: "A fin de buscar lo novedoso en la cultura material, no mires solamente el *corpus* de nuevos elementos físicos que han sido construidos recientemente, sino también cómo se manipulan, con qué fin se usan habitualmente, en qué contextos o en qué ocasiones aparecen, etc.". Esto significa que, a fin de detectar instanciaciones de novedad, no deberíamos perder de vista la dinámica de las prácticas.

---

[1] Esta afirmación no rechaza, de todos modos, el hecho de que cualquiera de nosotros pueda imaginar y/o realizar cierta cooptación de elementos naturales del ambiente, ciertos usos del entorno muy originales y creativos que, por algún motivo, sean meramente contingentes y no se cristalicen en una práctica repetida. Estos ejemplos son difíciles de imaginar precisamente porque cualquier elemento que pensemos en términos instrumentales (la hierba como medicina, la nieve como cicatrizante, etc.), debemos reconocer que su éxito favorecería la reproducción; de manera que solo podemos pensar en usos contingentes o no repetidos al imaginarnos medios técnicamente "malos", como por ejemplo, el aceite como saciador de la sed, la arena como elemento para limpiar comestibles, etc.

Cuatro modalidades de novedad en la cultura material

Una vez trazada la anterior caracterización es posible reconstruir, a través de una serie de casos, cuatro clases principales de novedad que demandan precisiones conceptuales de diverso tipo.

Una aclaración importante: obviamente no pretendo que este listado de dimensiones de lo novedoso en la cultura material sea exhaustivo; solo aspiro a que pueda funcionar como un esbozo inicial para iluminar algunas cuestiones derivadas.

[1] Artefacto con misma función y mismos principios operacionales (que los de su clase) pero con alteraciones menores en aspectos materiales, simbólicos o estéticos

Un diseñador que se ocupa de diseñar objetos de uso cotidiano suele pivotear sobre un conjunto de instrucciones, una "tradición" de diseño, pero dentro de ese marco existe un margen para el aporte de aspectos nuevos. Un ejemplo concreto podría ser el diseño de una silla para oficina. Obviamente no se trata de una subclase *nueva* de silla pero el equipo de diseño apelará al conjunto de datos conocidos y aportará su propio carácter original plasmando, por ejemplo, un cierto tipo de respaldo más eficaz que el anterior, o un material distinto, o añadiendo un aspecto simbólico especial al objeto. Por supuesto, estas elecciones están lejos de ser meros caprichos individuales; la práctica del diseño contemporáneo se caracteriza por densas relaciones de negociación entre los múltiples actores del sistema (tanto integrantes del equipo de diseño como componentes externos) que operan sobre los tramos inestables de la forma estandarizada de producción (Bucciarelli, 2002). En este sentido, las transformaciones pueden afectar a aspectos materiales, estructurales, simbólicos, estéticos y también, paralelamente, a nuevos modos de producción.

Esta modalidad de novedad se caracteriza por introducir una variación sobre un tipo estandarizado de objeto técnico, tal como ocurre con el continuo rediseño de automóviles o de botellas de vino, un proceso que no conlleva ningún cambio sustancial relativo a la función propia de dichos vehículos y envases (aunque puede introducir una deriva cuyo resultado final sea un cambio más profundo). Para decirlo en terminología kuhniana, gran parte del trabajo de diseño en su etapa de *normalidad* se halla orientado a reforzar una función ya reconocida antes que a la creación de una nueva función.[2] Este reforzamiento implica frecuentemente corregir aspectos defectuosos o inconvenientes de ciertos diseños.[3]

Esta primera modalidad constituye el "grado mínimo" de novedad en tanto no hay ni una función nueva ni principios operacionales nuevos hallables en el artefacto. Sin embargo, y allí es donde aparece el fenómeno conflictivo, en algunos casos el sostenimiento a lo largo del tiempo de una cierta orientación de modificaciones graduales -aparentemente menores y sin dirección evidente- puede conducir a bautizar a los objetos modificados con el nombre de una nueva subclase: una silla "*Eams*", una mesa de billar, una mesa de ajedrez, un martillo "sacaclavos". Este proceso de creciente especialización de un determinado artefacto para una tarea específica, su hiper-adaptación a un contexto particular, es lo que Simondon (2008) entiende como

---

[2] Sobre la distinción entre diseño normal y diseño revolucionario en el ámbito ingenieril, véase Vincenti (1990).

[3] En esta dirección, Petroski (1992 y 1994) sostiene que buena parte de las motivaciones del diseño novedoso en el ámbito de la cultura material está relacionada con la necesidad de desterrar las imperfecciones propias de los artefactos existentes produciendo otros más eficaces o bien más eficientes.

un proceso de *hipertelia*. Los linajes de objetos técnicos alcanzan generalmente estos estados hipertélicos en consonancia con la hipertelia propia de los organismos y su adaptación a las condiciones del entorno.

[2] Artefacto con misma función, nuevo principio operacional y nueva estructura

Tal como sugiere la noción de "realizabilidad múltiple" (Preston 2009), una misma función puede ser instanciada por una infinidad de estructuras diferentes, las cuales a su vez pueden incluir distintos principios operacionales en cada caso.

Pensemos, por ejemplo, en los artefactos cuya función es destapar botellas de vino. En el interior de este linaje han surgido, a modo de novedad, una serie de sacacorchos con sistema de láminas consistente en dos láminas de metal que, introducidas entre el cristal y el corcho, permiten extraer el tapón presumiblemente dañado de ciertas botellas. Podemos suponer que, en un momento dado de la historia de este linaje, no existía este sistema aunque sí una enorme variedad de artefactos basados en la conocida hélice metálica (con dos alas o con un solo mango, de bolsillo, de diversos materiales, etc.).

En el caso que nos ocupa hallamos novedad en el plano de la estructura y principios operacionales del nuevo sacacorchos, lo cual puede conducir también a ciertas modificaciones en la práctica de sacar corchos con este nuevo sistema. Estas diferencias, sin embargo, no nos obligan a considerarlo como miembro de una clase funcional nueva, hecho que sería contraintuitivo. Este objeto no hace ingresar ninguna nueva función en el mundo, a no ser que se considere, de modo un tanto arbitrario, la extracción de corchos presuntamente deteriorados como una función novedosa. Por el contrario, desde su mismo contexto de uso práctico, este artefacto se inscribe en una familia ya constituida diferenciándose de otros tipos de sacacorchos preexistentes por su singular adaptación o especialización para ciertos propósitos, a saber, se ha vuelto más eficiente para un tipo particular de acción ligada con los corchos deteriorados. Para decirlo en terminología simondoniana, el nuevo sacacorchos deviene hipertélico y parte de su novedad reside precisamente en ese nuevo ajuste a condiciones muy específicas de uso.[4]

Un ejemplo más visible de transformación de principios operacionales es un caso discutido por Simondon en *El modo de existencia de los objetos técnicos*: el reloj digital. Si bien nuestras clasificaciones *folk* ubican al reloj mecánico y al digital dentro del mismo linaje funcional "reloj", es evidente que los principios operacionales a los que apela el diseño del último están alejados de los principios que corresponden al primero. Si se piensa la tecnicidad propia del objeto técnico en este sentido simondoniano, la conclusión es que el reloj mecánico se hallaría más cerca del aparejo [máquina de poleas] que del reloj digital, así como este último se hallaría más cerca de otros artefactos no dedicados a la medición del tiempo, tal como una calculadora de bolsillo.[5]

---

[4] Los usos espontáneos de elementos naturales hallados en una situación particular muestran, por contraste, esta ausencia de hipertelia, pues el cáracter hipertélico solo puede ser predicado sobre ciertos ejemplares de un linaje ya constituido de útiles. De tal manera, una piedra encontrada en la orilla de un río no tiene el carácter hipertélico que puede asignarse a un martillo sacaclavos en el sentido en que este último se halla diseñado para servir a una serie muy específica de acciones, mientras que la ausencia de diseño en la piedra favorece que no sea tan eficiente para servir a fines demasiado específicos como –por ejemplo- quitar clavos de una madera.

[5] Aquí lo interesante radica en señalar cómo una misma función (medición el tiempo) puede ser instanciada a través de estructuras diferentes: reloj de sol (un palo clavado en el piso), un reloj de arena, un reloj mecánico y un reloj digital, todos ellos comparten una dimensión funcional que sin embargo no los convierte en elementos familiares a nivel de su tecnicidad.

Es importante destacar que los principios operacionales utilizados en estas nuevas maneras de instanciar una determinada función técnica pueden preexistir a la invención del objeto, pero lo cierto es que nunca han sido utilizados en un sistema técnico como el nuevo (por ejemplo, el diseño del reloj mecánico hace uso de principios mecánicos ya conocidos y utilizados pero lo novedoso surge cuando son integrados en un sistema de medición del tiempo).[6]

[3] Artefacto con nueva función propia

El ejemplo elegido para ilustrar la aparición de una nueva función propia es el tomógrafo, cuya utilización abarca desde la medicina, la arqueología y la biología hasta la ciencia de los materiales. El caso específico de la tomografía computarizada, también conocido como escáner, es una técnica de imagen médica que utiliza radiación X para obtener cortes o secciones de objetos anatómicos con fines diagnósticos. Se fundamenta en el desarrollo de Godfrey Hounsfield, quien unió sensores o detectores de rayos X a un ordenador y desarrolló una técnica matemática llamada reconstrucción algebraica a fin de obtener imágenes de la información transmitida por los sensores de rayos X.

Indaguemos brevemente el caso de la función propia de un tomógrafo. ¿Podemos afirmar que sencillamente actualiza y perfecciona una función previamente disponible en el mundo artificial? ¿Representa una variante

---

[6] En el caso de la ingeniería aeronáutica, por ejemplo, con el advenimiento del DC-3 en los años treinta del siglo pasado la ingeniería aeroespacial entra en un régimen normal caracterizado por un diseño de cubierta metálica, alas bajas y propulsión por hélice. Durante más de dos décadas el proyecto de aviones se limitó a una mejor explotación del potencial que tenía el DC-3, lo cual incluía el mejoramiento de los motores, el aumento de tamaño de los aviones y lograr más eficiencia en su funcionamiento (Aracil, 2010, pp. 321-322).

suficientemente significativa en algún aspecto dentro de la familia de artefactos que le precede? Aquí alguien podría objetar razonablemente: todo depende de cómo redescribamos aquellas *performances* que englobaríamos dentro de una "nueva función". En cierto modo, puedo describir un tomógrafo como un artefacto que traduce información en imágenes, con lo cual su linaje podría insertarse en el de las cámaras fotográficas y, en última instancia, por qué no, en el de la capacidad visual congénita de ciertas especies animales. Sin embargo, frente a este trasfondo que alude a una función común pero sumamente general, es posible describir la *performance* del tomógrafo enfatizando su singularidad y su novedad histórica: "artefacto que sirve para elaborar imágenes de secciones de cuerpos a partir de una tecnología que utiliza ondas de diversa clase". Descripto de este modo, parecería ser que la función que cubre el tomógrafo es tal que ningún otro aparato previo puede cumplirla satisfactoriamente, excepto aquellos ejemplares que pertenecen efectivamente a dicho linaje. En tal medida, la nueva función no consiste *strictu sensu* en implementar de manera más eficaz un propósito previamente disponible.

Ahora bien, admitir el estatuto de novedad del tomógrafo no implica necesariamente rechazar la idea de que algunos de los principios operacionales que permiten su funcionamiento pueden haber estado presentes en otras clases artificiales antes de su invención, por ejemplo en las computadoras. Pero la mera preexistencia de tales principios operacionales en un cierto espacio histórico-cultural no es condición suficiente para el establecimiento de un nuevo linaje dotado de nueva función propia.

Es innegable que la emergencia de una nueva función propia es un evento destacado en la historia de la cultura material, quizás el más visible. Sin embargo, siguiendo la sugerencia wittgensteiniana antes presentada, se debe reconocer que la novedad tiene múltiples caras, muchas de las cuales no se encuadran en esta clase de episodios culturales.

[4] Reapropiación de una función sistémica: el fenómeno del bricolage o rediseño

Esta última modalidad es quizás la más extendida y, a la vez, la más oculta de las formas posibles de novedad. Es difícil de percibir precisamente debido a su penetración en nuestras prácticas, tal como sucede con la carta robada del cuento de Poe.

Una práctica habitual que atraviesa toda cultura material consiste en el aprovechamiento de las *affordances*[7] provistas por el entorno artificial, es decir, la explotación astuta de los recursos materiales que conforman el conjunto técnico de una cierta comunidad. Una de las formas de esta explotación del entorno consiste en utilizar entes artificiales ya constituidos aprovechando algunas de sus capacidades o poderes causales (sus "funciones sistémicas", tal como las denomina Preston, 1998).[8] Las funciones sistémicas constituyen aquellas capacidades que tiene un item particular en relación con los fines propuestos por un usuario, independientemente de su historia en cuanto linaje técnico. Una silla, por ejemplo, tiene la función

---

[7] Las *affordances* o posibilidades de acción constituyen uno de los conceptos clave de la teoría ecológica de la percepción de J.J. Gibson (1986). Para una profundización de esa perspectiva en el análisis del mundo técnico véase Tomasello (1999).

[8] La literatura filosófica sobre funciones biológicas y su correlato en el ámbito de la ontología artificial suele diferenciar entre las funciones propias (*proper function*) y las sistémicas (*system-function*). Las funciones técnicas propias surgen como resultado de adoptar una lectura histórica que identifica cuáles de las *performances* de un determinado artefacto han sido consideradas decisivas a la hora de reproducir nuevos ejemplares de ese objeto. Las funciones sistémicas, en cambio, no se leen "históricamente" sino más bien centrando la atención en el sistema efectivo en el que se inserta el ítem.

propia de servir como objeto para sentarse, pero tiene funciones *sistémicas* típicas como la de funcionar como escalera para alcanzar objetos que se hallan muy alejados, o funciones menos típicas --pero legítimamente incluibles en la categoría sistémica- como la de trabar una puerta.[9]

La cooptación de funciones sistémicas de ítems artificiales es un lugar común en las prácticas de *bricolage* en las que se usa un objeto que ya posee una función propia para un propósito distinto al de dicha función. Pero también cubre una enorme variedad de interacciones con el mundo técnico cotidiano. Pensemos, por ejemplo, en el uso de broches de ropa para cerrar herméticamente bolsas de alimento, o el uso de un periódico enrollado como matamoscas, o el de una botella de plástico para construir, luego de cortarla, un recipiente para regar plantas. En estos casos, lo nuevo es en verdad el rol funcional extraño adjudicado al artefacto, un rol funcional que pasa por alto su pertenencia a una clase dedicada a otro rol funcional singular.[10]

Los ejemplos de re-diseño muestran a veces modificación intencional de algún aspecto material del artefacto (frecuentemente alteraciones menores), pero también hay casos en los que la estructura material permanece

---

[9] En este sentido, la exploración inteligente de funciones sistémicas en el ambiente se realiza siempre con el propósito de (1) cubrir necesidades que no podemos cubrir contingentemente a través de artefactos con la función propia destinada para tal fin, debido –por ejemplo- a que dichos artefactos no se encuentran disponibles en el momento presente, o bien (2) para cubrir objetivos para los cuales ni siquiera existe un artefacto creado específicamente para tal fin -por ejemplo, la ausencia estructural de un artefacto para destapar latas de cacao o de pintura conduce a la práctica típica de usar la función *sistémica* de una cuchara/destornillador para abrirla-.

[10] Esta modalidad que patentiza las funciones sistémicas de los artefactos se identifica con aquello que Preston (2000) denomina *reuse* y aquello que Vermaas y Houkes (2010) llaman "diseño lego" o no experto. Podemos asociarla también con la idea de *bricolage* que postula Levi-Strauss en *El pensamiento salvaje*: el *bricoleur* trabaja siempre reorganizando un repertorio de materiales limitados con el objetivo de responder a demandas básicas tradicionales, sin involucrar necesariamente rasgos de innovación.

completamente intacta.[11] En el ejemplo del broche, hay novedad sin necesidad de que intervenga *materialmente* un tipo de ente. Por supuesto, esto no significa que el objeto pierda su función propia; solo la mantiene "silenciada" durante el momento en que se reutiliza en ese nuevo contexto. Una vez devuelto a su ambiente habitual de uso (el tendedero de ropa), el broche recupera el espacio que corresponde a su función propia.[12]

Discusión de las modalidades presentadas

¿Cuál es el hilo común de las cuatro modalidades de novedad? El hecho de que ellas se manifiestan en el interior de la cultura material e involucran necesariamente ciertas prácticas y materiales.

Ahora bien, mi propósito en este punto es relativamente modesto. Se trata de pensar si los casos de novedad presentados más arriba pertenecen todos a la misma dimensión, o bien si su tratamiento conjunto implica recaer en algún tipo de error categorial. Para determinar esto se requiere discutir algunas de las fronteras supuestas en la enumeración anterior.

---

[11] El papel del *bricoleur* consiste en lograr las prestaciones estándar limitándose a los medios disponibles, que siempre son restringidos y constriñen su horizonte de acción. Con este objetivo, la tarea del *bricoleur* está definida por su inmediatez (*directness*), es decir, por ser una respuesta contingente e inmediata a un problema.

[12] Es factible que con el paso del tiempo la función sistémica se transforme en propia (si los broches empiezan a ser reproducidos para cumplir la función sistémica emergente), pero lo más común es que objetos con una función propia estable cumplan usualmente una función sistémica *típica* (Preston 2000), como también sucede con el uso de las sillas para alcanzar objetos que se encuentran a cierta altura.

a) Un *primer argumento* podría plantear que efectivamente hay un error categorial: las primeras tres modalidades de novedad tienen un mismo *target*, los objetos físicos prototípicos que deben ser construidos y sobre cuya estructura se operan modificaciones de diverso tipo. La cuarta modalidad, en cambio, no involucra de ningún modo la generación de un objeto material sino la cooptación de uno ya existente. De manera que alguien podría objetar: "la cuarta modalidad involucra solamente prácticas; no se está creando nada nuevo realmente, no es un caso de novedad auténtica en la cultura material". El criterio de novedad implícito en esta objeción sería el siguiente: la novedad auténtica requiere construcción *material* deliberada de una nueva entidad.

Pero tal argumento significaría perder de vista que también la creación de nuevas clases artificiales implica la generación de nuevas *prácticas*: la aparición de la clase "hacha" va de la mano de la práctica del hachero. Los artefactos posibilitan prácticas, y las prácticas (en la medida en que se muestran exitosas) estabilizan la reproducción y el uso de ciertos artefactos. En este sentido, podríamos redescribir lo dicho anteriormente diciendo que la *práctica* clínica de realizar una tomografía y la *práctica* de quitar un corcho con un sacacorchos de láminas constituyen lo verdaderamente novedoso, pues no preexistían a la aparición de los objetos materiales correspondientes. Lo novedoso se cristalizaría, de tal modo, en las *prácticas* originales emergentes, sin restringirse al surgimiento de un objeto material antes inexistente.

b) Un segundo modo (*segundo argumento*) para señalar déficits de la categorización aquí propuesta consiste en mostrar que los ejemplos de una modalidad caben perfectamente en cualquiera de las otras. Una objeción en esta línea, que ya fue en cierto modo anunciada durante la exposición, es que la frontera entre los ejemplos de la modalidad [1] (alteraciones menores en aspectos estéticos, etc.) y la modalidad [3] (nueva función propia) es frecuentemente difusa. Volvamos al ejemplo de la mesa de ajedrez. En cuanto a su estatuto ontológico, ella puede ser comprendida como: (a) el resultado de la acumulación de graduales y mínimas modificaciones de mesas anteriores, lo cual nos impediría considerarla como una instanciación de *nueva función propia*; o bien puede ser comprendida como (b) un artefacto que, debido a su lejanía respecto a las variantes existentes de mesa (mesa ratona, mesa de libros, mesa de cocina, etc.), inaugura un nuevo sublinaje genuino. Anteriormente propusimos pensar dicho linaje en términos simondonianos, como un linaje hipertélico. Pero la pregunta decisiva que se halla por detrás de este problema es la siguiente: ¿hay una suerte de momento preciso en el que podemos encontrar el nacimiento de un nuevo linaje artificial? Si tal "momento original" fuera efectivamente detectable, entonces la diferencia entre las modalidades [1] y [3] se zanjaría sin casos dudosos como los que planteamos. Habría una especie de salto categorial entre los ejemplos que dividiría, de modo manifiesto, a un linaje de otro. Pero la historia de la técnica muestra que tal momento no es evidente. Al igual que en la evolución biológica, no hay un punto exacto en la evolución artificial en el que se pueda señalar de manera precisa y definitiva el inicio de un nuevo linaje. Su nacimiento no exhibe marcas impactantes; solo la perspectiva histórica permite reconocer la identidad de una nueva clase. Como bien indica Dennett (1996, pp. 95 y ss.) respecto al proceso de especiación de las especies biológicas, la pregunta acerca de la diferencia entre una especie (nueva) y una variedad (intraespecífica) es, ante todo, un problema que se debe enfrentar solamente si partimos de un criterio esencialista de búsqueda de condiciones necesarias y suficientes.

En resumen, la respuesta a esta segunda objeción sería que efectivamente las fronteras entre los ejemplos de modalidad [1] y [3] son difusas, de hecho son *inherentemente* difusas, pero esto no se debe a un error de la categorización propuesta, sino que responde al modo bajo el cual funcionan los despliegues evolutivos tanto en el mundo biológico como en el mundo artificial.

c) Otra estrategia argumentativa (*tercer argumento*) para mostrar el error categorial involucrado consiste en objetar que alguna de las modalidades de novedad contiene casos que concluyen haciendo trivial la categoría misma. Alguien podría argumentar, en esta línea, que la primera modalidad de novedad (artefactos con misma función y alteraciones estéticas o simbólicas) es autodestructiva. Veamos este argumento. La aporía de la primera modalidad es que multiplica de modo infinito los casos de novedad, lo cual termina haciendo trivial el propio concepto. Esto es, uno podría predicar novedad legítimamente de cualquier alteración mínima en los aspectos materiales, simbólicos o estéticos de un cierto objeto, por ejemplo el color del plástico que recubre un teléfono celular.

Advirtiendo este problema, ciertos teóricos del diseño, entre ellos Mutlu (2003), sugieren distinguir entre *diseño tecnológico* y *diseño de producto* a fin de explicar por qué con tanta frecuencia se producen modificaciones que no se dirigen a alterar la función ni los principios operacionales del objeto, sino sus aspectos estéticos o simbólicos.

Es decir, la modificación de un aspecto estético en un teléfono móvil sería una operación localizable dentro del *diseño de producto*, no dentro del diseño tecnológico.[13]

Esta última consideración conduce a pensar que la categorización propuesta implica un solapamiento inapropiado entre dos dimensiones: la relativa al uso y la relativa al diseño técnico. Esta última tiene que ver con la tecnicidad de los elementos y de los principios operacionales incorporados en el diseño. La dimensión del uso, en cambio, juega un papel relevante en la clasificación *folk* que hacemos de las cosas, pero no tiene en sí misma interés técnico.

Ahora bien, repensemos entonces las cuatro modalidades de novedad a partir de esta distinción de dimensiones. La primera modalidad remite al diseño de producto, no aporta contenido técnico significativo. La tercera modalidad –que involucra la idea de una nueva función propia– se halla atada estructuralmente a cuestiones de uso; es decir, depende de la estabilización de una serie particular de patrones de uso en la que interviene un objeto y una determinada práctica. La cuarta modalidad está completamente determinada por el uso (por actividades innovativas de *bricolage*) y no remite a novedad en el plano estrictamente técnico.

La única modalidad que tiene que ver con el diseño técnico en sentido auténtico parece ser la segunda, la concerniente a un nuevo principio operacional instanciado en un objeto ya conocido. Simondon diría: en ese plano se presenta el proceso de concretización o progreso técnico. En resumen, solo en el marco de la modalidad [2] sería posible hallar genuina novedad, comprendida esta en el nivel del diseño tecnológico.

---

[13] Agradezco a D. Sandrone (CONICET) el habérme señalado esta sugerencia.

Consideraciones finales

Las variantes de novedad exploradas en este trabajo han intentado capturar algunos modos bajo los cuales se altera, aunque sea de manera mínima, el paisaje de nuestro mundo artificial. Hemos partido de una enumeración de modos de novedad que cubre indistintamente todos los terrenos de la cultura material, y hemos llegado a descubrir que estas modalidades de novedad se refieren, en rigor, a dos dimensiones no homologables: la dimensión de la tecnicidad o de principios operacionales (especialmente representada en la modalidad 2) y la dimensión de la novedad atada a cuestiones de uso (corporizada en los modos 1, 3 y 4).

Es interesante notar que los factores causales que juegan un papel relevante en el campo del uso (acciones intencionales, patrones de uso, reproducción de ítems exitosos, valoración de aspectos estéticos, etc.) pueden correr en paralelo y de modo independiente a los factores causales que juegan un papel en el campo de la tecnicidad (o diseño tecnológico). Esto no significa que uno pueda trazar una historia de la tecnicidad *completamente* independiente de las derivas sociales de los artefactos y sistemas técnicos dados. Pero sí significa que sería un error considerar como avance técnico o novedad en el ámbito de la tecnicidad a ciertos cambios que dependen estructuralmente de la dimensión del uso.

A su vez, la postulación de estas dos dimensiones analíticamente distinguibles permite iluminar la brecha entre un proyecto de elaboración de una filosofía trascendental de las operaciones técnicas o principios técnicos inmanentes (a la manera en que la propuso, por ejemplo, Simondon) y, por un lado, una historia social o sociología de la técnica, preocupada por dar cuenta de las fuentes sociales que configuran las distintas variantes de la cultura material; o bien, por otro lado, un reproductivismo (al estilo de Preston) interesado en explorar las raíces sociales de las funciones propias y los modos bajo los cuales ciertos usos innovadores pueden dar lugar a fenómenos de rediseño. En definitiva, una parte del debate contemporáneo en filosofía de los artefactos podría ser leída a la luz de esta distinción.

Bibliografía

Aracil, Javier (2010). *Fundamentos, método e historia de la ingeniería*. Madrid: Síntesis.
Bucciarelli, Louis (2002). *Designing engineers*. Londres: MIT Press.
Dennett, D. (1996). *Darwin's dangerous idea*. New York: Penguin Books.
Gibson, J.J. (1986). *The ecological approach to visual perception*. New Jersey: Lawrence Elbaum Associates.
Houkes, W. y Vermaas, P. (2010). *Technical functions. On the use and design of artefacts*. Nueva York: Springer.
Mutlu, Mutlu, B.D., (2003). "New User-Centered Methods for Design Innovation: A Study on the Role of Emerging Methods in Innovative Product Design and Development", unpublished MSc. Thesis, Graduate Program of Industrial Design, Institute of Science and Technology, Istanbul Technical University, Istanbul.
Petroski, Henry (1994). *The evolution of useful things*. New York: Vintage books.
Petroski, Henry (1992). *To engineer is human. The role of failure in succesful design*. New York: Vintage Books.

Preston, Beth (2009). "Philosophical theories of artefact function". En Meijers, A. (ed.), *Philosophy of technology and engineering sciences*. Amsterdam: Elsevier B.V.

Preston, Beth (2000). "The Functions of things. A philosophical perspective on material culture". En GRAVES-BROWN, P.M. (ed), *Matter, materiality and modern culture*. London y Nueva York: Routledge.

Preston, Beth (1998). "Cognition and tool use". *Mind and Language* (13)4.

Simondon, Gilbert (2008). *Del modo de existencia de los objetos técnicos*. Buenos Aires: Prometeo.

Tomasello, Michael (1999). *The cultural origins of human cognition*. Londres: Harvard University Press.

Vincenti, Walter (1990). *What engineers know and how they know it*. Londres: John Hopkins University Press.

12

Ontología de una cadena genética

MARÍA ALICIA PAZOS

Introducción

No es en general claro para los empresarios, políticos, ejecutivos y, en general, hombres prácticos que mueven el mundo económico, considerar de alguna importancia a la filosofía, ni qué decir de la metafísica y la ontología, pasatiempos para mentes elevadas a tal punto que deben estar *ocupadas* en algo. Así como la teoría más alejada de la práctica que se hubiese podido sospechar en el siglo XIX, a saber, la geometría no euclidiana, tuvo consecuencias incalculables en Hiroshima y Nagasaki, es decir, así como la postulación de una nueva ontología llevó a la devastación de modo que Lovachevsky y Riemman no podrían haber sospechado jamás, la ontología de la tecnología contemporánea está influyendo de maneras dramáticas, algunas de las cuales, afortunadamente, ya han sido detectadas por los filósofos de la tecnología. No se trata tampoco de dejar de hacer ontología porque podría ser peligroso, sino, por el contrario, de hacerla con el rigor filosófico y con la ética imprescindible para extraer las consecuencias adecuadas y así, permitir al hombre práctico que disponga de las herramientas teóricas para las que la tecnología debiera servir: la vida digna del hombre y, quizás, también la subsistencia de la vida no humana y de la Tierra.

El caso de la patente de cadenas genéticas

En este trabajo abordaré una propuesta ontológica avanzada en las cortes judiciales como medio para dar una salida ética a un caso jurídico de propiedad intelectual respecto de cadenas genéticas. Aunque el caso es peculiarmente interesante e iluminador respecto del estudio de las consecuencias prácticas de la tecnología, en este momento no quiero enfocarme en ellas, no me detendré ni en las consecuencias de la tecnología para la salud ni en el análisis de cómo una decisión judicial sobre un constructo tecnológico puede afectar la vida humana sino, en cambio, en cómo una propuesta *ontológica* sobre entidades construidas puede proporcionar un argumento que afecta de manera contundente esas decisiones judiciales y, consecuentemente, las consecuencias de la aplicación de la tecnología a la salud a gran escala. Aunque el problema político es sumamente interesante me interesaré, en cambio, en el problema ontológico, el que implica, a su vez, consecuencias en los otros ámbitos.

El caso es el siguiente. La empresa de origen suizo Myriad ha aislado ciertas cadenas genéticas responsables de una variedad de cánceres. Así, por ejemplo, una mutación de los genes BRCA 1 y 2 humanos, cuando se presenta, eleva al 70% las probabilidades de cáncer de mama y ovario. El aislamiento de este gen permite su identificación en un análisis de ADN, en el que se separa el gen del resto de la cadena genética. El procedimiento abre la posibilidad de prevenir el cáncer aun antes de que exista. La empresa dispone de un procedimiento para aislar la cadena genética e identificar en ella la mutación relevante. Pero patentar el gen implica la prohibición a otros no solo de reproducir el procedimiento de aislamiento, sino la prohibición de aislar el gen mismo. No es el procedimiento de aislamiento lo que se patenta sino el gen mutado. El monopolio de dicho procedimiento resulta, en consecuencia, sumamente lucrativo, ya que (al margen de que, por supuesto, la manipulación genética por sí misma requiere tecnología avanzada costosa) la prohibición a cualquier otra institución de llevar a cabo el aislamiento del gen asegura el monopolio de la realización del estudio, lo que permite a la empresa imponer virtualmente cualquier precio a un diagnóstico de este tipo. Ello, consecuentemente, implica que nadie puede hacer el test, excepto mediante la empresa en cuestión. Tanto instituciones privadas como entidades de salud pública lo tienen vedado.

Con el propósito de poseer dicha exclusividad, la empresa Myriad decidió patentar la cadena genética, tras lo cual fue demandada por la Asociación de Patología Molecular, lo que desencadenó un proceso judicial sumamente interesante (caso AMP vs. Myriad), en el cual el Comité Asesor en Genética, Salud y Sociedad del Departamento de Salud y Servicios Sociales de EUA (SACGHS por sus siglas en inglés)[1] se pronunció en contra de las patentes de genes solamente *aislados*, pero no modificados (Koepsell, 2013).

El caso ha sido analizado por el Dr. David Koepsell,[2] abogado y filósofo que proporcionó a las cortes estadounidenses una salida metafísicamente aceptable para los jueces. Koepsell, oponiéndose explícitamente

---

1 Secretary's Advisory Committee on Genetics, Health, and Society.
2 Profesor asociado de Filosofía en la *Delft University of Technology*, Holanda, en un trabajo presentado en la Universidad Autónoma de la Ciudad de México, México, 28 de junio 2013 intitulado "Genes naturales y bienes comunes-por necesidad".

a las concepciones utilitaristas, propone que existen derechos básicos que no pueden ser renunciados en nombre del bienestar general. Acepta, sin embargo, como "concepto fundamental de la democracia liberal moderna" (Koepsell, 2013) el principio de "libertad" del fundador del utilitarismo, John Stuart Mill (1859 y 1861), quien "define nuestros derechos a la libertad de la manera más amplia posible, en la medida en que tales libertades no interfieran con las de alguien más" (Koepsell, 2013). El Dr. Koepsell considera, entonces, que este principio es consistente con sostener la existencia de lo que denomina *bienes comunes-por necesidad*, en oposición a *bienes comunes por elección*. La idea parte, indica el autor, del supuesto (lockeano) de la propiedad privada como derecho natural. En esta línea Koepsell entiende los *bienes comunes-por elección* como aquellos que los miembros de una comunidad (comuneros) hay decidido instaurar como propiedad pública, de manera que todos ellos tienen derecho a tales bienes por igual. Se trata de los campos comunales en los cuales, por ejemplo, en muchas comunidades, los particulares llevaban a pastar su ganado. Nos referimos a bienes que pueden ser propiedad privada por derecho natural, pero que han sido convertidos en bien público por decisión de los interesados. La categoría de *bienes comunes por elección* la subsume Koepsell en otra más general de *bienes comunes* por oposición a *bienes particulares*. Los bienes particulares serían aquellos sobre los que los individuos poseen el derecho inalienable de la propiedad privada. Definidos los *bienes comunes* mediante este contraste, propone una subdivisión de estos últimos. Habría en la propuesta de Koepsell, además de los *bienes comunes por elección* otros que denomina *bienes comunes-por necesidad*. Son entidades tales como las leyes naturales. Dice:

> Todos compartimos los mismos derechos de acceso a esos bienes, no porque algún soberano lo diga, sino porque tenemos derecho al acceso libre, igual y abierto al uso instrumental de las partes de la naturaleza en la medida en que tal uso no interfiera con los derechos de alguien más.

La idea que subyace a esta afirmación es que en tanto, siguiendo a Locke (1823), tendríamos derecho a la propiedad privada respecto de bienes sobre los que pueden existir conflictos de intereses (es decir, el derecho a la propiedad privada decide ese conflicto) cuando el uso de un bien no puede interferir en los derechos de los demás, el bien no puede ser apropiado. Las leyes naturales

> no tienen que ver con la invención humana. Es imposible privatizarlas y monopolizarlas, o excluir de algún modo a otros de participar en ellas, utilizarlas o conocerlas. De igual forma, las abstracciones son bienes comunes por necesidad. La necesidad aquí no es pragmática sino lógica. Sencillamente, hay algunas partes del universo que no pueden privatizarse.

Entonces Koepsell concluye que las cadenas genéticas y sus partes son de este tipo de entidades: son abstracciones de la naturaleza y, como tales, son entidades naturales, *bienes comunes-por necesidad*. Como tales, no son susceptibles de privatización y no pueden, por lo tanto, ser patentadas. El siguiente cuadro resume y sistematiza estas ideas:

Categoría general	Subcategoría	Entidades incluidas	Criterios	Derecho natural
Bienes privados		Entidades físicas particulares, como los objetos muebles y las tierras.	Pueden ejercerse medidas (violentas o no violentas) para evitar que otros hagan uso de ellos.	Las rige el derecho inalienable de la propiedad privada.
Bienes comunes	Bienes comunes por elección	Entidades físicas particulares, en general tierras.	Pueden ejercerse las medidas mencionadas, pero se ha decidido no hacerlo. Han sido declaradas públicas por acuerdo explícito o tácito de los particulares.	No son propiedad de nadie. No pueden ser poseídos ni patentados.
	Bienes comunes por necesidad	1) Objetos y substancias suficientemente abundantes como para no ser objeto de conflictos por su existencia limitada (por ej. el oxígeno). 2) Leyes naturales. 3) Entidades abstractas (aquí incluimos las cadenas genéticas aisladas).	Son *naturales*, i.e. no son producto de la acción humana. Es *imposible* evitar que otros las usen.	

Esta argumentación fue, comenta Koepsell, bien recibida por el sistema jurídico. El filósofo y abogado proveyó a la jurisprudencia de una idea esencialista, al introducir las cadenas genéticas bajo la categoría de una *clase natural* que, como tal, no es susceptible de apropiación.

Análisis del caso

Es necesario señalar la importancia práctica de la construcción conceptual anterior, que otorgó al sistema jurídico bases sobre las cuales resolver el caso en favor de la justicia social, proporcionando a la vez jurisprudencia para futuras querellas similares.

Sin desmerecer en absoluto este hecho fundamental desde el punto de vista político, la argumentación que me propongo desarrollar en mi exposición se desarrollará del siguiente modo:

1. Caracterizo el problema mencionado como el de buscar una salida ontológica conceptualmente aceptable a la categorización de las cadenas genéticas aisladas como clases naturales.
2. Muestro que la categorización de las cadenas genéticas aisladas como clases naturales tiene un gran índice de arbitrariedad. Podría, siguiendo la misma línea de argumentación con más detalle, declararse a las cadenas genéticas aisladas como constructos de la tecnología y por lo tanto, como las lavadoras y la Coca Cola, sujetos de apropiación mediante patentes. El argumento que presento incluye mostrar que algunas de las entidades que Koepsell considera comunes (entre ellas las cadenas genéticas aisladas) y de las cuales alega que no *puede* evitarse su uso público,

no tienen esa característica. En tanto que es imposible dejar de *usar* las leyes naturales, es decir, todos estamos sometidos a la ley de gravedad, es en cambio perfectamente posible desde el punto de vista físico evitar que otras personas manipulen cadenas genéticas. Así, se argumenta, por una parte, que las cadenas genéticas aisladas no son como las leyes naturales, en el sentido en que el argumento de Koepsell requeriría. Por otra parte, se argumenta que muchos *artefactos* que pueden ser patentados y usualmente se patentan son, en cambio, como las leyes naturales, en un sentido que elucidaré. Se concluye, así, que la categoría de bienes comunes no sirve a los propósitos originales, porque no proporciona la extensión éticamente deseable del concepto (incluye cosas que se deseaban excluir y excluye aquellas que se deseaba incorporar). En términos conjuntistas, no proporciona la intensión correcta para la extensión que se desea. Por el contrario, proporciona una extensión de las consecuencias éticas de cuya aplicación serían injustas.
3. Cuestiono, como continuación del argumento anterior, la idea de *clase natural* como una categoría útil para describir entidades descubiertas o creadas por los avances tecnológicos contemporáneos, que, como las cadenas genéticas aisladas, difícilmente pueden considerarse entidades naturales.
4. Propongo, en cambio, que, puesto que el objetivo de la argumentación ontológica era el de extraer una conclusión ética que pudiera fundarse sobre bases jurídicas, el problema debe reconsiderarse directamente en esos términos, a saber, directamente como una cuestión ética de justicia social. La ontología, por lo tanto, aunque desde el punto de vista práctico-político

constituyó un avance importante, no debió haber sido el encuadre de partida. Sostengo y defiendo, por lo tanto, las siguientes dos tesis:
- a. El problema de la patentación de cadenas genéticas no es una cuestión ontológica y no debe ser tratado como tal.
- b. La ontología, para ser de utilidad, debe prescindir de presupuestos realistas respecto de las clases naturales, en tanto no se apoyen en razones epistemológicas.

5. Finalmente, como producto de la defensa de ambas tesis, concluyo con una propuesta de estrategia diferente que, en la línea misma del utilitarismo, debería arrojar como conclusión el que las cadenas genéticas aisladas no debieran patentarse. Así, propongo que el problema que debe enfrentarse en este caso no es ontológico sino ético y que debe afrontarse y resolverse así, en pro de la justicia social. Reconozco, sin embargo, que este enfrentamiento debe superar la barrera del esencialismo usual de los sistemas jurídicos positivos. Ello no es una tarea solamente ontológica o filosófica, sino que requerirá esfuerzos sociales, sobre todo de los filósofos del derecho. Aunque es una tarea que queda pendiente en buena medida, varios filósofos la han estado encauzando, afortunadamente, en las últimas décadas.

Considero la propuesta de Koepsell como una propuesta *naturalista*. Denomino así la idea según la cual que una entidad sea natural constituye un criterio adecuado para decidir si debe o no debe ser patentada.

La idea es la siguiente: Koepsell argumenta que las cadenas genéticas aisladas constituyen un caso de bienes comunes por necesidad, de allí concluye que no pueden ser patentadas.

Su razonamiento puede elucidarse así:

1. Los bienes comunes por necesidad no pueden ser patentados.
2. Los bienes comunes por necesidad son aquellos tales que: (a) son naturales y (b) es imposible evitar que otros los usen.
3. Las cadenas genéticas aisladas son entidades naturales y es imposible evitar que otros las usen.
4. Por lo tanto no pueden ser patentadas.

Considero que este argumento, que desde el punto de vista formal es correcto, es deficiente y, en particular, que el error se halla (por lo menos) en la premisa 3. Allí se alega que las cadenas genéticas aisladas son entidades naturales. Supongamos un instante, por mor del argumento, que eso es verdad, pero las vacas[3] son naturales también y, sin embargo, pueden ser propiedad de la gente.

Así, el que sean naturales es insuficiente. Entonces debemos apelar también a la otra condición: como las leyes naturales, no pueden ser apropiadas. Nadie puede evitar que los demás usen las leyes naturales. Lo que es importante destacar es que el sentido de *poder* aquí es el de posibilidad, no el de permisión. Así, no puede prohibirse usar la ley de gravedad, porque es físicamente imposible obedecer esa prohibición. En cambio con las cadenas

---

[3] Podría alegarse que las vacas contemporáneas no son naturales, ya que son el producto de la producción selectiva de razas. En todo caso, ello no siempre fue así, ya que las vacas eran ya propiedad privada antes de los procedimientos de manipulación mencionados.

genéticas aisladas ello no ocurre. Por el contrario, si un estado prohíbe que alguien aísle las cadenas genéticas, es perfectamente posible obedecer la prohibición. Por lo tanto, las cadenas genéticas aisladas no satisfacen la condición de que no pueden, en sentido físico (que es el sentido en el que las leyes naturales no pueden ser violadas) ser apropiadas. No son, por lo tanto, bienes comunes por necesidad.

De hecho el criterio según el cual algo no puede ser patentado porque, como las leyes naturales, es imposible evitar su uso, es ineficaz para decidir si patentar algo o no, puesto que si fuera realmente imposible evitar el uso de algo, a nadie le interesaría patentarlo. Una empresa solo podía estar interesada en prohibir el uso de algo si hay manera de evitar el uso. Así, alegar que las cadenas genéticas son entidades naturales como las leyes, no se puede referir a esa imposibilidad.

Entonces, si las cadenas genéticas son naturales, lo son a pesar de que es posible impedir su uso. Pero entonces, el que sean naturales debiera ser suficiente para no patentarlas.

El argumento podría entonces reconstruirse así: las entidades no naturales pueden ser patentadas. Las entidades naturales pueden ser apropiadas (como las vacas y los campos), pero no patentadas. Las cadenas genéticas aisladas son entidades naturales, por lo tanto no pueden ser patentadas.

Inmediatamente surge el problema de si estas entidades naturales pueden ser sujeto del derecho de propiedad privada. La respuesta es que en tanto entidades particulares, en tanto *tokens* pueden serlo. Por ejemplo, la cadena genética particular que está en cada uno de los genes que están en mi cuerpo es mía. La idea de patente no se refiere a entidades particulares sino a *clases*, es decir, es la clase general la que puede patentarse. Esto significa que si una entidad es de cierta *clase*, entonces yo no puedo poseer una instancia de esa clase a menos que la compre a su dueño. Por ejemplo, no puedo poseer una instancia de *Coca Cola* a menos que se la compre a la Coca Cola. Yo no estoy habilitada para producirla.

Qué pasaría, entonces, si una entidad de cierta clase está patentada, pero yo la *encuentro*, es decir, no la produzco. Por ejemplo, encuentro una Coca Cola abandonada en el parque. Entonces es mía. La abro y me la bebo. Los casos particulares son susceptibles de ser apropiados, pero no la clase como tal, y ello significa que yo no puedo producirla, hacerla, fabricarla.

Ello presupone, entonces, que las clases patentables son las que requieren ser elaboradas, y son, por lo tanto, no naturales sino artificiales.

Entonces, el punto importante para el no patentamiento de una cadena genética no es que sea *como las leyes naturales*, en el sentido de que no pueda prohibirse su uso, sino que sea *artificial*, en oposición a natural.

Lo que se alega de las cadenas genéticas aisladas es que son naturales y, por lo tanto, puede hacerse uso de sus instancias siempre que se las tenga a la mano.

Ello requeriría una distinción clara entre lo que es natural y lo que no lo es. Esto evidentemente no existe, y la delimitación no puede hacerse sin que constituya una petición de principio. Es decir: es necesario decidir cuándo algo es *producido* en oposición a su presencia en la naturaleza. ¿Las vacas son producidas o son naturales? Evidentemente intervenimos en su producción. La Coca Cola es producida y puede patentarse, ¿pero en qué punto de la modificación de una entidad comienzo a decir que es artificial? ¿Quebrar una piedra podría ser suficiente para declarar que yo he producido una punta de flecha y que, por lo tanto, todo aquel que produzca una igual deberá pagarme una cuota? En el caso de una cadena genética, no existe aislada en la naturaleza y, por lo tanto, debemos desempeñar cierto acto para aislarla. Entonces puede decidirse o no, a conveniencia de cada quien, si la consideramos natural o artificial.

Podría alegarse que en la naturaleza hay puntas de flecha en este sentido, aunque también pueden elaborarse. Por el contrario, no existen normalmente cadenas genéticas aisladas. Esto es verdad, pero no existe una razón esencial para ello. Es decir, podrían no existir puntas de flecha en la naturaleza, y podría, por azar, aislarse una cadena genética en el universo. En pocas palabras, la distinción entre natural y artificial es arbitraria.

Un argumento por reducción al absurdo sería el siguiente: la apendicectomía puede ser patentada, de hecho, el apéndice mismo puede serlo, ya que aunque es una entidad que existe en la naturaleza por sí misma, sin intervención del ser humano en su producción, no se lo aísla normalmente de los cuerpos. Es decir, aunque existe en la naturaleza, no existe *aislado* en la naturaleza. Por supuesto podría, por azar, existir algún caso de un apéndice aislado, por ejemplo, digamos, por un animal salvaje que ha atacado a un ser humano y tomado su apéndice para comérselo un instante después. Este caso de aislamiento es, seguramente, casi tan poco probable como el aislamiento por azar en la naturaleza de una cadena genética. Así, el apéndice aislado puede ser patentado y, en consecuencia, si mañana yo decido patentarlo, quien quiera llevar a cabo una apendicectomía deberá acudir a mí y esperar, bien que yo mismo la lleve a cabo, bien que le otorgue los permisos correspondientes una vez me haya abonado la cantidad que yo juzgue conveniente. Si una cadena genética puede ser patentada, lo puede ser cualquier otra parte del cuerpo. Ahora bien, si es absurdo patentar el apéndice, también lo es patentar una cadena genética aislada.

Perspectivas

Decidir si los genes aislados son naturales o artificiales no es, me parece, lo que debería ponerse en duda. No es una categoría ontológica lo que está detrás de nuestra indignación ante el hecho de que intente patentarse algo de lo cual depende la salud de tantas personas. El aire no debiera ser patentado aun en el caso de que dejara de ser suficiente para todos, y la razón no es que sea natural o artificial, sino que lo necesitamos. Podría dejar de existir el oxígeno en estado respirable y ello no daría derecho a nadie a cobrar por él. La idea que propongo es, en cambio, que la decisión por si la gente tiene derecho o no a apropiarse de las cosas es un problema ético, y debe ser afrontado como tal. Sostengo, pero ya sería una tesis a defender en otro trabajo, que incluso una posición utilitarista nos llevaría a concluir que el aire, como el agua, como nuestros genes, no puede ser patentado ni apropiado por nadie.

Bibliografía

Locke, John (1823). *The Works of John Locke*. Oxford, Oxford University Press.

Mill, John Stuart (1859). *On Liberty*. Incluido en Robson, 1963, pp. 213-310.

Mill, John Stuart (1861). *Utilitarianism*. Incluido en Robson, 1963, v. 10, pp. 203-59.

Robson, J. M. (ed.) (1963). *Collected Works of John Stuart Mill*. Toronto: University of Toronto Press.

Koepsell, David (2013). "Genes naturales y bienes comunes-por necesidad", conferencia presentada el 28 de junio de 2013, *Seminario de Investigadores* de la *Academia B de Filosofía e Historia de las Ideas* y el proyecto de investigación PRINCIPHIA (*Programa de Investigación en Ciencia y Philosofía*), ambos de la Universidad Autónoma de la Ciudad de México, México. El original en inglés puede encontrarse en la revista electrónica *Genwatch*, con el nombre "Naturally ocurring genes and the commons by necessity": https://goo.gl/rzIGrf.

13

Tecnoestética y *sensorium* contemporáneo en la producción y recepción de obras

ANAHÍ ALEJANDRA RÉ

A modo de introducción

En este trabajo pretendemos enfocar nuestra atención en el ámbito específico de la producción artificial (y, sobre todo, industrial) de sensibilidades. Esto inscribe nuestra labor en la esfera del pensamiento sobre las artes y sobre el rol de estas en el marco del proceso de individuación. El interés es reflexionar sobre las condiciones de producción a partir de las cuales se crea una obra (ya sea de literatura, arte o crítica), teniendo en cuenta que las manifestaciones que se estudian, se aprecian y, sobre todo, se crean para entornos digitales o virtuales suelen participar de un modo de hacer industrial. Esto equivale a decir que estas obras se constituyen en primera instancia como objetos técnicos industriales, más que como productos de un hacer singular (artesanal, manual). Significa que una gran proporción de estas manifestaciones responden a convenciones o reglas de producción que rigen en la configuración de objetos técnicos industriales y en el uso cotidiano de los mismos.

De aquí pueden realizarse tres constataciones: en diversas ocasiones, estos objetos interactúan en el campo del diseño industrial, gráfico, o publicitario, entre otros posibles; su inclusión en el ámbito de la experiencia artística no va de suyo (aunque hacia esa tendencia operen en general los discursos secundarios que acompañan las obras –catálogos, manifiestos, manuales de uso, crítica publicitaria, entre otros-); y, por último, pero no menos importante, tanto objetos como dispositivos industriales fundan un tipo particular de percepción que participa activamente en los procesos de individuación / subjetivación. Esta constatación es central a la hora de abordar el vínculo entre sujetos y objetos, y el grado de emancipación o sujeción que el vínculo logra respecto de los poderes capitalistas e industriales actuales.

El siglo XXI, cuyo inicio podríamos datar en 1993, con la apertura de la web al público, deja muy claro que la industria no solo crea productos y servicios para ser consumidos, sino también subjetividades y disponibilidades adaptadas a las necesidades de la misma industria y que, por tanto, ella misma es también, de algún modo, el resultado de una poética (y también de una ética). Se trata de una po/ética prescriptiva que sienta sus bases sobre un sistema de producción particular (monolítico, en su forma conocida), el capitalismo, que proyecta una serie de imaginarios específicos. La descripción de los imaginarios tecnológicos que emergen en una sociedad de estas características a menudo se ha estereotipado y polarizado en tecnofóbicos y tecnofílicos, en un nuevo par dispuesto a nombrar a los apocalípticos e integrados que describía Umberto Eco en 1965 con respecto a los medios y la cultura de masas.

La presencia, reproducción o interrupción de estos imaginarios se puede ponderar a nivel de las metapoéticas, en la relación que los artistas establecen con sus materiales y el universo simbólico que configuran en la factura de sus obras. Esto permite distinguir cierta gradualidad en la actitud con la que se asumen los nuevos medios. Como ha sucedido con cada nueva tecnología de escritura (o de exteriorización de memoria) a lo largo de la historia de la humanidad, los nuevos lenguajes que disponibilizan las "nuevas tecnologías" irrumpen en el ecosistema preexistente y emerge por ello una serie de cuestiones a repensar; así sucede por ejemplo con el rol de la crítica literaria y de arte en la actualidad. Estas páginas son parte de una reflexión mayor acerca de la especificidad de estas "nuevas" poéticas[1] y de los imaginarios que germinan en ellas estableciendo, de manera performativa, los territorios de sus experimentaciones.

Dispositivos de in-sensibilidad automática

Para los inicios del siglo XXI, hacía varios años ya que la presencia de internet en los hogares latinoamericanos se incrementaba con perspectivas cada vez más promisorias de acceso, mientras comenzaban a aparecer prácticas artísticas en ese medio –o en diálogo con él–, inaugurando un catálogo de particularidades en las obras que se corresponden con el nuevo entorno técnico y lo trascienden.

Es así como poco a poco los avances tecnológicos de las últimas décadas hicieron su aparición en la factura de obras literarias o de arte, tanto como en el ámbito de la vida cotidiana y laboral, operando una paulatina pero veloz modificación de nuestros modos de vincularnos, por ejemplo, a una temporalidad y a determinados objetos culturales. Este fenómeno permite a Bernard Stiegler, uno de los principales referentes franceses en la reflexión filosó-

---

[1] A veces lo son solo en apariencia: a partir de la novedad de los materiales se opera un desplazamiento del calificativo hacia una pretendida novedad en las poéticas, impostura que es posible desmantelar mediante una reflexión sobre la adopción y uso de los lenguajes disponibles en la obra.

fica sobre tecnologías, teorizar acerca de nuestros modos mediados de experimentar el tiempo (presente, pasado o por venir), sus posibilidades y sus consecuencias en los modos de proyectar y conocer (Cfr. *De la misère Symbolique*, 2012).

Un ejemplo sencillo de lo antes dicho es considerar cuán habituados estamos a exponernos a largometrajes de planos cortos y ritmo acelerado, y cuánta dificultad acarrea, a un público no iniciado, prestar constante atención a la trama y al ritmo que proponen los films de desarrollo lento caracterizados por planos de larga duración (de Tarkovsky, por ejemplo). El vínculo cotidiano y dominante con determinados productos de la industria cultural define ciertas capacidades e incapacidades, tolerancias e intolerancias, disponibilidades e indisponibilidades de la atención (como percepción del tiempo presente).

Un breve foco en el análisis y el predominio de la industria del videojuego *mainstream* sugiere que aun en lo que consideramos mero entretenimiento somos entrenados para realizar tareas rutinarias, para afirmar la naturalización de determinadas ideas, tipos de conflictos y resoluciones, etcétera. Los objetos culturales homogeneizados determinan los ritmos en que se consume nuestra disponibilidad, y las empresas y publicidades participan de un negocio en el que lo que se vende es nuestro tiempo disponible, ya no como fuerza de trabajo solamente, sino también como atención dirigida (y dirigible). La experiencia artística, así como todos los consumos relativos a la industria cultural, también crea y cultiva diversos regímenes de atención a partir de los cuales se configuran cuerpos y mentes aptos y no aptos para la percepción de determinadas manifestaciones.

Para Stiegler, la radicalización del rasgo que define a la era industrial define a la nuestra como una era "hiperindustrial". Puede entenderse de este modo incluso en América Latina; sostener lo contrario sería admitir un concepto acotado de industria, que solo remitiese a fábricas, humo y transformación de materias primas, lo que implicaría desconocer que la industria actual es la de la economía a gran escala, estandarización[2] y calculabilidad aplicable a todos los procesos. La era hiperindustrial se caracteriza por una extensión del cálculo que traspasa la esfera de la producción, y por una extensión correlativa de los dominios industriales (Stiegler, 2012, p. 79). Nuestro objeto de estudio, el arte y el dominio de la sensibilidad, no queda al margen de este proceso.

La era hiperindustrial hace aparecer una nueva figura (desfigurada) del individuo, en la medida en que la generalización hiperindustrial del cálculo obstaculiza ("cortocircuita") el proceso de individuación.[3] Emerge así una nueva sociedad de control: la empresa sustituye a la fábrica. El saber por excelencia es el marketing, que implica un control de la memoria, del tiempo de las conciencias y del cuerpo para la maquinización de la vida cotidiana,

---

2   Aunque el concepto de estándar es un punto de partida para el planteo de esta propuesta, no nos detendremos en él puesto que ya lo hemos trabajado en Berti, Agustín y Ré, Anahí. "Contra lo discreto: Estandarización y poéticas de desreferenciabilización", en Revista *Texto digital*. Universidade Federal de Santa Catarina, Florianópolis, Santa Catarina, Brasil. Vol. 9. N° 2, diciembre de 2013, pp. 183-209. Solo anotaremos que el estándar es el rasgo esencial de las "poéticas de la industria", en tanto hace posible la calculabilidad, vendibilidad, hipersincronizacion, etc.

3   Para un estudio sobre este concepto, cfr. Simondon, G (2009). *La individuación a la luz de las nociones de forma y de información*, Ediciones La Cebra y Editorial Cactus, Buenos Aires; y de Stiegler, B. (2005). *La técnica y el tiempo 3. El tiempo del cine y la cuestión del malestar*. Ed. Hiru. España; (2012). *De la misère symbolique*. Flammarion. Francia; (2012). *États de Chocs. Bêtise et savoir au XXIème siècle*. Mille et une nuits. Francia; y (2008). *La télécratie contre la démocratie*. Flammarion. Francia.

mediante procesos que son esencialmente íntimos y que se encuentran, sin embargo, privados de su intimidad (2012, p. 95, y cfr. nota 7 del presente capítulo, sobre retenciones).[4] El término "psicopoder" utilizado por Stiegler completa el de "biopoder" foucoulteano: desde la segunda mitad del siglo XX, la cuestión ya no es controlar a los habitantes como máquinas de producción (biopoder), sino controlar y fabricar motivaciones, como máquinas de consumo. Así la proyección se reduce a un cálculo que acota los márgenes de indeterminación y singularidad: la proyección supone un proyecto, y su reducción a un cálculo significa que ese proyecto no es más una apertura al futuro (en tanto dimensión esencialmente indeterminada, y, por lo mismo, principalmente incalculable, incluso allí donde el cálculo puede también intensificarlo como dispositivo de singularidad). Esta reducción, para Stiegler, es típica de la era hiperindustrial y supone la hipersincronización de los individuos en la que consiste la realidad efectiva de la sociedad de control: "Un yo y un nosotros que ya no pueden proyectar están, en efecto, condenados a descomponerse" (Stiegler, 2012, p. 93, mi traducción).[5]

Los dispositivos retencionales (de registro, de exteriorización de la memoria,[6] resultado de la aplicación de teorías científicas) constituyen para el autor un *pharma-*

---

[4] El poder, desde esta perspectiva, reside en la estandarización, que en tanto control de la individuación psíquica y colectiva deviene "psicopoder", control de todos los procesos de atención, memoria (retencionales) e imaginación (proyectivos). Este proceso, realizado mediante una serie de selecciones artificiales que constituyen el estándar a partir del cual la exteriorización de la memoria se realiza, "cortocircuita" la individuación de los seres. La estandarización y la discretización de todos los movimientos de la individuación permite sumar, procesar, calcular y modelizarlos, produciendo atractores categoriales (Stiegler, 2012, p. 109). Por esto, quien domina y regula el estándar en la era de la hiperindustrialización es quien impone los modos de conocer, de proyectar, de recordar.
[5] Sobre este tema, cfr. Stiegler, B. *De la misère symbolique 1 y 2*.
[6] Cualquier tipo de notación y registro: cuadernos, agendas, computadoras, grabadoras, fotografías, videos, teléfonos, etcétera.

kon. Esto implica considerar que toda técnica es originaria e irreductiblemente ambivalente o, dicho de otro modo, todo objeto técnico es "farmacológico": puede ser, a la vez, veneno y antídoto. La escritura alfabética, por ejemplo, pudo ser un instrumento de emancipación y también de alienación (cfr. Ong, 2011). Por su parte, la web fue considerada farmacológica porque es un dispositivo tecnológico asociado que permite la participación de colectivos pero, a la vez, constituye un sistema industrial que expolia a los internautas de sus datos para someterlos a un marketing omnipresente e individualmente trazado y dirigido por las tecnologías de *user profiling*.

El pensamiento de Stiegler alerta sobre las posturas esgrimidas ante tal realidad: a pesar de la gravedad de su diagnóstico, no sería sensata la propuesta de un cambio drástico en el camino tomado, y de repente, pretender detener el desarrollo industrial y despojar a las sociedades de todas las tecnologías desarrolladas que representan algún riesgo desde esta perspectiva, pero tampoco es admisible la constatación pasiva acerca de cómo desarrollos cada vez más costosos (en muchos aspectos) se suceden de manera vertiginosa, aumentando ciega e ilimitadamente el consumo, con todos los efectos que tales aparatos conllevan en los procesos de individuación. La toxicidad de estos dispositivos de memoria reside en que configuran selecciones[7] que la conciencia aprehende, selecciones que

---

7   Siguiendo el desarrollo stiegleriano de los distintos tipos de retención, podemos decir que las retenciones son selecciones del flujo de la consciencia. Hay tres tipos: 1. *Retenciones primarias* (R1): son lo que la conciencia retiene en el ahora del flujo en el cual ella consiste, juegan su papel en el momento de atención y percepción. 2. *Retenciones secundarias* (R2): son retenciones primarias previamente retenidas por nuestra consciencia. Asumiendo que la consciencia realiza selecciones puesto que no puede retener todo. Funcionan como filtros que conserva nuestra memoria y que constituyen nuestra experiencia. 3. *Retenciones terciarias* (R3): son las sedimentaciones (conscientes o inconscientes) que se acumulan en el transcurso de las generaciones, y que constituyen un proceso de

están sometidas a categorizaciones inmanentes del mercado, a sus imperativos hegemónicos, y esto hace imposible el proceso de proyección por el cual un nosotros se constituye individuándose. Desde la crisis de los años treinta, el capital ejerce sistemáticamente la hegemonía cultural en los dispositivos retencionales (que apelan siempre a categorizaciones que son objeto de luchas).

El psicoanalista y escritor Jorge Alemán considera que la posible lucha ante esta realidad implica discernir "qué hay en el advenimiento del sujeto en su condición sexuada y mortal que no pueda ser atrapado por los dispositivos de producción de subjetividades específicos del neoliberalismo" (2013). Para Stiegler, por su parte, el *pharmakon* devendría en remedio si de algún modo se lograra causar interferencia en la industria monopólica de producción categorial.[8]

---

individuación colectiva. Ellas determinan las relaciones entre las R1 y las R2 y son consecuencia de la individuación técnica y del proceso de gramatización que las atraviesa. Un ejemplo de retención terciaria fue el fonógrafo, que posibilitó la repetición idéntica de un objeto temporal: antes de que exista no se podía escuchar la misma melodía dos veces seguidas. Luego de su creación como prótesis de la memoria exteriorizada eso se hizo posible. Si nos sometemos a dos escuchas distintas, se engendran fenómenos temporales diferentes, puesto que las R1 varían de un fenómeno a otro. Las retenciones de la primera audición, devenidas secundarias, juegan un rol de filtro de selección en la segunda escucha. En breve: las retenciones primarias son el más inmediato pasado que uno retiene en el "ahora", las secundarias son los filtros por los cuales no se retiene todo, las terciarias resultan de la individuación técnica y sobredeterminan a las otras dos (2012, p. 85). Las retenciones terciarias caracterizan a la especie humana como protésica, ya que la posibilidad de exteriorización de la memoria (epifilogenesis) constituye una tercera memoria, esencialmente técnica, que no es ni la memoria genética (codificada en los genes como parte de la especie) ni la somática, epigenética (que proviene de la interacción con el medio, pero que aún no es cultura; es cerebral, biológica). Estas retenciones forman dispositivos retencionales y condicionan a todas las demás. La memoria epifilogenética está constituida por el conjunto de artefactos y prótesis, y es constitutiva del hombre.

8   Cfr. Berti, Agustín y Ré, Anahí: "Estándar, tendencia técnica e invención categorial". *XXIV Jornadas de Epistemología e Historia de la Ciencia*, Escuela de Filosofía, Universidad Nacional de Córdoba, 17 a 19 de octubre de 2013.

Gesticular / gestar

Resulta interesante completar estos planteos con las reflexiones del filósofo checo-brasileño Vílem Flusser respecto del rol que cumplen los aparatos (en particular, la cámara de fotos) en la manera de informar el mundo y de fotografiar del artista. En *Una filosofía de la fotografía*, Flusser expresa que

> el juego con los símbolos se ha convertido en juego de poder [...] el fotógrafo tiene poder sobre los contempladores de su fotografía y programa su comportamiento; y el aparato tiene poder sobre el fotógrafo y programa sus gestos (2007, p. 31).

Para Flusser, el programa del aparato (dispositivo de registro, resultado de la aplicación de teorías científicas, *pharmakon*) condiciona la libertad del artista transformándolo en mero funcionario cuando este solo actualiza las funciones previstas en el programa de la cámara. Haciendo eso, reproduce las categorías producidas por el mercado de aparatos. Puesto que la finalidad de los aparatos no es transformar el mundo (mediante un trabajo) sino cambiar el significado del mundo (mediante la fabricación de símbolos), la libertad del fotógrafo (y extendemos, del artista) está allí donde este logre crear situaciones que no hayan existido nunca (2007, p. 36), mas no debe buscar estas situaciones actuando en función de los programas de la cámara sino contra ellos (2007, p. 28) y captar imágenes que *in-formen* una manera de ver el mundo desconocida, no vista antes. En cambio, serán "imágenes redundantes" (2007, p. 27) las que no aportan ninguna información nueva y solo actualizan el programa del aparato. En este sentido, las repeticiones de fórmulas (tanto creativas como críticas) participan del aparato.

A este respecto cabe preguntarse por la recurrencia de ciertos subgéneros (por caso, la poesía por combinación del tipo de *IP Poetry* de Gustavo Romano y, en cierta medida, sus derivados: *Manifiestos Robots* de Belen Gache, o procedimientos familiares, *Peronismo Spam*, de Charly Gradin, o en otra línea, La PAC -Poesía Asistida por Computadora- de Eugenio Tisselli, utilizada luego como insumo en diversas obras, tales como *El libro flotante* –Valencia/Tisselli-, cuyo antecedente se puede señalar en los juegos con diccionarios de los dadaístas) que, vistos desde esta perspectiva, parecen imitar un gesto anterior y, por la misma repetición, al menos a nivel del procedimiento, parecieran entonces perder su valor *in-formativo* y volverse simples *gesticulaciones,* en franco contraste con el *gesto* artístico (o la *gestación* artística) de aquella obra que incorporó originalmente al procedimiento en cuestión (y por lo tanto sacudió o tensionó todo el sistema de técnicas y valores preexistentes). Al mismo tiempo, se produce una paradoja en la crítica, que, por un funcionamiento similar al del estándar que referimos brevemente en el apartado anterior, aspira a captar lo singular de la obra para leerlo, al mismo tiempo que eso implica cierta necesidad de despojar al gesto de su singularidad.

La noción de industrias poéticas que definimos en un trabajo anterior (Ré, 2014) reclama validez tanto para referir a la creación artística como para aludir a la producción de crítica. Puede señalarse, por un lado, la existencia de una industria poética que en su uso de las herramientas y materiales participa de un estándar que asume del mundo cotidiano, el cual traza un linaje técnico particular para las obras que proceden adecuándose a él. Por otro lado, puede enunciarse también la existencia de una industria crítica de molde (que da lugar a la "crítica serial" [Susana Romano Sued, 2009]), o de una *lectura formularia*, como también la hemos llamado (2013), que operaría de la misma manera: adscribiendo a categorías estandarizadas y metodologías extrapoladas, cuya particularidad radica en cincelar un objeto de estudio de modo que, ya suficientemente erosionado, sea posible postularlo -y así formularlo- como un ejemplar más que participa de una ley ya probada anteriormente,[9] en lugar de apuntar a generar un conocimiento singular a partir de la violencia que ejerce el objeto en cuestión cuando nos exponemos a él. Del mismo modo, hay procedimientos de creación artística y crítica que desde su aparición discuten o examinan el estándar preexistente. En trabajos anteriores reunimos algunos bajo el signo de "poéticas de desreferenciabilización" (Ré y Berti, 2012; Berti y Ré 2013).

Desobediencia tecnológica y desautomatización

Tal como lo definimos, el concepto de desreferenciabilización nombra al procedimiento por el cual se desmonta la funcionalidad discreta propia de los procesos tecnológicos (Berti y Ré, 2013). Esta problematización de la técnica desde los propios procedimientos apela a la invención de categorías nuevas que escapan a la tendencia técnica hegemónica basada en el estándar.[10] Para el pensamiento

---

[9] Apelando a criterios que rigen en otras áreas específicas del conocimiento (pensemos por ejemplo en la "medicina basada en la evidencia", en cuyo marco las investigaciones buscan sumar a las bases de datos casos idénticos para producir leyes que indiquen por ejemplo el tratamiento a prescribir para cada dolencia singular en función de las estadísticas que arroja el procesamiento de esos datos). Está claro que no es sumando casos a la comprobación de una ley preexistente que podemos producir conocimiento en humanidades.

[10] "El concepto específico de referenciabilización [*addressability*] proviene de la informática (Gold, p. 2012), pero en última instancia permite describir una multiplicidad de fenómenos en los cuales la clasificación cuantitativa objetiva mediante unidades discretas permite el tratamiento protocolizado y, eventual-

de Yves Citton (2012), antropólogo y estudioso de la literatura, escapar a la tendencia técnica basada en el estándar (para el caso de los objetos técnicos) equivale a la improvisación de un gesto insólito por parte de nuestros cuerpos disciplinados, un gesto por el cual devenimos más humanos; así como para Flusser el funcionario deviene artista si *in-forma* por fuera de las categorizaciones del programa del aparato. A este respecto quisiera dedicar unas líneas al acervo de "desobediencia tecnológica", de Ernesto Oroza.

En Cuba, durante la crisis económica que se llamó "Periodo especial en tiempos de paz", posterior a la caída de la Unión Soviética y el recrudecimiento del bloqueo norteamericano, el Estado puso en circulación el *Libro de la familia*, un compendio de saberes de ingeniería industrial, mecánica, medicina, etc., susceptibles de ser aplicados en medios de transporte, juguetes, ropa, alimentación, entre otros ámbitos de la vida cotidiana. Estos conocimientos viabilizaron y viabilizan la utilización de objetos técnicos en el marco de prácticas para las cuales no fueron pensados.

> La desobediencia tecnológica, entendida como un posicionamiento tecno-político, opera, por un lado, como una forma de alterar el ciclo de circulación y utilización de la tecnología que impone el neoliberalismo y, por otro, como una instancia que posibilita un trabajo de re-apropiación y elaboración de dispositivos, calificados desde la lógica de consumo como precarios u obsoletos, pero que encierran potencialidades tanto prácticas como de conocimiento y reflexión crítica (Oroza, 2015).

---

mente, automatizado, que las tecnologías digitales habilitan en todas las esferas de la cultura contemporánea" (Berti y Ré, 2013, p. 186). "La desreferenciabilidad sería [...] aquello que sustrae la abstracción lógica presente en toda imagen digital, para volverla imagen sin referencia textual que la codifique, y que pierde, entonces, su característica de ser abstracción de tercer grado, al mismo tiempo que necesita de un nuevo texto (código) que la explique" (p. 201).

Esta práctica de supervivencia de los objetos técnicos en tiempos de crisis se denominó "rikimbili". Un ejemplo de rikimbili[11] es la bicicleta con motor, o el ventilador/teléfono (ventilador que, roto su pie, adopta como base un viejo teléfono a partir de una analogía formal de dimensión y estructura), o incontables antenas hechas con bandejas de comedor, entre muchos otros artefactos posibles a partir de la fragmentación de los aparatos en materiales, formas y sistemas técnicos.

La práctica de desobediencia tecnológica implicaría que, allí donde desde una perspectiva simondoniana reconoceríamos conjuntos técnicos (2008), solo fuera posible percibir una acumulación de elementos recombinables: un acervo de ventiladores rotos dejan de ser ventiladores rotos para ser comprendidos como un conjunto explotable de estructuras, uniones, motores y cables. Que la recombinación sea posible requiere que se cuele cierta luz sobre la *caixa preta* (Flusser, 2007): a mayor filtración del rayo lumínico, se identificarán más elementos con los cuales operar. Se hace patente que el agente de esta práctica no necesariamente respeta el formateo o gramatización de los sistemas técnicos y, al contrario, recuperando los términos de Stiegler, está dispuesto a recategorizar. Una recategorización de este tipo tal vez sea capaz de gestar la interferencia que contrarreste el efecto tóxico del *pharmakon*.

Esta desobediencia tecnológica en el ámbito de los productos de uso cotidiano equivale a la desreferenciabilización en los procesos tecnológicos digitales. Ambas prácticas implican un trastorno en las gramáticas de percepción y el funcionamiento programado de los artefactos. Oroza lo describe como una falta de respeto hacia la identidad del producto, tanto como hacia la verdad y autoridad

---

11   Imágenes disponibles en https://goo.gl/SEnWTz.

que esa identidad impone. En palabras de Oroza, "de tanto abrirlos, repararlos, fragmentarlos y usarlos a su conveniencia, los usuarios desestimaron los signos que hacen de los objetos una unidad o identidad cerrada"; como si los contornos, las articulaciones y los signos que semióticamente hacen al objeto técnico fueran imperceptibles y, en cambio, solo se detectara un cúmulo de materiales disponibles que pueden ser usados ante cualquier emergencia (2012). La reparación, refuncionalización y reinvención pueden concebirse como *saltos imaginativos*

> [...] en oposición a los conceptos de innovación favorecidos por las lógicas comerciales vigentes, los cuales proponen escasas soluciones a los problemas actuales del individuo. Los *saltos imaginativos*, por el contrario, plantean una recuperación de las actitudes creativas de los usuarios y de los centros de generación de bienes materiales. [...] La desobediencia tecnológica tiene imbricaciones y variantes en lo social, lo político y económico, por lo que puede ser denominada también con esos apellidos. Es una interrupción al estado de tránsito perenne que impone Occidente y al estado de tránsito al comunismo –también interminable– que la oficialidad ha instaurado en la isla (Oroza, 2012).

Al reinventar estos productos, otras po/éticas confrontan con las de la industria, rebasando las cualidades del objeto, rompiendo con los límites estéticos, legales, sociales y económicos preestablecidos. Un movimiento equivalente de desobediencia respecto de los límites de nuestra percepción sería auspicioso, puesto que haría fértil el terreno para propiciar la invención de nuevas categorías a partir de las cuales pensar nuestras prácticas y a nosotros mismos de una manera desautomatizada.

Percepción y dispositivos de retención

No conservamos cualquier tipo de retención en un dispositivo de registro. Los dispositivos de memoria que configuran las selecciones que nuestra consciencia aprehende se enfocan especialmente en las imágenes de la percepción visual y auditiva, en detrimento de las del olfato, el gusto, el tacto. No exteriorizamos las percepciones táctiles, ni guardamos en un *smartphone* el índice de un olor. Sin embargo, sí almacenamos fotografías que representan un día festivo de nuestra historia personal, o el registro auditivo de la música que nos complace.

Los regímenes de visión y audición son constitutivos de la cría humana (pulsión escópica, y pulsión de la voz-sonido), y participantes indefectibles del imaginario y de lo simbólico. El afán humano por crear instrumentos de percepción que amplíen sobre todo esos sentidos se debe en gran parte a que, en tanto humanos que habitamos estos siglos, son la visión y la audición los sentidos que más directamente aportaron a nuestra supervivencia. En la actualidad, la percepción humana es preponderantemente visual.[12]

Tanto parecería ser así que en ocasiones, cuando confluye con la visión, el sentido del tacto parecería desplazarse a un nivel de significación que opera en un segundo plano: al "tocar" imágenes de una interfaz en el imperio de las pantallas táctiles, mediante el tacto percibimos la textura y temperatura de la pantalla siempre regular, pero no percibimos texturas y temperaturas de aquello que

---

[12] Lucía Santaella, semióloga brasileña, afirma que la percepción humana es en un 75% visual, y continúa: "La orientación del ser humano en el espacio, en gran parte responsable por su poder de defensa y supervivencia en el ambiente en que vive, depende mayormente de la visión. Otro 20% es relativo a la percepción sonora, y los 5% restantes a todos los otros sentidos (olfato, tacto, gusto)" (1993, p. 11).

supuestamente "tocamos" por la mediación de esa pantalla. En esos dispositivos, el tacto no nos permite reconocer qué objetos "tocamos", "movemos", "seleccionamos" en ese universo. La pantalla media propiciando una jerarquización y selección de los sentidos relevantes en esa práctica: mientras que el uso (metafórico) que hacemos del lenguaje afirma que tocamos y movemos objetos virtuales, en realidad solo los percibimos a través de la visión o el oído, y la mediación de la pantalla solo se hace patente cuando irrumpe alguna variable excepcional en el *hardware* (sobrecalentamiento, rotura del vidrio, u otros posibles...).

No obstante, es importante no perder de vista que la supremacía de un sentido sobre los otros es epifilogenética, ya que biológicamente cuando nacemos estamos aptos para cultivar y ampliar cualquiera de ellos. Por otra parte, es menester considerar que el desarrollo humano depende de la percepción y la comunicación sensorial, y que desde algunas perspectivas, la visión es, paradójicamente, el sentido que menos aporta a ese desarrollo (Cyrulnik, 1999).

Tecnoestética y *sensorium* contemporáneo

Cuando Simondon se refiere a los objetos técnicos en su *carta Sobre la tecnoestética* (1992, todas las citas de mi traducción), afirma que cada herramienta tiene una gama sensorial propia. El autor señala que se puede pasar de un placer de acción proveniente del manejo de una herramienta,

> de manera casi continuada, a la sensación que provocan los instrumentos artísticos a quien los emplea: el tecleo de un piano, la vibración y la tensión de las cuerdas del arpa -pellizcar-, la mordida agria de las cuerdas de la zanfonía sobre el cilindro revestido en colofonia, es un registro casi inagotable. El arte *no*

es solamente objeto de contemplación, sino también *de una cierta forma de acción*[13] que es parecida a la práctica de un deporte para quien las emplea. El pintor siente la viscosidad de la pintura que mezcla sobre la paleta o extiende sobre el lienzo, esta pintura es más o menos untuosa y la sensibilidad táctil vibratoria entra en juego para el actor que es el artista, particularmente cuando el pincel o la espátula entra en contacto con el lienzo tendido y elástico sobre el bastidor. La sensación con la acuarela es otra [...] (Simondon, 1992, p. 7).

Esta observación permite pensar el proceso de producción artístico no solo a partir de un análisis de las decisiones, estrategias y técnicas llevadas a cabo por el artista y que nosotros podemos intentar reconstruir en nuestro abordaje de una obra particular, sino también la instancia sensible comprendida en el proceso de factura de la obra. Sería un ejercicio interesante pensar cómo se pone en juego la sensibilidad allí donde el artista manipula sus materiales, no solo en la toma de una decisión respecto del material y de la técnica a emplear sino también en la forma de contacto con los materiales, y en el mundo sensible que habilita ese contacto y viceversa. Esto implica prestar atención al proceso, pero a aquel aspecto del proceso que en general suele ser despreciado y que implica una consideración de la percepción estética no solo en la llamada instancia de recepción, sino también y fundamentalmente en la instancia de producción, que resulta del contacto y del hacer *con* los materiales. Simondon expresa:

> La estética no es únicamente ni primeramente la sensación del "consumidor" de la obra de arte. Es también, más originalmente aun, el haz sensorial más o menos rico del artista: cierto contacto

---

[13] El subrayado es nuestro. Nos interesa remarcar que cuando se pronuncia explícitamente sobre el arte, como en este pasaje, lo hace de un modo específico. Sin embargo, su noción de obra de arte en la mayoría de los pasajes remite a una concepción clásica que presenta contradicciones con el modo en que aquí la define.

con la materia mientras se vuelve materia trabajada. Se constata una afección estética al hacer una soldadura o introducir un tornillo. Hay un espectro continuo que religa la estética a la técnica (Simondon, 1992, p. 8).

Esta orientación hacia el momento fundante de percepción estética del artista en la elección y el trabajo con sus materiales hace énfasis en un campo problemático viable para el estudio de las obras de arte en general, y puede brindar elementos para un abordaje más complejo de alguna de las cuestiones que debe afrontar la teoría del arte, sobre todo cuando se trata de la obra de arte que trabaja con nuevas tecnologías.[14]

Así como la humanidad desarrolló históricamente todo tipo de instrumentos de percepción auditiva y visual más que olfativa, gustativa y táctil, las obras de arte también se orientaron fuertemente hacia los sentidos histórica

---

[14] Si el momento estético en producción tiene lugar por el contacto con los materiales y el "placer de acción" que su manipulación ofrece, entonces podríamos pensar que en los casos de obras en las que intervienen nuevas tecnologías, el momento estético en producción sucederá por la experiencia (en este caso conceptual, más que sensorial) de la materia de la obra que se constituye a partir de un lenguaje teórico que desplaza la instancia de *contacto sensible* con el pincel y por su intermedio con la viscosidad del óleo (por ejemplo) hacia una instancia de *utilización/configuración de un código* (donde media, en gran parte de casos, una computadora) para la programación de una obra de net.art (por referir un ejemplo claro, aunque podríamos pensar aquí en cualquier obra industrializada, partiendo desde la fotografía en la que interviene el lenguaje teórico de la cámara, el cine y el video, instalaciones con dispositivos complejos de imágenes, luces y sensores, paisajes sonoros y, por supuesto, cualquier tipo de obra digital en general). Esa instancia de *utilización/configuración de un código* tiende a subsumir cualquier obra de arte (si tomamos como referencia el concepto de "tecnopoética" de Claudia Kozak (2012, pp. 224-226), entonces, cualquier obra tecnopoética) en un modo particular de escritura. Ahora bien, ¿habría alguna especificidad en este tipo de fruición? ¿Cuál sería el modo de esa "alegría instrumentalizada", esa "comunicación mediatizada por la herramienta con la cosa sobre la cual opera" que provocaría el *placer de acción* en este tipo de obras? En el proceso de producción, si la acción con materiales sensibles y el contacto *inmediato* con ellos produce una fruición de orden motriz, táctil, olfativa, el contacto *mediado* que supone la manipulación o acción con uno u otro lenguaje teórico implicará una fruición de orden conceptual.

y culturalmente dominantes. Tanto es así que incluso ante obras que apelan al olfato o al tacto (mediante alguna acción demandada al perceptor, por ejemplo), las instituciones museísticas muchas veces restan valor a esas dimensiones y exhiben las piezas adentro de una vitrina, por ejemplo, anulando toda posibilidad de que el visitante interactúe con la obra y la perciba táctil u olfativamente, excluyéndolo de la experiencia de ese "placer de acción" al que se refiere Simondon y que el programa del artista ofrecía a los destinatarios de su obra. Esa práctica curatorial coarta la potencialidad de la obra en favor de su mercantilización, y reafirma el imperio de los sentidos culturalmente dominantes en detrimento de los demás, aniquilando la obra.

Es factible imaginar que una mayor exploración y experimentación que apele a los sentidos excluidos del museo, por parte de los artistas en sus obras, y un prudente respeto de esa práctica por parte de los curadores, podría equivaler a una desobediencia a partir de la cual puedan gestarse auténticas nuevas categorizaciones que contribuyan a ampliar el *sensorium* y, con él, los dominios de nuestra percepción estética.

Percepción y comprensión técnica

Desde la perspectiva de Simondon, no es posible delegar únicamente a la percepción la dimensión estética de los objetos técnicos. Como se ha visto (Simondon, 2008; Ré-Berti, 2015), aun con los recaudos a los que nos obligue la homologación, en su texto, entre objeto estético y objeto bello, y sobre todo porque en nuestra época detectamos una gran dispersión de obras que dependen del funcionamiento de objetos técnicos complejos, debemos tener presente que para el autor no es bello solo el objeto técnico, sino también el punto singular del mundo que lo concretiza, en tanto constituye el conjunto de elementos que evidencian la tecnicidad que se aplica al mundo. Es por eso que, en términos simondonianos, el descubrimiento de la belleza de los objetos técnicos no puede ser librado únicamente a la percepción: hace falta que la función del objeto sea comprendida y pensada en toda su amplitud. A este respecto, señala:

> El arte, como medio de expresión y de toma de conciencia cultural de los conjuntos técnicos, es limitado; el arte pasa por la *aísthesis*, y se encuentra así naturalmente llevado a captar el objeto, la herramienta, el instrumento, la máquina; pero la verdadera tecnicidad, la que es integral a la cultura, no está en lo manifestado. Todas las prestigiosas fotografías en colores centelleantes, de efluvos, todas las grabaciones de ruidos, de sonidos, de imágenes, siguen siendo en general una explotación de la realidad técnica y no una revelación de esta realidad. La realidad técnica debe ser pensada, debe ser conocida por medio de la participación en sus esquemas de acción; la impresión estética solo puede surgir luego de esta intervención de la intuición real y de la participación, no como fruto de un simple espectáculo: todo espectáculo técnico sigue siendo pueril e incompleto si no está precedido por la integración al conjunto técnico (2008, p. 245).

Esto abreva en el proyecto simondoniano de fundar una educación técnica para que la belleza de los objetos técnicos pueda aparecer como inserción de los esquemas técnicos en un universo (2008, p. 203) y que su estructura, y la relación de esa estructura con el mundo, puedan ser correctamente imaginadas y estéticamente percibidas, de modo que las técnicas actuales se adecuen principalmente a pensamientos políticos y sociales (más que al pensamiento religioso que no les es contemporáneo, si tenemos en cuenta el esquema de desdoblamientos que el autor propone en *El modo de existencia de los objetos técnicos*).

Refugiarse en el intervalo

En *El intervalo perdido* Gillo Dorfles recupera la idea según la cual el arte cultiva regímenes de atención propios: el procedimiento del arte es extrañante e implica una forma oscura que aumenta la dificultad y la duración de la percepción (Dorfles, 1984, p. 93). Esa percepción prolongada que demanda la obra, su dificultad, constituye un intervalo necesario durante el cual se generan preguntas, hipótesis y repreguntas. La pérdida del intervalo, dice Dorfles, y sobre todo de la consciencia del intervalo, supone el debilitamiento de nuestra sensibilidad temporal y su aproximación al aniquilamiento de su "cronoestesia": la sensibilidad ante el tiempo que pasa y la discontinuidad de su fuga (1984, p. 14). La pausa a la que se refiere no debe ser simplemente una suspensión momentánea del flujo sonoro y visual, sino, y sobre todo, un intervalo (de atención) reservado entre una obra y la otra, entre obra y espectador, para que se pueda entender la obra gracias a una escucha diferente de nuestra "percepción", a una zona neutra que la diferencie de eso que la rodea y la singularice (1984, p. 16), y que al hacerla singular, interrumpa la hipersincronización que cotidianamente restringe los procesos de individuación. En palabras de Romano Sued:

> La pausa reflexiva, la detención ética, negada en las suturaciones y saturaciones que el dominio tecnológico ofrece para toda actividad humana, desafía al arte a interrumpir el incesante flujo del consumo gozante, que nos coloca en la ignorancia de la dolorosa proximidad de lo sublime y lo siniestro (2015).

A lo largo de nuestra investigación hemos constatado que una gran cantidad de artefactos que apelan al uso de dispositivos para la configuración de una obra no logran (y tal vez tampoco se lo propongan) convocar un disenso entre las prácticas de uso cotidiano de los dispositivos en juego y los usos que se les asignan en tales piezas. Esto significa que una obra tal se encuentra, en su metapoética, más próxima a afirmar los imaginarios tecnológicos hegemónicos[15] que a propiciar un intervalo capaz de ofrecer condiciones para la emergencia de otras formas de producción categorial, y con ello la gestación de nuevas formas de experiencias sensibles.

Como hemos referido, con la hiperindustrialización, los tiempos de la consciencia devienen metamercados donde el recurso escaso ya no son las materias primas, sino la atención de los consumidores que no es solo captada, sino también producida,[16] en gran medida a partir de los estándares definidos en los dispositivos de exteriorización de la memoria. Este hecho deja a la memoria (y con ella a la identidad de los individuos) en situación de vulnerabilidad: al ser exteriorizada es manipulable y expropiable, puede devenir hegemónicamente controlable y ser monopolizada (Stiegler, 2008, p. 158).

Ante la estandarización e industrialización de todas las cosas, el problema que se presenta es el de la preservación de las singularidades, no como modo reaccionario de resguardar el valor cultual de la obra

---

[15] "Al relevar críticamente la cultura, la sociedad y la historia, y en esa constelación los efectos subjetivos (psicológicos e ideológicos) de la inmersión en las ilusiones (que por medio del uso tecnológico de la *simulación, la inmaterialidad y lo virtualmente real* prometen nuevos paraísos artificiales), se podría construir algo así como una suerte de *inconsciente tecnológico*, homólogo del *inconsciente político* de Jameson" (Romano Sued, 2015).

[16] Para un desarrollo pormenorizado de esta cuestión, ver Ré (2014): "Por una ecología de singularidades. Estética de lo incalculable" en Lawler *et al.*, *Naturaleza y artificialidad. Tensiones, continuidades y rupturas*. Actas IV Coloquio Internacional de Filosofía de la Técnica. Universidad Abierta Interamericana. Buenos Aires; y Stiegler (2012, p. 85).

aurática burguesa, sino como praxis política y po/ética para contrarrestar la desindividuación o individualización. Como intentamos mostrar en los apartados anteriores, la invención de nuevas categorías no gestionadas por el mercado podría trastocar las gramatizaciones establecidas y permitir la ocurrencia de singularidades en todos los ámbitos de la creación, allí donde las categorías que resultan de las gramatizaciones formalizadas por los aparatos fueran insuficientes para discretizar el gesto artístico, crítico, literario, que conservaría, entonces, su resto de opacidad y de singularidad; su información estética, en términos de Max Bense (2007). Una práctica semejante trastoca las categorizaciones que emergen de las tradiciones heredadas que nos constituyen y cuestiona nuestra asunción ingenua e implícita de cualquier herramienta, código o medio técnico. Ese singular desarticula nuestros esquemas de percepción ante la experiencia de la obra y exige una actitud genuina de lectura radical, irreductible a cualquier tipo de operatoria prediseñada, que en la praxis misma de lectura reescribe y reformula nuestra capacidad de imaginar.

Bibliografía

Alemán, Jorge (14 de marzo de 2013). "Neoliberalismo y subjetividad". En *Página 12*, contratapa.
Bense, Max (2007). *Aesthética*. París: Editions du Cerf.
Berti, Agustín (2009). "El ojo del cyborg: notas sobre el sensorium contemporáneo". En *Actas. I Coloquio Nacional de Filosofía. Animales/ Hombres/Máquinas*. UNRC.

Berti, Agustín y Ré, Anahí (2013). "Contra lo discreto: Estandarización y poéticas de desreferenciabilización". en Revista *Texto digital*. Florianópolis, Vol. 9, nº 2, pp. 183-209.

Calabrese, Omar (1993). *Como se lê uma obra de arte*. Lisboa: Edições 70 Ltda.

Castoriadis, Cornelius (2007). *La institución imaginaria de la sociedad*. Buenos Aires: Tusquets.

Citton, Yves (2012). *Gestes d'humanités. Anthropologie sauvage de nos expériences esthétiques*. París, Ed. Armand Colin.

Cyrulnik, Boris (1999). *Do Sexto Sentido – o Homem e o Encantamento do Mundo*. Instituto Piaget.

Dorfles, Gillo (1984). *L'intervalle perdu*. Paris: Librairie des Méridiens.

Eco, Umberto (1970). *La definición del arte*. Barcelona: Ed. Martínez Roca.

Flusser, Vilem (2007). *Por una Filosofía de la fotografía*. Buenos Aires: Síntesis.

Guyton y Hall (2011). *Tratado de Fisiología médica*. Elsevier.

Kozak, Claudia (2012). *Tecnopoéticas argentinas. Archivo blando de arte y tecnología*. Buenos Aires: Caja negra.

Ong, Walter (2011). *Oralidad y escritura. Tecnologías de la palabra*. Buenos Aires: Fondo de Cultura Económica.

Oroza, Ernesto (2012). "Desobediencia tecnológica. De la revolución al revolico". Disponible en https://goo.gl/KmW2rZ. Último ingreso: 15/11/2015.

Oroza, Ernesto. "Primavera Hacker 2015. Desobediencia tecnológica". Disponible en https://goo.gl/UCjk45. 3/10/2015, último ingreso 15/11/2015.

Ré, Anahí y Berti, Agustín (2012). "La visualité des textes: la dés-adressabilité à la naissance d'un nouveau langage". En *Actas du Colloque international et interdisciplinaire Photolittérature, littératie visuelle et nouvelles textualités*. París: New York University.

Ré, Anahí y Berti, Agustín (2015). "Posibilidades y límites del objeto estético". En Rodríguez, Blanco, Parente, Vaccari (coords.). *Amar a las máquinas. La cultura técnica en la filosofía de Gilbert Simondon*. Ed. Prometeo. Bs. As., pp. 345-362.

Ré, Anahí (2013). "Hacia una crítica crítica de (cierto) arte contemporáneo: tecnopoéticas, lecturas e imaginarios sociales". En *Actas de las II Jornadas de estudiantes y tesistas: La investigación en Posgrado. Diálogos en torno a los procesos de investigación en Ciencias Sociales, Humanidades y Artes*. Córdoba. Disponible en: https://goo.gl/YBvNpD.

Ré, Anahí (2014). "Por una ecología de singularidades. Estética de lo incalculable". En lawler *et al. Naturaleza y artificialidad. Tensiones, continuidades y rupturas*. Buenos Aires: Universidad Abierta Interamericana.

Ré, Anahí (28 de febrero de 2015). "Quebrar reglas de la máquina". Entrevista a Bernard Stiegler, en *Revista Ñ*. Año XII. N° 596. *Clarín*, pp. 12 y 13. Disponible en https://goo.gl/twczmA.

Romano Sued, Susana (2015). "Estética y subjetividad en la era tecnológica". En *e.t.c. (ensayo, teoría, crítica)*, Ed. El Asunto (en prensa).

Romano Sued, Susana (2009). "Críticos seriales". En *El hilo de la fábula*. Santa Fe, n° 8/9, pp. 145-153.

Romano Sued, Susana (2006). "Utilización social y política del arte en el mundo contemporáneo". En *Expoesía*. Disponible en https://goo.gl/77V71I.

Romano Sued, Susana y Ré, Anahí (2013). "Expoesía: alcances y resistencias". En Vera Barros, T. (comp.). *Escrituras objeto. Antología de literatura experimental.* Buenos Aires. Ed. Interzona, pp. 204-213.

Santaella, Lúcia (1993). *A Percepção: uma teoría semiótica.* São Paulo, Ed. Experimento.

Stiegler, Bernard (2008). *La télecratie contre la démocratie.* París: Flammarion.

Stiegler, Bernard (2012). *De la misère symbolique. 1. L'époque hyperindustrielle et 2. La catastrophè du sensible.* París: Flammarion.

14

Sobre un nuevo tipo de cuasi-objetos[1]

La artificialidad de la vida en el caso de la biología sintética

PABLO ESTEBAN RODRÍGUEZ

Este trabajo analiza la emergencia y desarrollo de una nueva corriente de la biología molecular actual, denominada biología sintética. Como su nombre lo indica, esta área de conocimiento pretende crear objetos artificiales a partir de elementos vivientes; se opondría, si se siguiera el camino trazado por su nombre, a una suerte de biología natural. Con el fin de desglosar las múltiples dimensiones que presenta la biología sintética, proponemos analizarla a la luz de los aportes teóricos de Gilbert Simondon, en particular sus nociones de proceso de concretización y de artificialidad, y de Bruno Latour en lo que concierne a los conceptos de híbridos y de cuasi-objetos.

---

[1] Agradecemos la colaboración de los biólogos Diego Ferreiro, Alejandro Nadra e Ignacio Sánchez y de la artista Laura Olalde en los debates para dilucidar qué es y qué se puede esperar de la biología sintética.

El surgimiento de la biología, entre lo natural y lo artificial

Para abordar el tema de la biología sintética es preciso remontarse a las fuentes mismas de la biología y al lugar peculiar que ocupó esta ciencia desde su surgimiento a fines del siglo XVIII en las separaciones tradicionales de la modernidad entre lo natural y lo artificial. En efecto, antes de la constitución de un saber propio de la vida, para los fenómenos vivientes regía desde el discurso filosófico un tipo de comprensión ligada a la idea que se tenía entonces de lo que eran la materia y la máquina. El mecanicismo recurrió a un proceso de identificación de la vida y el artificio mediante, entre otras, la noción de función aplicada a la actividad de los cuerpos. Los cuerpos funcionan exactamente como las máquinas y las máquinas obedecían a las leyes mecanicistas de la materia.

El nacimiento de la biología es una réplica evidente al mecanicismo de los siglos XVII y XVIII, tal como es admitido por las filosofías más diversas consagradas a las disciplinas biológicas, desde la del francés Georges Canguilhem (1976) hasta la del alemán Hans Jonas (2000). Como señala Andrés Vaccari (2010), la primera teoría articulada y decisiva para la influencia de la biología sobre el resto de las ciencias en el siglo XIX, esto es, la teoría de la evolución, procede a destruir la identidad vida-artificio heredada del mecanicismo cartesiano e invierte el vector epistemológico que va de las máquinas hacia los seres vivos en la medida en que integra el fenómeno técnico dentro de la historia de lo humano, que a su vez está integrada en la historia general de lo viviente. De ahora en más, la técnica misma, y dentro de ella obviamente el mundo de lo artificial, pasa a ser el reino de la materia inorgánica gobernada por lo humano en tanto que pertenece al reino de lo orgánico. No cabe decir que por ello la relación entre vida y artificio se anule; más bien la identidad de los tiempos de Descartes, Hobbes y Newton se transforma en una analogía que da lugar, por ejemplo, a la concepción protésica dentro de la filosofía de la técnica que se extiende hasta nuestros días (cfr. Parente, 2010).

Ahora bien, es posible plantear que, desde la teoría de la evolución hasta el surgimiento de la biología molecular a mediados del siglo XX, la biología desplegó nuevos y fundamentales campos de análisis, a partir de la división aceptada entonces entre individuos, especies, poblaciones y medio ambiente, sin contar por ello con un modelo epistemológico claro que reuniera los nuevos objetos emergentes en un campo unificado. Los microbios, las células, los genes, los virus, las bacterias y los linfocitos, por hacer una lista muy somera, son la base de una ruptura fundamental con la visión centrada en los cuerpos como unidad última de análisis que se aplica, incluso, a la propia teoría de la evolución. Esta ruptura terminará con la formulación de la teoría sintética de la evolución (sintética en el sentido de síntesis y no de artificialidad, como plantea la biología sintética).

La biología molecular

A mediados del siglo XX sobreviene una transformación fundamental por la cual esos individuos constituyentes de los cuerpos serán estudiados a partir de una nueva miniaturización que da lugar al surgimiento de la biología molecular: la biología que estudia aquello que constituye a los genes, a las células, a las bacterias, etc., que a su vez constituían a los cuerpos tanto temporal como espacialmente. Se produce entonces un primer cambio de frente respecto de la situación de la biología respecto de la física, pues ya no hay más ruptura entre lo orgánico y lo inorgánico, sino una integración entre lo físico y lo viviente bajo condiciones absolutamente nuevas. Después de todo, ver la vida dentro de las moléculas supone ante todo echar mano de los conocimientos disponibles sobre el nivel molecular. Esto ha dado lugar a posturas que sostienen que existe una fisicalización de la biología. Si ello fuera así, cabría matizar la cuestión, ya que también es cierto que, por un lado, los desarrollos de la biología molecular influyen decisivamente sobre los caminos de la física contemporánea y, por el otro, que ni la física ni la biología se presentan desde entonces como ciencias unificadas alrededor de principios comunes inalterables. Es preciso preguntarse de qué física y de qué biología se habla cuando se sostiene que hay una "fisicalización de la biología".

En todo caso, y para complejizar aun más la situación, la biología molecular naciente se dotó de un modelo epistemológico inestable, absolutamente contemporáneo y con relaciones conflictivas con la física: el de la teoría de la información, surgida de la ingeniería en telecomunicaciones. Como ya fue analizado en estudios clásicos (Pichot, 1999; Fox-Keller, 2002) y como podemos comprobar en la vida cotidiana cada vez que se habla, por ejemplo, de la genética, los fenómenos vivientes a escala molecular comenzaron a ser comprendidos como casos de procesamiento de información, dando lugar a una nueva etapa de la influencia de la máquina sobre la vida. Sin embargo, no se trata de una idea de máquina ni de materia como la que predominaba en el siglo XVIII. El modelo de lo artificial no es una máquina mecánica sino una computadora, mientras que la materia dista mucho de ser un hecho marcado por la extensión y por la masa. Nociones como código, programa, memoria, *feedback* o transmisión aplicadas en la escala molecular muestran que ciertos aspectos de lo viviente son asimilados a una máquina informática, cuya complejidad queda comprobada por el hecho de que todavía hoy se discute, tanto en física como en biología, qué es la información.

En las décadas del 50 y sobre todo del 60 la biología molecular vivió su edad de oro en lo que a imaginación teórica se refiere. El caso más impactante es de la genética. El hallazgo de la estructura molecular del ADN, "sustancia" responsable de la herencia denominada "herencia dura" (transmisión de un orden biológico de un individuo a su descendencia sin influencia de los factores de desarrollo de dicho individuo) fue rápidamente recubierto con un gran número de analogías funcionales con la computadora. El ADN fue postulado como un programa que contiene todo el desarrollo de un individuo en "potencia", por así decirlo, y que transmite sus órdenes de replicación a las células que van conformando los cuerpos mediante un proceso bioquímico que involucra a otros elementos, como el ARN y las proteínas. Más aun, el ADN contiene un código asimilable a un alfabeto, que muestra la infalible presencia del cristianismo. El libro de la vida, la Biblia de lo viviente, resulta escandalosamente confirmada por el principio más importante de la genética así constituida: la información pasa del ADN al ARN y de allí a las proteínas y nunca a la inversa. ¿Cómo se conoce tal principio? El Dogma Central. ¿Qué es lo que se busca? El Santo Grial de la vida. Si los lamentos de muchos filósofos se dirigen a denunciar que algunos biólogos juegan a ser Dios, cabría responderles que apenas juegan a ser los sacerdotes o, a lo sumo, los apóstoles. A juzgar por la ignorancia que se exhibe en ciertos medios de comunicación, el rol de Dios sigue siendo encarnado por los físicos; de allí que al acelerador de partículas del CERN se lo conozca periodísticamente como "la máquina de Dios".

Recombinando la vida

En la década del 70 se produce un nuevo hito dentro de la biología molecular que atañe directamente a la relación problemática entre lo natural y lo artificial, que había quedado en cierta manera suspendida por la fuerza de la noción de vida. El nuevo mecanicismo informacional, a diferencia del viejo mecanicismo de Descartes o La Mettrie, comenzó a ser confrontado con la elaboración del llamado "ADN recombinante", esto es, la creación o invención de un tipo de ADN a partir de moléculas existentes en la naturaleza capaz de ser combinado artificialmente con otros segmentos de ADN. Al poco tiempo de dicho descubrimiento, en 1975, un grupo de científicos organizó la célebre conferencia de Asilomar, en la que se intentó trazar los límites entre lo natural y lo artificial ante la nueva situación. A través de una preocupación muy vinculada a los principios éticos sobre la manipulación de los elementos vivientes, se establecieron allí las bases de la "bioseguridad", que es necesario explicar con cierto detalle.

A partir del ADN recombinante, la biología se enfrenta ante la perspectiva de "crear vida artificial", pues hasta entonces toda la experimentación consistía en poder aislar elementos vivientes y tratar de estudiar sus relaciones en situaciones de laboratorio que reproducían situaciones propias de la naturaleza. Sin embargo, seres vivos producidos artificialmente existen desde tiempos inmemoriales, desde los productos de la agricultura hasta los animales domésticos, pasando por los animales creados para fines humanos como los de transporte y alimentación, desde las mulas hasta las vacas. Así, el gran problema pasa a ser una correcta interpretación de la línea que separa lo natural y lo artificial. En este sentido, proponemos que las visiones de Gilbert Simondon y de Bruno Latour permiten ajustar mejor los términos de dicho problema.

En *El modo de existencia de los objetos técnicos*, Simondon señala que los objetos técnicos se caracterizan por su tendencia a la concretización, a la que define como el proceso que arriba a una coherencia funcional e interna ligada a una cadena circular de causas y efectos que, en los objetos naturales, existe de entrada y sin necesidad de intervención humana. Así, la concretización se plantea en función de la artificialidad, de la cual Simondon brinda una definición interesante:

> [...] la artificialidad esencial de un objeto reside en el hecho de que el hombre debe intervenir para mantener este objeto en la existencia protegiéndolo contra el mundo natural, dándole un estatuto aparte de existencia. La artificialidad no es una característica que denote el origen fabricado del objeto, por oposición a la espontaneidad productiva de la naturaleza: la artificialidad es aquello interior a la acción artificializante del hombre (Simondon, 2008, p. 67).

Por su parte, Bruno Latour, que supo reconocer la importancia de los conceptos simondonianos a la hora de pensar su propia teoría, sostuvo en *Nunca fuimos modernos* que fue justamente en los tiempos del mecanicismo cuando se elaboró una teoría tendiente a separar tajantemente lo natural y lo artificial, que aparecían íntimamente relacionados. Esto produjo procesos incesantes de "purificación" que intentan combatir los híbridos de naturaleza-cultura que constituyen el mundo humano (cfr. Román y López Hanna, 2011).

Quisiéramos mostrar que las reflexiones de Latour y de Simondon encuentran en la biología molecular de los 70, y en los términos de la conferencia de Asilomar, una confirmación completamente literal, evidente, casi sin necesidad de hacer mediaciones teóricas. Ante la posibilidad cierta de generar elementos vivientes, capaces de algún tipo de reproducción independiente de la acción humana una vez realizada su invención, el criterio de bioseguridad para evitar situaciones riesgosas se basó en el compromiso de mantener los seres creados en una situación de dependencia funcional respecto de las regulaciones del laboratorio.

Dicho de otro modo, con indudables reminiscencias de Frankestein, se propuso mantener al ser natural artificialmente creado dentro de un entorno artificial para evitar que se convierta en un ser natural fuera de control. O dicho al modo de Latour, ante la evidencia de una hibridación completa entre lo natural y lo artificial, se propone un nuevo proceso de purificación que impida a lo natural desarrollarse más allá de los límites de lo artificial. O finalmente, dicho de un modo más cercano al sentido común, esos elementos vivientes recombinados a través del ADN serían inventos de lo humano que no responderían completamente a la idea de un invento porque adquieren, valga la redundancia, una vida propia incontrolable ya no bajo la forma del monstruo (Frankestein), ni la de una era de la técnica en la que el hombre pierde las riendas de su creación (Heidegger), sino la de unas moléculas que se recombinan y tienen el potencial de construir ecosistemas inexistentes si no fuera por la mano del hombre.

De allí que fuera posible, a partir de ese momento, no solo hacer ingresar a lo viviente dentro de la lógica de lo fabricado en el patentamiento de seres vivos, sino también intentar comprobar si la febril imaginación de la etapa anterior respecto del ADN todopoderoso estaba o no en lo cierto. Ambas caras del mismo fenómeno tendrán su primera culminación con la realización del Proyecto Genoma Humano hace una década. Por un lado, se impusieron ciertos límites al patentamiento de segmentos genéticos, colocándolos dentro de la noción de bien común de la humanidad, cuando el proyecto de secuenciar el genoma completo de los seres humanos comenzó a tener visos de realización concreta. Por el otro, una vez lograda tal secuenciación basada en el ADN recombinante, se llegó a la conclusión de que no todo estaba escrito en la mágica y gigantesca molécula formada por una doble hélice y que los procesos de codificación y decodificación implicados en la multiplicación celular que está en la base de la reproducción de los seres vivos, o sea, su carácter de fenómenos de información, estaban atravesados por lógicas mucho más complejas que la de la mera transmisión de mensajes a través de canales químicos. Estos dos hechos, más el abaratamiento considerable de los costos del análisis y síntesis de elementos vivientes a nivel molecular, producto de la carrera por la secuenciación de los más diversos genomas existentes en la naturaleza, abrieron el camino a una nueva etapa que se suele denominar "post-genómica".

En la era post-genómica queda claro que parte de las preocupaciones por la creación de "vida artificial incontrolada" estaban fundadas en una sobreestimación de la determinación genética, a su vez concentrada erróneamente en la estructura, función y acción del ADN, que proviene del significado primario de la idea de programa: conjunto de instrucciones que llevan a cabo una operación, en este caso nada menos que la del desarrollo de un ser vivo. En definitiva, el ADN recombinante hoy no es ni más ni menos que la mula, la vaca o el perro en el pasado: conjuntos híbridos de naturaleza-cultura que solo existen como seres vivientes gracias a la acción artificializante constante del ser humano.

La biología sintética

Este es, pues, el contexto de emergencia de la biología sintética –término que no surge ahora sino en 1912 (Rabinow, Bennett, 2009)–, caracterizado por estos tres hechos: la discusión ética sobre los patentamientos, el fin del predominio absoluto del ADN y la baja de los costos de la experimentación genética. De acuerdo con la presentación en nuestro país de una competencia internacional clave de la biología sintética, organizada por la fundación i-GEM con base en el Massachussets Institute of Technology, la biología sintética

> es un campo de investigación joven en la interfase entre la biología de sistemas, la ingeniería, la computación y la biología molecular clásica. Su objetivo es la construcción de sistemas biológicos nuevos y el establecimiento de principios para su diseño racional. Esta tarea es quizá el desafío más riguroso para nuestra comprensión de la biología y nos ayudará a develar los principios de diseño de la naturaleza. Al mismo tiempo, la biología sintética ya ha inspirado grandes esperanzas y promesas, desde la creación de vida a la solución global de los problemas de energía (Nadra y Sánchez, 2011, p. 1).

De acuerdo con un documento de expertos de la Comisión Europea publicado en 2005, la biología sintética es

> la ingeniería de la biología: la síntesis de sistemas complejos basados o inspirados en la biología que despliega funciones que no existen en la naturaleza. Esta perspectiva ingenieril puede ser aplicada a todos los niveles de la jerarquía de las estructuras biológicas –de las moléculas individuales hasta células, tejidos y organismos completos (European Commission, 2005, p. 5).

Según Paul Rabinow y Gaymon Bennett, quienes realizaron un artículo de evaluación general de las perspectivas de la biología sintética elaborado desde el interior del desarrollo de esta nueva disciplina, luego de una primera etapa de manifiestos que apelan a una "ingenierización de la biología", en la actualidad asistimos a una proliferación de corrientes internas. La primera, quizás la más conocida y sobre la que basamos nuestra investigación, es la ya mencionada competencia internacional i-GEM, en la que toman parte grupos de investigación en todo el mundo bajo la premisa de crear, a partir de materiales y reactivos provistos por una fundación, *biobricks*, "bioladrillos", que son partes pequeñas que cumplen una función determinada en varios contextos biológicos diferentes; de allí que se los compare con ladrillos. La adición de estas *standard parts* debería dar lugar a unidades funcionales más complejas; la pared, para seguir con las analogías. Estos "bioladrillos" son archivados en su conformación teórica en bases de datos de acceso público para los biólogos. La competencia i-GEM, en la que intervienen grupos de investigación formados por ingenieros y biólogos aún en su etapa de formación (doctorandos, incluso estudiantes de grado), es evaluada según criterios muy amplios, desde los clásicamente científicos hasta los lúdicos o estéticos. Así, por ejemplo, en las varias ediciones anuales de la competencia ha llegado a obtener premios un *biobrick* conformado por bacterias que emiten el perfume de una banana o bacterias que son capaces de copiar fotografías mediante procesos de luminiscencia. Aunque pueden verse las aplicaciones futuras en términos de industria, la competencia i-GEM se presenta ante todo como un espacio de "creación" de nuevas formas de vida mínimas, que realizan un propósito claro y limitado, y que serán luego agregadas a la base de datos formando una colección de "bioladrillos", del mismo modo que el Genoma Humano formaba la colección de los genes supuestamente constitutivos de la herencia de la especie humana. Es fundamental desde el punto de vista epistemológico señalar que gran parte de la investigación está orientada por simulaciones informáticas que buscan, explícitamente, transformar estos "bioladrillos" en una suerte de caja negra: no sabemos lo que pasa adentro de ellos, sino apenas que entregan un mismo resultado en diferentes contextos.

Luego de esta corriente centrada en las partes, existe, siempre según Rabinow y Bennett, otra corriente centrada en los *pathways*, o "vías", cuyo objetivo es crear moléculas sintéticas para ser introducidas en células, donde cumplen una función determinada. El caso más conocido es el del laboratorio de Jay Keasling en la Universidad de Berkeley, que logró sintetizar un precursor de artemisina, una molécula que combate el virus de la malaria en las células de organismos superiores. Por este caso la biología sintética recibió su bautismo mediático, y ya no se trata de competencias internacionales de bajo presupuesto con equipos de estudiantes, sino de laboratorios financiados, entre otros, por una de las fundaciones de Bill Gates. Los *pathways* son efectivamente una "vía" de comprensión rápida de la biología sintética para el gran público, porque se trata en lo esencial de algo que la biología realiza desde el siglo XIX, esto es, el aislamiento de elementos que permitan crear vacunas contra enfermedades; claro que el énfasis aquí está puesto en la producción artificial, ya no en el aislamiento, de dichos elementos. De hecho, la biología sintética centrada en los *pathways* comparte con la de las partes el énfasis en las analogías fabriles: se trata de introducir en las células "fábricas químicas de microbios" (Rabinow, Bennett, 2009, p. 102).

Una tercera corriente se refiere a los genomas y entronca directamente con las consecuencias de la relativa decepción sufrida luego de la secuenciación completa del genoma humano. De hecho, uno de los principales inversores en la obtención de genomas sintéticos es el J. Craig Venter Institute, siendo Craig Venter uno de los principales impulsores del Proyecto Genoma Humano desde el sector privado; más aun, siendo él uno de los responsables, luego del patentamiento de varios segmentos genéticos, de la reacción de algunos Estados en el sentido de calificar al genoma humano como un bien público universal y, por lo tanto, inapropiable. Como en el caso de los *pathways*, se trata de insertar genomas sintéticos en células que serían el soporte de la actividad prevista por ese diseño genético. Una de las investigaciones está dirigida a crear un "robot orgánico". A diferencia de la investigación centrada en las *standard parts*, aquí se realizan inmunerables experimentos, permitidos, como ya se dijo, por el abaratamiento de los costos de producción, clonación y síntesis de materiales biológicos, para observar y modificar el funcionamiento de un sistema complejo. De hecho, la analogía ya no es la de un ladrillo o una fábrica, sino la más clásica de la clonación, esto es, de la replicación de los sistemas vivientes.

El cuarto tipo de abordaje de la biología sintética implica a los sistemas biológicos dentro de su medio evolutivo. En algún sentido se trata de una contextualización y también un límite para los abordajes anteriores, en la medida en que pone a prueba las *standard parts*, los *pathways* y los genomas ya no a nivel intracelular, sino en los sistemas multicelulares, buscando evaluar hasta qué punto las analogías ingenieriles pueden funcionar para comprender procesos que exceden con mucho la intención de fabricación impuesta sobre una materia ciertamente no inerte. Sin embargo, es también una corriente más ambiciosa, pues en lugar de tratar de utilizar las células existentes como base para la introducción de moléculas sintéticas, busca directamente crear células sintéticas. A diferencia de las corrientes anteriores, por el momento se trata de una búsqueda teórica y computacional.

¿Hemos sido modernos?

¿Cómo podemos evaluar lo que significa la biología sintética en el seno de los procesos de concretización (Simondon) que purifican y a la vez también hibridan a los cuasiobjetos (Latour)? En principio, situando a la biología sintética en una etapa de la biología de alguna manera semejante a otros periodos. En la etapa que se extiende entre la formulación de la teoría de la evolución y el surgimiento de la biología molecular, se multiplicaron las teorías, los objetos, los dominios empíricos y las unidades de análisis que definirían el curso de las ciencias biológicas en la segunda mitad del siglo XX, pero todo ello en ausencia de un modelo epistemológico claro que definiera patrones comunes a la investigación.

Por su parte, la biología sintética también multiplica las áreas de investigación, pero la razón es la caída de un modelo epistemológico previo: el de la información aplicada al funcionamiento molecular de la vida, a la cual hay que sumar el importante componente material del abaratamiento de los costos de experimentación. La idea de hacer de la biología molecular un asunto de ingeniería constituye una suerte de "salto hacia adelante" sobre un impasse teórico considerable. En la investigación que hemos realizado sobre la competencia de i-GEM en Argentina, en estos últimos tres años, hemos podido comprobar que así se plantea la biología sintética. En palabras del biólogo alemán Raïk Grunberg, pronunciadas durante los cursos de formación en 2011 para constituir el equipo argentino que compitió en i-GEM, la post-genómica es una etapa en la que se admite que la complejidad de los sistemas biológicos supera en mucho la visión informática centrada en el ADN como máximo responsable de la herencia; por lo tanto, en lugar de apuntar a describir y explicar dicha complejidad, se trata de experimentar todo lo que se pueda para lograr pequeñas zonas de determinaciones. De eso se trata la ingeniería genética: ensayo y error, a falta de un horizonte teórico claro. Puede parecer contradictorio con casi todo lo que uno puede conocer de epistemología, pero así se presentan, por el momento, los dominios de la biología sintética: un saber ingenieril que se nutre de principios ya adquiridos pero al modo de "una caja de herramientas", esperando que la complejidad misma de los sistemas biológicos entregue certezas a fuerza de experimentación.

Por otro lado, la biología sintética se halla en continuidad con la etapa de oro de la genómica centrada en el ADN, entre los años 70 y principios de nuestro siglo, en lo que hace a la definición de los parámetros de experimentación originados en la invención del ADN recombinante. La creación de vida artificial, sea con partes, vías, genomas o sistemas, está tutelada por comités de ética que participan activamente en la evaluación de los resultados conseguidos, tanto desde el punto de vista más general sobre las condiciones de la manipulación de hechos biológicos que atañen a los seres humanos como de la cuestión más concreta de la "bioseguridad" que se iniciara en los días de la conferencia de Asilomar. De hecho, muchos investigadores de las ciencias humanas implicados en la biología sintética, comenzando por los mismos Rabinow y Bennett que acabamos de citar, pertenecen a laboratorios o a comisiones de investigación encargados de elaborar criterios de evaluación extracientíficos de los logros de la biología sintética. Una de las novedades en este campo, que ha sido tratada, por ejemplo, en los cursos de la competencia i-GEM en Argentina, es que el abaratamiento de los costos de la experimentación, unido al carácter abierto del acceso a los "bioladrillos" y al énfasis en una ingeniería que prescinde de los conocimientos profundos en materia de biología, suscita peligros sobre los *garages labs*, una forma de hacer biología sin control científico ni institucional, un poco a la manera en que el relato heroico de la informática nos cuenta que Bill Gates o Steve Jobs crearon las computadoras actuales en sus casas.

Sin embargo, hasta donde hemos podido investigar, todas estas preocupaciones están abordadas como una suerte de apéndice a las exposiciones sobre biología sintética que no cambia en nada el curso de los hechos. Hasta el momento, como la biología sintética está en sus inicios y no ha dado lugar aún a la participación de grandes actores económicos y sociales que definan estándares de investigación, la "bioseguridad" en la biología sintética es un asunto menor.

Tomando como criterios de demarcación del problema la división entre lo natural y lo artificial y el viejo problema del mecanicismo, la biología sintética se presenta como una novedad de proporciones. Detrás del aparente oxímoron contenido en "biología sintética", que significaría "una ciencia de la vida entendida como artificio", se asume que lo viviente puede ser algo completamente producido por lo humano, que por su lado forma parte de lo viviente. Si, como decía Vaccari, la biología ya desde los tiempos de la teoría de la evolución procedió a romper la identidad entre vida y artificio heredada del mecanicismo, una biología de lo artificial como la actual estaría en condiciones de rehabilitarla o incluso de lanzar más allá la apuesta, como cuando la búsqueda de genomas sintéticos pretende conformar "robots orgánicos": luego de comprender lo viviente como mecánico (siglo XVII-XVIII) o como algo informacional (siglo XX), ahora resulta que es lo artificial (robot) lo que se define por lo viviente (orgánico). Más aun, allí donde los mecanicismos construían analogías de valor heurístico, el nuevo mecanicismo ingenieril de la biología sintética tiene valor operatorio.

Ahora bien, en cierto sentido se trata de un mecanicismo en busca de un modelo de máquina luego de la caída de la analogía entre el ADN, la computadora y los sistemas de transmisión. Tiene a su favor, a diferencia de las etapas anteriores, años de investigaciones en síntesis de elementos vivientes, esa misma síntesis que a mediados de los 90 escandalizó a la opinión pública con la oveja Dolly, el primer mamífero producto de una clonación. En definitiva, la biología sintética juega al ensayo y error basándose en todo lo que ya se sabe sobre la interacción entre las moléculas que componen lo vivo.

¿De qué manera asume la biología sintética los desafíos planteados en términos de procesos de concretización (Simondon) y de purificación o hibridación de los cuasi-objetos naturales-artificiales? ¿En qué medida esta ingeniería de lo viviente, más extensa aun que la mera ingeniería genética, seguiría siendo una biología? A la inversa, en el estado actual de las investigaciones sobre lo viviente, ¿sigue existiendo la biología como ciencia de la vida cuando la vida es tratada como artificio? Podemos tratar de responder remitiéndonos a Aristóteles, a su famosa distinción entre lo técnico como aquello que no existe ni por naturaleza ni por necesidad, y lo orgánico como lo que contiene en sí el principio de su propio movimiento. El problema de la biología es que a lo largo de su corta historia, o incluso antes, con el intento de aislar componentes orgánicos para hacerlos cumplir determinadas funciones en sistemas complejos como los cuerpos, y finalizando en la formulación explícita de una ciencia de la vida artificial o del artificio viviente, se embarcó en la factura técnica de lo que tiene en sí una teleología. Cuánto más mejore dicha factura, se hará más acuciante la necesidad de mantener a raya lo inventado, de no permitir que esa teleología se despliegue, de mantener la sustancia viva en los límites estrechos de un artificio, cumpliendo una función, sin sinergias excesivas, sin independencia de acción; o, mejor dicho, utilizando dicha teleología en beneficio del invento, para lo cual se precisa al mismo tiempo recortarla.

Esto es lo que está en juego en los problemas de bioseguridad, en cierto sentido análogos a los viejos peligros atómicos que están lejos de estar extinguidos en el terreno de la física. Y la bioseguridad refleja, al mismo tiempo, las cuestiones relativas a la ontogénesis de la transformación técnica. Siguiendo a Simondon, la biología sintética debe ser capaz de frenar a tiempo el proceso de concretización de sus máquinas vivientes porque contienen en sí, por el hecho de ser vivientes, la posibilidad de ir más allá de la concretización técnica; o sea, de mantener a lo viviente dentro de lo artificial, tal como figura en la conferencia de Asilomar, en el sentido de garantizar que el invento producido en el laboratorio no pueda vivir fuera de él. Por otro lado, siguiendo a Latour, la biología sintética representaría un esfuerzo suplementario de purificación ante el fracaso de las purificaciones anteriores.

Frente a la evidencia de la hibridez entre naturaleza y cultura presente en cualquier ámbito de la biología molecular a partir del ADN recombinante, la biología sintética, ya desde su nombre pero sobre todo en su apelación a las imágenes de la ingeniería y de la construcción (ladrillos, vías, factorías), intenta recubrir a la naturaleza con un manto de artificio, de manera que la determinación última de lo viviente sea en definitiva la invención técnica. No se podría explicar de otro modo el recurso al ensayo y error frente a la inestabilidad epistemológica post-genómica, que revelaría una debilidad teórica. Decir que se puede hacer ingeniería de sistemas biológicos complejos cuando se acaba de demostrar que esa misma complejidad barre con el mecanicismo informacional no es algo insensato, sino la admisión de que los híbridos deben caer del lado de la cultura, de que los cuasi-objetos deben volverse objetos y de que ya es hora de dejar de suponer la equivalencia entre vida y naturaleza.

No por nada en *Las palabras y las cosas*, Michel Foucault marcaba como un hecho central el paso de la historia natural a la biología. Una vez que hay biología, una vez que hay una historia de la vida, deja de ser necesariamente una historia de la naturaleza. La biología no nació por la vocación de conocer lo que es la vida, sino que la vida es el nombre moderno de un tipo de intervención sobre lo natural que lo convierte en artificio. O sea que, si continuáramos la senda de Latour, cabría decir que nunca fuimos modernos si nos escandalizamos cada vez que nos encontramos con un híbrido, como un bioladrillo o la oveja Dolly, o si bramamos porque los científicos "juegan a ser dios". ¿O más bien cabría decir que siempre lo fuimos porque para nosotros la naturaleza no existe?

Bibliografía

Canguilhem, Georges (1976). *El conocimiento de la vida*. Barcelona: Anagrama.

European Commission (2005). *Synthetic Biology: Applying Engineering to Biology. Report of a NEST High-Level Expert Group*. Disponible en https://goo.gl/wXB9t5.

Jonas, Hans (2000). *El principio vida. Hacia una biología filosófica*. Madrid: Trotta.
Foucault, Michel (1997). *Las palabras y las cosas*. México: Siglo XXI.
Fox-Keller, Evelyn (2002). *El siglo del gen. Cien años de pensamiento genético*. Barcelona: Península.
Latour, Bruno (2007). *Nunca fuimos modernos. Ensayos de antropología simétrica*. Buenos Aires: Siglo XXI.
López Hanna, Sonia y Ernesto Román (2011). "De los inconvenientes de la separación entre lo humano y lo no humano para comprender el ser artefactual". *Rev. iberoam. cienc. tecnol. soc.*, 19, 7, 179-185. Disponible en https://goo.gl/M6yDfb.
Nadra, Alejandro y Sánchez, Ignacio (2011). *Biología sintética*. Documento de difusión y presentación del curso impartido por el Dr. Raïk Grunberg en el Departamento de Química Biológica de la Facultad de Ciencias Exactas y Naturales (FCEN, UBA). Buenos Aires: mimeo.
Parente, Diego (2010). *Del órgano al artefacto. Acerca de la dimensión biocultural de la técnica*. La Plata: Edulp.
Pichot, André (1999). *Histoire de la notion de gène*. Paris : Flammarion.
Rabinow, Paul y Gaymon Bennett (2009). "Synthetic biology: ethical ramifications". *Systems and Synthetic Biology* (2009) 3. DOI 10.1007/s11693-009-9042-7, 99-108. Disponible en https://goo.gl/R2xSsK.
Simondon, Gilbert (2008). *El modo de existencia de los objetos técnicos*. Buenos Aires: Prometeo.
Vaccari, Andrés (2010). "Vida, técnica y naturaleza en el pensamiento de Gilbert Simondon". *Rev. iberoam. cienc. tecnol. soc.*, 14, 5, 153-166. Disponible en https://goo.gl/IgqqeB.

15

Realismo tecnológico y diseño antropométrico

Dos ontologías técnicas

Darío Sandrone

1. A modo de introducción

Desde hace unos doscientos cincuenta años la tecnología se ha instituido como un campo del saber particular. Esto conllevó una tarea de construcción del objeto de estudio alrededor de la siguiente pregunta: ¿qué entidades o principios específicos debe estudiar el tecnólogo? Esta cuestión epistemológica, que aborda la problemática de los fundamentos del conocimiento tecnológico, implica un aspecto ontológico acerca de la postulación de realidades objetivas que no pueden ser conocidas por otras disciplinas. El primer objetivo de este trabajo es identificar y caracterizar dos tipos de entidades postuladas tradicionalmente como la fuente del conocimiento tecnológico: por un lado, *la acción técnica* y, por el otro, *los objetos artificiales*. En ese sentido, intentaremos diferenciar dos enfoques en los desarrollos teóricos acerca de la tecnología que se distinguen por el énfasis puesto en uno u otro tipo de entidades a la hora de construir el objeto de estudio de la tecnología.

Por otra parte, tanto las acciones técnicas como los objetos artificiales comparten una *tensión ontológica* de base: son entidades no naturales que existen bajo los principios de un mundo natural. Por un lado, las entidades tecnológicas son parte del mundo físico, constituidas sobre la base de su materialidad; por el otro, el origen y la validez de estas entidades son comprensibles bajo supuestos antropológicos, anatómicos, biológicos o cognitivos, como propósitos e intenciones. En este sentido, el segundo propósito de este trabajo es dar cuenta de dos tradiciones que se distinguen entre sí por poner énfasis en uno u otro aspecto en la construcción del objeto de la tecnología: *la tradición realista* y *la antropométrica*.

La primera ha construido el objeto de la tecnología alrededor de las leyes de la física y la química, la segunda lo ha hecho alrededor de principios del cuerpo y el conocimiento humano. Cabe aclarar que la construcción del objeto de la tecnología es una tarea teórica que no necesariamente ha estado en manos de los filósofos. Veremos, en lo que sigue, que este quehacer ha sido llevado a cabo por matemáticos, ingenieros, teóricos del diseño, cognitivistas, etc., aunque nos interesa particularmente cómo la filosofía ha decepcionado dichas corrientes a partir de la segunda mitad del siglo XX.

Intentaremos realizar una sucinta reconstrucción histórica del pensamiento de algunos representantes de estas posiciones, sin pretender que sea completa ni acabada. Asimismo, intentaremos esbozar una caracterización comparativa de esas dos tradiciones, la realista y la antropométrica, que marcan el mapa conceptual e incluso institucional de la investigación y generación de nuestra cultura material y de la reflexión filosófica acerca de ella, destacando, a su vez, que ambas cuentan con dos subenfoques: una teoría de la acción técnica y una teoría de los objetos artificiales.

Esperamos que estas distinciones sean herramientas que aporten sobre dos aspectos claves de los debates contemporáneos en filosofía de la técnica. En primer lugar, puede aportar claridad a las discusiones sobre determinismo tecnológico y determinismo social (Katz, 1998; Diéguez, 2005). Ambas posiciones en estos debates suelen asumir caracterizaciones ontológicas no explicitadas acerca de lo que es, se supone, el objeto de la tecnología. En segundo lugar, puede aportar claridad a algunas discusiones ontológicas en las cuales se utilizan de manera intercambiable términos que provienen de tradiciones conceptuales muy diferentes en relación con la tecnología y, por lo tanto, poseen connotaciones disímiles que, en muchos casos, es necesario mantener para evitar confusiones. En este trabajo intentaremos resaltar la disimilitud de nociones como *objeto técnico, mecanismo y tecnología,* por un lado, y *artefacto* y *diseño*, por el otro. Ambos grupos de términos poseen connotaciones relacionadas con el enfoque realista y el antropométrico, respectivamente.

2. Realismo tecnológico

2.1. Teoría realista de la acción técnica

En el siglo XIX aparece con fuerza la idea de una *tecnología general* concebida como una ciencia capaz de identificar las invariancias en las acciones técnicas de los procesos técnicos particulares. Este enfoque realista de la acción técnica consta de los siguientes elementos: en primer lugar, una *tecnología general* se funda en la posibilidad de establecer un conjunto axiomático de acciones técnicas que son necesarias para cualquier proceso técnico particular; en segundo lugar, los medios técnicos a través de los cuales se ejecutan las acciones son irrelevantes para definir el objeto de estudio de la tecnología general, por lo que también es indistinto que sean objetos artificiales o naturales, pues son circunstanciales e intercambiables en contraposición con las operaciones técnicas que son necesarias y específicas. En tercer lugar, el cuerpo humano es concebido solo como un medio técnico (natural) entre otros posibles, por lo que las acciones técnicas fundamentales estudiadas por una *tecnología general* deben estar basadas en leyes naturales y no en principios antropométricos.

Esta tradición surge con fuerza en el siglo XIX. En 1809, el matemático y físico alemán Johann Heinrich Moritz Poppe publicó su *Tratado de tecnología general* en el que postulaba cinco acciones técnicas elementales presentes en todos los procesos técnicos existentes: separar y triturar, disminuir la unidad interna, ligar y unir, consolidar, configurar (Dussel, 1984, p. 186). Los medios técnicos a través de los que se ejecutan estas acciones en los procesos técnicos particulares son contingentes y contextuales. En algunos casos pueden ser naturales (animales o humanos), en otros artesanales (instrumentos, herramientas, etc.), en otros casos son industriales (máquinas). Según este enfoque, el objeto de estudio de la *tecnología general* debe ser el conjunto de acciones constitutivas de la *ratio technica*. Una vez determinadas esas acciones es posible deducir el resto de las acciones llevadas a cabo en los procesos técnicos particulares, es decir, los múltiples modos de efectuación particular según el contexto, los medios técnicos y el producto específico. Poppe tuvo una influencia determinante en Marx, que leyó casi toda su obra (Dussel, 1984, pp. 125-126). Esta impronta puede observarse en la definición realista de tecnología que Marx expone en *El Capital* (Yoshida, 1983), en donde se le atribuye a esta "modernísima ciencia" la tarea de "disolver en sí y para sí" los procesos productivos a partir del descubrimiento de las "formas fundamentales del movimiento":

> El principio de la gran industria, esto es, el de disolver en sí y para sí a todo proceso de producción en sus elementos constitutivos y, ante todo, el hacerlo sin tener en cuenta para nada a la mano humana, creó la ciencia modernísima de la tecnología. Las figuras petrificadas, abigarradas y al parecer inconexas del proceso social de producción, se resolvieron, según el efecto útil perseguido, en aplicaciones planificadas de manera consciente y sistemáticamente particularizadas de las ciencias naturales. La tecnología descubrió asimismo esas pocas grandes formas fundamentales del movimiento bajo las cuales transcurre necesariamente, pese a la gran variedad de los instrumentos empleados, toda la actividad productiva del cuerpo humano, exactamente al igual que la mecánica no deja que la mayor complicación de la maquinaria le haga perder de vista la reiteración constante de las potencias mecánicas simples (Marx, 2013, pp. 592-593).

El enfoque realista de las acciones técnicas tiene su recepción en la filosofía de la tecnología del siglo XX. La propuesta que formuló Mario Bunge a finales de la década de 1960, por ejemplo, puede inscribirse en esta línea. Para Bunge, la tecnología es el conocimiento teórico de "la base de sistemas de reglas que prescriben el curso de la acción práctica óptima" (Bunge, 2004, p. 63). El enfoque de Bunge es realista porque cumple los tres postulados que hemos descripto anteriormente.

En primer lugar, el proyecto de una *tecnología general* se inscribe en una *teoría general de las acciones*. La acción técnica es un tipo específico de acción racional, por la que se entiende la acción con arreglo a fines prácticos. En segundo lugar, la validez del diseño y funcionamiento de los medios técnicos (tecnología sustantiva) o de su empleo (tecnología operacional) (2004, pp. 64-65) se deduce de la validez de las acciones técnicas. Es cierto que para Bunge no existe un número pequeño y axiomático de acciones, dado que los propósitos pueden ser innumerables. Sin embargo, el rol de una *tecnología general* es reducir el paisaje de acciones técnicas que existen en los procesos técnicos particulares, muchas de las cuales se basan en los prejuicios, creencias, tradiciones o presentan elementos culturales, nacionales o sociales. Entre esa multiplicidad solo tienen valor epistémico aquellas en las que "el objetivo y los medios para conseguirlo se han escogido o realizado mediante el uso consciente del mejor conocimiento relevante disponible" (2004, pp. 64).

Esto nos lleva al tercer punto del enfoque realista de las acciones. Las acciones técnicas objetivas son aquellas que se fundamentan en "la aplicación del método de la ciencia a problemas prácticos" (2004, p. 63). En el caso de la tecnología sustantiva, la que permite diseñar objetos y procesos, las reglas de acción tecnológicas llegan a ser tales si se fundan en leyes de las ciencias empíricas (química, física, geología, psicología experimental, etc.) que prescinden de las particularidades subjetivas: creencias, deseos, tradiciones, intereses, prácticas. La tecnología operacional, en cambio, estudia el caso específico del "complejo hombre-máquina" (2004, pp. 64-65) basándose en las ciencias formales (matemática, lógica, teoría de las decisiones, teoría de sistemas, etc.) (ibíd.). Para Bunge, existe, por un lado, una relación privilegiada entre el conocimiento científico empírico y la producción de objetos tecnológicos y, por el otro, entre el conocimiento de las ciencias formales y cognitivas y el uso, que es eminentemente humano.

El enfoque realista está íntimamente relacionado con el proyecto de una *tecnología general*, porque supone que existen un objeto de estudio constituido por un número finito de ítems técnicos básicos fundados en leyes naturales, cuyo conocimiento permite deducir la lógica de las diversas tecnologías particulares y sus innumerables operaciones puntuales. Desde la perspectiva realista de las acciones, el propósito de una *tecnología general* es el descubrimiento de las acciones prácticas "óptimas" detrás de la maleza de las acciones "contextuales" superfluas. El criterio de demarcación es que las primeras se basan en el conocimiento científico del mundo natural, mientras que las segundas son el resultado de la experiencia práctica acerca de los procesos técnicos particulares y situados.

2.2. Teoría realista de los objetos artificiales

El enfoque realista admite también una teoría de los objetos artificiales. Establecer los vínculos entre las teorías realistas de las acciones y de los objetos requeriría un análisis más detallado del que podemos realizar aquí. Nos conformaremos, en esta ocasión, con dar una caracterización del realismo de los objetos artificiales e ilustrarlo con algunos ejemplos paradigmáticos.

En primer lugar, lo que llamamos aquí enfoque realista de los objetos artificiales coincide en muchos puntos con la teoría realista de las acciones técnicas, sobre todo en la búsqueda de una *tecnología general*. Sin embargo, a diferencia del enfoque anterior, la teoría realista de los objetos artificiales sostiene que esa *tecnología general* debe fundarse sobre el conocimiento de las configuraciones materiales y el esquema de funcionamiento de los medios técnicos artificiales. El propósito de la *tecnología general,* para este tipo de realismo, es la identificación de un conjunto axiomático de tipos de objetos artificiales a partir de los cuales se pueden deducir todos los artefactos utilizados en los procesos técnicos reales. En segundo lugar, los elementos de las configuraciones materiales de objetos técnicos que tienen como propósito *adaptar* al objeto técnico al contexto de producción o de uso -artefactos o medios técnicos- no forman parte del objeto de estudio de una *tecnología general*, por ser variables y contingentes. Esto nos lleva al tercer punto de las teorías realistas, ya que esta variante, la de los objetos artificiales, considera que estos, que constituyen el objeto de estudio de una *tecnología general*, reflejan leyes naturales o principios matemáticos y no principios antropométricos.

Como vimos, Marx atribuía a la mecánica clásica la tarea de identificar la "reiteración constante de las potencias mecánicas simples" (Marx, 2013, pp. 592-593) en medio de la inconstante configuración de la maquinaria que se altera según variables humanas, tanto específicas (biológica, anatómica, psicológica, etc.), como sociales (productiva, económica, ideológica, etc.). Esa invariancia está fundada en leyes naturales, tal es el caso de determinados mecanismos como la palanca y el volante, que fueron desarrollados a base de las "leyes de la fricción" (2013, p. 458) y han formado parte de diversas máquinas, en diferentes contextos de uso, e incluso en diferentes épocas históricas y modalidades de producción.

Este giro decimonónico sobre el concepto del diseño de máquinas desde una fundamentación en principios antropométricos a una sobre principios objetivos provistos por la ciencia empírica y la matemática acompaña el surgimiento de la ingeniería moderna. Un ejemplo paradigmático fue el de Robert Willis,[1] quien en su tratado *Principles of Mechanism* publicado en 1841 postuló la existencia de un número limitado de mecanismos que pueden ser encontrados en todas las máquinas, a los que llamó "mecanismos puros". Esta ontología apriorística llevó a Willis a sugerir una nueva epistemología de las máquinas en la que

---

[1] Para ver algunas conexiones entre Marx y Willis al respecto de las concepciones tecnológicas, ver (Yoshida, 1983b).

"no parece haber razón para que la construcción de una máquina con un fin determinado no deba [...] ser reducida al dominio del matemático" (Moon, 2003, pp. 214-15).

Tal juicio fue profundizado por Franz Reuleaux, quien en su *Theoretische Kinematik* de 1875 elaboró una serie de fundamentos matemáticos y topológicos a los "mecanismos puros" de Willis que intentaban mostrar cómo una máquina puede ser diseñada a partir de un conjunto finito de objetos artificiales mecánicamente fundamentales. Si bien "la máquina" responde a propósitos subjetivos, individuales o sociales, los objetos artificiales básicos, los "mecanismos puros", son construcciones que reflejan principios geométricos. El proyecto de una *tecnología general* toma aquí la forma de una cinemática [Kinematic], o "ciencia de los mecanismos puros", cuyo método es el mecanicismo cartesiano -en concordancia con la importancia otorgada a la geometría- y se basa en la descomposición de las máquinas complejas en mecanismos "claros y distintos", del mismo modo que el diseño de máquinas se reduce en la combinación de esos mecanismos.

> En esta forma completa la máquina consiste en uno o más mecanismos, los cuales pueden, de la manera que hemos indicado, ser separados en cadenas cinemáticas, y ellas a su vez en pares de elementos. Esta separación es el *análisis* de la máquina, la investigación de su contenido cinemático, organizado en mecanismos, cadenas cinemáticas y pares de elementos. La inversa de esta operación es la *síntesis*, colocar junto de los elementos cinemáticos, cadenas y mecanismos, a partir de los cuales una máquina puede ser construida así como cumplir su función requerida (Reuleaux, 1876, pp. 51-52).

Por otro lado, cabe aclarar, que la concepción realista de los objetos técnicos no se circunscribe a "mecanismos simples" sino que plantea la existencia de composiciones mecánicas más complejas pero no por eso menos fundamentales. El caso más paradigmático es el motor automático. Marx distingue, por un lado, las máquina-herramientas que son contingentes y cuya estructura varía según los contextos de uso y producción y, por el otro, el motor automático que es ajeno a esas contingencias contextuales por lo que es "universal en sus aplicaciones tecnológicas" (Marx, 2013, p. 459). Para Marx, la universalidad del motor automático se debe a que no depende de cotas antropométricas para su funcionamiento sino de principios físicos que subsumen con el tiempo a todos los procesos productivos. En los procesos técnicos de la era industrial no imperan las leyes del cuerpo humano sino las de las fuerzas naturales. Esto no significa que se elimine el trabajo humano de los procesos, al contrario, el obrero debe trabajar aun más, pero el humano (individual o colectivo) no es ya la medida sobre la que se basa el diseño de los objetos técnicos que constituyen la maquinaria sino las leyes objetivas de la naturaleza.

> En la producción fundada en la maquinaria queda suprimido este principio *subjetivo* de la división del trabajo. Aquí se examina, en sí y para sí, *objetivamente*, el proceso total, se lo analiza en sus fases constitutivas, y el problema consistente en ejecutar cada proceso parcial y ensamblar los diferentes procesos parciales, se resuelve mediante la aplicación técnica de la mecánica, de la química, etc. (2013, pp. 462-463).

El enfoque realista ha tenido una recepción en la filosofía de la técnica del siglo XX. Tal vez el filósofo más representativo de esa concepción haya sido Gilbert Simondon y el libro de filosofía que mejor expone esa doctrina sea *El modo de existencia de los objetos técnicos*. El problema que se aborda en ese libro es la dinámica ontogenética de los objetos técnicos a partir de lo que Stiegler denomina, a propósito de Simondon, la "materia inorgánica organizada que tiende a la naturalización" (Stiegler, 2002, p. 130).

Para Simondon detrás de las numerosas variaciones artefactuales que el humano ha diseñado intencionalmente para satisfacer fines prácticos se esconden unas menos cuantiosas formas, los linajes técnicos, en los que radica la realidad no intencional de los objetos técnicos. Cada linaje técnico, según Simondon, corresponde a un tipo particular de relaciones internas que constituyen "la esencia del objeto técnico" (Simondon, 2007, p. 71), por lo que el conocimiento de esas relaciones importa más que el conocimiento de las funciones prácticas o el conocimiento de las acciones humanas. Por eso también, el objeto técnico se vuelve un objeto susceptible de ser estudiado empíricamente como si fuese un objeto natural (2007, p. 67), con independencia de las intenciones prácticas de fabricación o uso,

> [...] como si el objeto artificial no difiriera en nada de un sistema físico estudiado bajo todos los aspectos cognoscibles de los intercambios de energía, de las transformaciones físicas y químicas; cada pieza, en el objeto concreto, no es ya solamente lo que tiene por esencia corresponder al cumplimiento de una función querida por el constructor, sino que es una parte de un sistema en el que se ejercen una multitud de fuerzas y se producen efectos independientes de la intención de fabricación (2007, p. 56).

Para Simondon, los objetos técnicos que reflejan los principios objetivos de la naturaleza antes que los principios antropométricos no son simplemente mecanismos, como plantea la mecánica del siglo XIX, sino que también pueden encontrarse en los elementos simples que componen mecanismos, como un resorte (2007, p. 95), y en individuos técnicos, es decir, máquinas autorreguladas, como una turbina (2007, p. 75). En la versión de Simondon, a diferencia de la tendencia decimonónica, no solo los principios mecánicos establecen la realidad de los objetos técnicos. La incorporación de la electricidad como soporte para la transmisión de información trajo una "nueva oleada tecnológica en el nivel de los individuos" (2007, p. 135) que se basaba en las leyes electromagnéticas e informáticas, las cuales no fueron asimiladas con claridad por el pensamiento de la técnica del siglo XIX.

Al igual que los demás realistas técnicos, Simondon aboga por una *tecnología general* que, en su caso, está compuesta de dos ramas: la *organología general* y la *mecanología*. La primera sería la encargada de estudiar la tecnicidad de los elementos técnicos y su combinación virtuosa al interior de los objetos (2007, p. 86), la segunda sería la encargada de estudiar empíricamente la organización funcional de los individuos técnicos y su relación autorregulada con otros individuos técnicos y con el medio geográfico. Por otra parte, las *sinergias funcionales* (2007, pp. 55-56) pueden ser entendidas como la medida del grado de eficiencia de la coherencia interna. La eficiencia del objeto técnico, para Simondon, no radica en el cumplimiento de un propósito externo -como es el caso de un artefacto- sino en la consolidación de los principios físicos y químicos que determinan y consolidan el linaje técnico.

En términos de Simondon, la diferencia entre un objeto tecnológico y un medio técnico no tecnológico es que el primero posee *coherencia interna* y el segundo *coherencia externa*. El objeto preindustrial carece de dimensión tecnológica, por lo que Simondon excluye de la *tecnología general* al objeto artesanal, a la herramienta manual y a las máquinas simples de la era preindustrial. Esos objetos técnicos poseen solo coherencia externa, es decir, su principio de funcionamiento está regido por elementos antropométricos. Son objetos técnicos cuyas partes no pueden integrarse de forma virtuosa entre sí, sino de forma virtuosa en relación con el ser humano (individual o colectivo).

3. Enfoque antropométrico

3.1. Teoría antropométrica de la acción técnica

La teoría de la acción técnica antropométrica está íntimamente ligada a la teoría intencionalista de la tecnología, que parte del siguiente supuesto: la acción técnica tiene fundamentos en la estructura cognitiva humana antes que en principios físicos, químicos o matemáticos generales. En contraposición al enfoque realista de la acción técnica, el enfoque antropométrico consta de los siguientes elementos. En primer lugar, antes que una *tecnología general* que identifique los elementos objetivos de los procesos técnicos, propone una *teoría del diseño general* que establezca un conjunto axiomático de los ítems cognitivos que estructuran las decisiones y acciones técnicas, tanto de diseño como de uso, en un proceso técnico particular. En segundo lugar, el cuerpo humano -su dimensión biológica, anatómica, psicológica, cognitiva, etc.- no es solo un medio técnico sino que es el ámbito que determina el carácter óptimo de las acciones técnicas fundamentales y la idoneidad de los medios técnicos -artificiales o naturales- empleados. En función de ello, por último, el objeto de estudio de una *teoría del diseño general* está fundada en el estudio de regularidades cognitivas: funcionamiento del aparato perceptual, estrategias de resolución de problemas, mecanismos de instauración de hábitos, modalidad de las asociaciones mentales, entre otros elementos.

El surgimiento de las ciencias cognitivas en la segunda mitad del siglo XX ha sido, sin lugar a dudas, el factor principal de esta corriente de pensamiento sobre la técnica. Donald Norman es uno de los cognitivistas que desde la década de 1980 ha explorado más detalladamente el terreno mixto que comparten las ciencias cognitivas y las acciones técnicas en relación con el diseño y uso de los objetos artificiales. Norman se ha definido como un continuador de la tarea que Herbert Simon iniciara a finales de la década de 1960 cuando publicó *The Sciences of the Artificial,* en donde propuso una *teoría general del diseño* e intentó establecer los fundamentos de una *ciencia de lo artificial.*

Mientras que el enfoque realista busca el fundamento "natural" de la acción técnica, Simon la concibe como una estrategia artificial del pensamiento humano para adaptar sistemas físicos a propósitos contextuales. Efectivamente, si los fenómenos naturales tienen en sí un factor de "necesidad" a causa de la subordinación a la ley natural, los fenómenos artificiales poseen un factor de contingencia, resultado de "la maleabilidad que les confiere el medio" (Simon, 1973, p. 9). En ese sentido, el estudio de lo artificial no solo abarca el diseño de las acciones técnicas que permitan la elaboración de objetos y procesos productivos, es decir, la ingeniería, sino también la medicina, los negocios, la pintura (1973: 11) y la política (1973, p. 87). En la continuación del trabajo de Simon por parte de Norman (Norman, 2010, p. 286) se puede ver una agenda alternativa a las teorías realistas de la acción técnica, basada en lo que Simon llamó la "psicología como ciencia de lo artificial" (Simon, 1973, p. 46), en donde aparecen el comportamiento y las decisiones humanas como nociones fundamentales de una *teoría general del diseño*

Para Norman, las acciones destinadas al diseño de artefactos son el reverso de las acciones destinadas al uso de los artefactos. Esa es una diferencia fundamental con la posición de los realistas como Bunge, para quien las primeras se basan en leyes científicas y las segundas en teoría de las decisiones humanas. Para Norman es una misma teoría de la acción técnica fundada en dos ejes: *la percepción* y *la acción*. Lo que transforma a un simple trozo de material en algún tipo de instrumento es la *percepción* de propiedades objetivas *como si* fueran *prestaciones* [*affordances*]. Posteriormente, el rol de la *acción* humana es transformar esas prestaciones percibidas en prestaciones efectivas. Por lo tanto un objeto de uso es, antes que nada, el resultado de un hecho cognitivo que implica percepciones y acciones estrictamente humanas (Norman, 2010, p. 24).

Siendo esto así, es necesario enmarcar una *teoría general del diseño* en una *teoría general de la acción humana*. Donald Norman esboza la suya. En ella son importantes nociones como *ejecución, evaluación, intención, interpretación* (2010, pp. 66 y ss.), todas nociones propias de la cognición humana que quedarían fuera de un enfoque realista de las acciones técnicas. No obstante, es importante destacar que aunque las acciones técnicas no son un conjunto axiomático de acciones determinadas por principios físicos o químicos sino que dependen de las vicisitudes del aparato cognitivo humano, incluido el factor interpretativo, es posible establecer regularidades del comportamiento humano que impongan *limitaciones* [*constraints*] a las variables de acción de uso y, por lo tanto, establezcan ciertos principios fundamentales del diseño industrial. Las *limitaciones físicas* que reducen el número de acciones posibles son solo una de las constricciones. Deben sumarse, además, *limitaciones semánticas,* que limitan el número de actos posibles pero remitiendo al significado de la situación; *limitaciones culturales*, que remiten a convenciones aceptadas por una comunidad; *limitaciones lógicas*, como las relaciones topográficas (2013, pp. 110 y ss.).

3.2. Teoría antropométrica de los objetos artificiales: artefactos

Lo que llamamos aquí el enfoque antropométrico de los objetos artificiales consta de los siguientes elementos. En primer lugar, afirma que la explicación de la esfera artificial no se agota en una *tecnología general* que especifique los objetos técnicos fundamentales, sino que se requiere una *teoría general del diseño* que estudie las reglas de transición desde los esquemas básicos de funcionamiento hasta los artefactos en los contextos particulares de producción y uso. El propósito de la *teoría del diseño* es dar cuenta de los factores que intervienen para diversificar los esquemas de funcionamiento en innumerables variaciones artefactuales que constituyen nuestra cultura técnica.

En segundo lugar, nuestra esfera artificial está compuesta por artefactos, los cuales no se deducen de un conjunto axiomático de tipos de objetos artificiales basados en esquemas de funcionamiento, sino que es necesario contemplar siempre elementos *ad hoc* generados por los contextos de producción y uso. La condición de posibilidad de un artefacto se fundamenta en una relación de algún tipo con la dimensión subjetiva del ser humano, ya sea específica (anatómica, cognitiva), etnográfica, social (intereses, valores, creencias, etc.) o epocal. Esto nos lleva al último punto del enfoque antropométrico, ya que por su propia definición, el conocimiento de los artefactos es un conocimiento *a posteriori* llevado a cabo no solo por diseñadores, sino también por sociólogos, historiadores, antropólogos, cognitivistas, etc., que obtienen regularidades a partir del estudio de las prácticas de producción y uso. Sin embargo, esas regularidades, lejos de ser leyes objetivas de la naturaleza, son regularidades que sirven para entender nuestra relación con los objetos técnicos.

La antropometría es una rama de la antropología física que se aboca al estudio de las medidas del cuerpo humano. Desde sus comienzos, en la década de 1920, se afirmó que entre otras aplicaciones, los conocimientos provistos por esta disciplina podían tener "propósitos industriales" (Hrdlička, 1920, p. 7). El surgimiento de la ergonomía, la consolidación de las ingenierías en el sentido moderno y la efervescencia en el campo del diseño industrial, entre otros factores, propiciaron la incorporación formal de la antropometría, junto con la matemática y las ciencias naturales, al diseño de artefactos tecnológicos. A mediados de la década de 1970 esa corriente se denominó *ingeniería antropométrica* o *antropometría ingenieril*, definida como "la aplicación de los métodos científicos de medición física de sujetos humanos al desarrollo de estándares de diseño ingenieril" (Roebuck, 1975, p. 6).

Si el espíritu matematizante de siglo XIX acompañó el surgimiento de un realismo tecnológico, el espíritu antropométrico del siglo XX acompañó la emergencia de un intencionalismo que modificó la unidad de análisis de la tecnología del objeto artificial al artefacto. Para Simondon, desde un enfoque realista, lo técnico es todo aquello que se aleja del comportamiento artificial en el sentido del artefacto (coherencia externa, imperio de los principios contextuales) y se acerca a un comportamiento de los objetos naturales (coherencia interna, imperio de las leyes naturales) (Simondon, 2007, pp. 67-68). Para Simon, en cambio, lo artificial es todo lo contrario. Un medio interno regido por leyes naturales no es nada técnico. Se convierte en técnico cuando se convierte en artefacto, es decir, cuando se organiza materialmente ese medio interno regido por leyes físicas y químicas para que funcione en las "las proximidades donde actúa" (medio exterior) de acuerdo con una finalidad (Simon, 1973, p. 22).

La coherencia externa que niega al objeto técnico para Simondon define al artefacto para Simon. Para Norman, además de eso, un artefacto debe interactuar de manera eficaz con el ser humano. Un artefacto no simplemente es un objeto que tiene una función práctica, sino *un medio de comunicación de la función práctica*. En la estructura del artefacto no solo se plasman leyes físicas que permiten cumplir propósitos sino también mensajes del diseñador al usuario. Las capacidades cognitivas humanas y las características del diseño *deben* confluir perfectamente en la interfaz del objeto.[2] Desde este punto de vista, un artefacto es un objeto técnico con interfaz sujeto-objeto.

Diseñar es diseñar una *interfaz* (Norman, 1990; Bonsiepe, 1999; Juez, 2002). Independientemente de cuales sean los reparos a esta afirmación o los elementos que se incorporen en la definición de la interfaz, se suele aceptar como requisitos básicos tres elementos: a) el cuerpo humano, b) el objetivo de una acción, c) un artefacto o una información (Bonsiepe, 1999, p. 17). Esta idea supone que, por un lado, algunos aspectos del diseño de un artefacto están destinados al cumplimiento de la función práctica mientras que, por otro lado, otros aspectos del diseño del artefacto están destinados a facilitar el uso de esos aspectos:

> Un objeto puede ser llamado tijera solo si satisface la condición de tener dos cuchillas, valoradas como partes activas de la herramienta. Para pasar de dos cuchillas al artefacto tijera se necesita también una empuñadura, a través de la cual el cuerpo humano pueda interactuar con dos cuchillas (1999, p. 18).

---

[2] La industria del software ha generado un concepto, *usabilidad*, que establece la medida objetiva del uso. De hecho, la ISO ha establecido un conjunto de normas entre los que se incluyen la usabilidad y se la define como: "La capacidad del producto de software para ser entendido, aprendido y usado, además de ser atractivo para el usuario, cuando se utiliza en condiciones especificadas" (ISO, 2000, p. 9).

En definitiva, desde un enfoque antropométrico, es la interfaz la que determina la diferencia entre un objeto técnico y un artefacto. Una tijera industrial opera al interior de una máquina, por lo que es un objeto técnico, un mecanismo propio de esa máquina, la tijera industrial, regida por leyes de la mecánica y sin interfaz humana, que se concentran en los controles de la máquina.

En esa dirección, algunos autores distinguen entre el área de pauta primaria y secundaria en un artefacto, donde las áreas secundarias (las asas de la tijera, por ejemplo)

> [...] son definidas formal y dimensionalmente por la parte corporal del usuario que utiliza el diseño. Son estas la interface entre la operación prevista para el objeto y la posibilidad de manipularlo. En ellas encontramos la mayor variedad de adaptaciones (antropométricas y formales) que caracterizan al grupo de usuarios (medidas corporales, predilecciones y hábitos). Las áreas de pauta secundarias son en ocasiones tan solo accesorias, pero en otras constituyen un complemento determinante. Son áreas donde se descubren pautas cargadas de predilecciones y formas de manipulación que a veces encubren la función primera para la que fue diseñado el objeto (Juez, 2002, p. 87).

La filosofía de los artefactos del siglo XX ha recogido esta noción de artefacto antropométrico. Randall Dipert ha elaborado una ontología de las entidades técnicas en donde sostiene que una *herramienta* no es independiente del contexto de uso circunstancial, sino que es siempre una entidad relativa a una persona o a un grupo de personas, con propósitos momentáneos, o sea, con un contexto histórico. Solo la idealización del "hombre racional" con propósitos universales haría que la herramienta fuese una entidad absoluta (Dipert, 1995, pp. 125-126).

Para Dipert, además, al igual que para Norman, un *artefacto técnico* es esencialmente un objeto comunicativo antes que un objeto físico, ya que existe un agente emisor de señales, el diseñador, y un "agente receptor", el usuario, de manera tal que el primero produce creencias en el segundo que modifican o acotan su comportamiento a la hora de utilizar y producir el artefacto. Sin embargo, no un objeto sencillamente comunicativo como un cartel, sino posee propiedades auto-comunicativas [*self-communicative properties*] (1995, p. 128), esto es, que el contenido de la comunicación es acerca de él mismo, más precisamente, acerca de las propiedades herramentales que posee.

Por otra parte, existen otras entidades subartefactuales, *los instrumentos*, que no dependen de su diseño sino de la percepción del usuario para atribuirle una función, incluso una función que difiera de la que le atribuyó originalmente el diseñador: "al menos una de sus propiedades ha sido pensada por alguien para ser un medio de acuerdo a algún fin y ha sido empleada intencionalmente en esa capacidad" (1993, p. 24). Una calculadora es un artefacto para calcular, pero puede ser un instrumento para pisar papeles. La función de la herramienta es social, pero la del instrumento puede ser idiosincrática. Hay que resaltar que la discusión sobre la ontología de los artefactos ha sido un tópico que se ha consolidado en la filosofía de la técnica en el último cuarto del siglo XX. Una de las corrientes más influyentes al respecto ha sido el Programa de la Naturaleza Dual de los Artefactos Técnicos (PND). Dos de sus principales referentes, Houkes y Vermaas, afirman:

> En nuestro enfoque de diseño, así como el de uso, la noción de plan de uso está en el centro del escenario. Y a pesar de que compartimos un énfasis en la comunicación con Dipert, el contenido de esta comunicación es el plan de uso y no el hecho de que el artefacto haya cambiado físicamente para permitir o facilitar el uso. Por lo tanto, en la definición de "materiales útiles" nos centramos en los instrumentos en lugar de los artefactos o las herramientas (Houkes y Vermaas, 2010, p. 155).

Desde este punto de vista, el diseño del artefacto queda vaciado de contenido técnico específico. Lo que define a un artefacto es el plan de uso, no el plan de comunicación de ese uso, o los saberes que permiten modificar las estructuras materiales para optimizarlo. En todo caso, estos últimos aspectos son secundarios y derivados de los mecanismos de percepción de las *affordances* y del diseño mental de las estrategias de uso.

A modo de cierre

Entre el siglo XIX y XX emergieron con fuerza dos perspectivas ontológicas y epistemológicas acerca de la lógica de los objetos artificiales y las acciones técnicas. Por un lado, la esfera de las formas técnicas universales, donde imperan la matemática y las leyes de las ciencias naturales. Por otro, la esfera de artefactos, donde los artificios se definen por la forma en que operan en sus contextos de uso y producción. Esta escisión se institucionalizó desde finales del siglo XIX en la ingeniería y las ciencias ingenieriles, por un lado, y en el diseño industrial por otro. Las primeras diseñan objetos y materiales artificiales bajo la pretensión de obtener y aplicar conocimientos de las propiedades de ciertos ámbitos de la realidad natural. Por otro lado, el diseño industrial, abocado a la creación de artefactos que se definen por capacidad práctica en contextos en donde se articulan fenómenos económicos, sociales, culturales, epocales, antropológicos, etc.

La perspectiva realista que une a Poppe, Willis, Reuleaux, Marx, Simondon y Bunge, entre otros, presenta a la tecnología como un saber constituido por acciones y objetos que, en buena medida, están ligados a los principios objetivos de las ciencias naturales y de la matemática, y que poseen cierta autonomía con respecto a la función práctica determinada por el contexto de uso. La corriente de pensamiento antropométrica que une a Simon, Norman, los diseñadores industriales y los filósofos intencionalistas como Dipert o los representantes del Programa de Naturaleza Dual de los Artefactos Técnicos, presenta a la tecnología como una actividad humana, caracterizada por los principios antropométricos, sean anatómicos, biológicos, cognitivos, culturales, semánticos, etc. Entender la existencia de estas dos tradiciones en el conjunto de disciplinas que generan y reflexionan sobre la tecnología puede resultar de interés para evitar usar indistintamente categorías como objeto técnico y artefacto, adaptaciones técnicas y diseños técnicos, función y funcionamiento, entre otras que generalmente provienen de tradiciones distintas y muchas veces no son intercambiables. Por otro lado, muchas veces se intenta inscribir a muchos de los autores mencionados en las discusiones recientes sobre determinismo social o tecnológico cuando, en realidad, pertenecen más naturalmente a los debates ontológicos de la técnica. Esto no implica que las discusiones sobre determinismo no tengan una dimensión ontológica, pero es necesario evitar reducir una a la otra.

Bibliografía

Bunge, M. (2004). "Acción". En C. Mitcham y R. Mackey (ed.) *Filosofía y Tecnología* (pp. 63-92). Madrid: Encuentro.

Dieguez A. (2005). "El determinismo tecnológico: indicaciones para su interpretación". *Argumentos de Razón Técnica, 8,* 67-87.

Dipert, R. (1995). "Some Issues in the Theory of Artifacts: Defining 'Artifact' and Related Notions". *The Monist*, 78 (2), 119-135.
Dussel, E. (1984). *Filosofía de la producción*. Bogotá: Nueva América.
Feemberg. A. (2012). *Transformar la tecnología*. Univ. Nacional de Quilmes.
Houkes, W. y Vermaas, P (2010). *Technical Functions: On the Use and Design of Artefacts*. Dordrecht: Springer.
Hrdlička, A. (1920). *Anthropometry*. Philadelphia: The Wistar Institute Of Anatomy And Biology.
ISO (2000). *International Standard*, ISO/IECFDIS9126-1. Recuperado el 22 de noviembre de 2015 de https://goo.gl/ldaIwI.
Katz, C. (1998). "Determinismo tecnológico y determinismo histórico-social". *Redes* 1998, 11.
Marx, K. (2013). *El capital*. Tomo I, Vol.2. Siglo XXI, Buenos Aires.
Moon, F. (2003). "Robert Willis and Franz Reuleaux: Pioneers in the Theory of Machines". *Notes and Records of the Royal Society of London*, 57 (2), 209-230.
Reuleaux, F. (1875). *Theoretische Kinematik: Grundziige einer Theorie des Maschinenwesens*. Braunschweig: Verlag Vieweg & Sohn. [Traducida al inglés como *Kinematics of machinery: outlines of a theory of machines* (1876) London: Macmillan and Co.]
Roebuck, J.; Kroemer, K. y Thomson, W. (1975). *Engineering Anthropometry Methods*. New York: Wiley.
Simon, H. (1973). *Las ciencias de lo artificial. [Primera edición]* Barcelona: A.T.E.
Simondon, G. (2007). *El modo de existencia de los objetos técnicos*. Buenos Aires: Prometeo.
Stiegler, B. (2002). *La técnica y el tiempo*. Cap. 1. Hondarribia: Editorial Hiru.

Willis, R. (1841). *Principles of mechanism*. London: Cambridge University Press.

Yoshida, F. (1983a). "J.H.M. Poppe's *History of Techenology* and Karl Marx". *Hokudai Economic Papers*, 13, 23-38.

Yoshida, Fumikazu (1983b). "Robert Willis' theory of Mechanism and Karl Marx". *Historia Scientiarum*, 25.

16

De Descartes a Deckard

Los orígenes cartesianos del posthumanismo

ANDRÉS VACCARI

Podríamos situar el comienzo de la crisis en el año 1980, cuando la Suprema Corte de los EE.UU. dictaminó, en el caso Diamond vs. Chakrabarty, que organismos vivientes pueden ser patentados como si fueran productos artificiales. O quizás podríamos ubicarla en el año 1828: el año en que el químico Friedrich Wohler sintetizó un compuesto orgánico, la urea, partiendo de una sustancia inorgánica, el cianato amónico, en el hecho que significó el último clavo en el ataúd del vitalismo clásico. Pero muchos insisten en que la crisis siempre ha estado con nosotros; que solo debemos vernos en el espejo para comprobar que la misma morfología humana es el producto de una larga interacción con tecnologías y de vivir en nichos artificiales; es decir que nuestros cuerpos naturales tienen algo, o mucho, de artefactual. Incluso se podría ir más allá, a los animales o a las células, y la manera en que los seres vivos transforman sus entornos y se transforman a sí mismos por medios técnicos.

Sea esto una crisis o no, lo cierto es que en las últimas décadas ha surgido un fuerte consenso que atraviesa varios campos del saber y que concierne a la insuficiencia de ciertos conceptos que han estado con nosotros por mucho tiempo. Más que conceptos, podríamos definirlos como meta-conceptos: una matriz que abarca las ideas que organizan y estructuran nuestro discurso y pensamiento, al punto de que la mera sugerencia de que deban ser descartados nos deja mudos. ¿Cómo podemos pensar sin la idea de la naturaleza, por ejemplo, la fundamental *physis* de los griegos? ¿Y cómo pensar a la tecnología sin la idea de la cultura y de la artificialidad? ¿Qué hacemos ahora que la sociedad, la cultura, el cuerpo, la mente, la agencia y la humanidad se esfuman, palabras vacías sin asidero ontológico?

Es verdad, por miles de años nos manejamos bastante bien con la idea de que la cultura y la sociedad son fenómenos humanos, algo de alguna manera metafísicamente diferente o incluso opuesto a la naturaleza. Pero fenómenos como los miembros biónicos o los implantes cognitivos nos obligan a repensar la relación entre cuerpos y artefactos, y entre vida y artificialidad, sin recurrir a estas divisiones categóricas. En la bioética, por ejemplo, las máquinas de soporte vital nos plantean el problema del límite normativo entre la vida y la muerte, y entre cuerpos y artefactos, de una manera que no tiene precedentes. Pero dondequiera que miremos, nuestras (¿serán "nuestras"?) creaciones se burlan de nuestro mobiliario filosófico: quimeras genéticas, máquinas inteligentes, bosques con derechos humanos, animales con cultura y lenguaje, seres vivos manufacturados, cyborgs, milagros médicos, identidades virtuales, vida artificial, *designer babies*, clones, comida genéticamente modificada, tecnologías reproductivas, Robocop, Oncomouse, Dolly y Deep Blue.

El término "posthumanismo" es una manera de darle un nombre a este fenómeno complejo. Es un término que intenta captar un evento que atraviesa dimensiones filosóficas, científicas, sociales, políticas, éticas y culturales. Como campo de estudio, el posthumanismo no avanza una doctrina ni teoría específica, y abarca una gama de ideas y programas inconmensurables, muchas veces contradictorios. A pesar de este carácter abierto, voy a utilizar el término como una manera útil de articular un conjunto de problemas contemporáneos que comparten orígenes históricos, y fuertes conexiones conceptuales y culturales.

Como el nombre lo indica, el posthumanismo está centrado en la idea de que el ser humano es una entidad histórica, contingente, la cual recientes desarrollos tecnológicos prometen o amenazan con modificar más allá de lo reconocible. Esto debe ser visto como parte de una pregunta más amplia, acerca de cómo el ser humano se define en relación con otras categorías tales como la naturaleza, la cultura, la razón y la vida. Es decir, el posthumanismo no trata solo de lo humano sino de una ecología de conceptos. Por lo tanto, el posthumanismo (o aunque sea el posthumanismo crítico) podría definirse como un intento de superar la arbitrariedad de las fronteras entre organismo y máquina, materia e información, entre otros frentes de batalla. Se trata de responder a la progresiva interpenetración de lo tecnológico y lo viviente, y de articular la filosofía de lo híbrido, lo natural-cultural. Nuestro creciente poder tecnológico nos permite la manipulación, creación y modificación de lo viviente, y nos está planteando urgentes cuestiones políticas y éticas, que se cristalizan en torno a temas como la biotecnología, la fabricación de embriones humanos, la extensión de la vida, y la manipulación genética. Como nos dice Catherine Waldby, la desorientadora proliferación de híbridos naturales-tecnológicos nos exige una conceptualización pública que vaya más allá de los términos de la bioética humanista (2000, p. 45).

La siguiente es una investigación histórica sobre un aspecto esencial de la condición posthumana: la erosión de las distinciones entre organismo y máquina, naturaleza y arte, y lo natural y lo artificial. O sea, no sabemos si la crisis comenzó con las hormigas o la urea, pero podemos ser más precisos en lo que concierne a la historia de las ideas. La genealogía del posthumanismo pasa por ciertas rupturas en la historia de la filosofía y de la ciencia; en particular en lo que concierne a los universos de lo mecánico y artificial, por un lado, y de lo natural y lo viviente, por el otro. Argumentaré aquí que esta erosión comenzó en el campo del pensamiento mucho antes de lo que suponemos. De hecho, el posthumanismo se remonta a un origen histórico específico: la mecanización de la biología en el siglo XVII, en la cual se postula por primera vez la identidad metafísica de los organismos vivos y las máquinas. Este radical realineamiento ontológico se halla en el epicentro de una serie de eventos científicos y culturales que llevaron al posthumanismo. Más precisamente, esta coyuntura crítica se puede localizar en la fisiología y la metafísica de René Descartes, el primer filósofo en extender la mecanización de los cielos al corazón de lo viviente.

La fusión cartesiana de lo natural y lo artificial abrió la puerta a una comprensión posthumana del cuerpo viviente y su relación con las extensiones tecnológicas, así como sugirió la posibilidad de rediseñar la naturaleza siguiendo paradigmas ingenieriles. Los escritos de Descartes sobre la fisiología y la óptica son una especie de laboratorio en el que se ensayó la fusión teórica y práctica de máquinas y organismos, al menos en dos sentidos: (a) la alteración protésica e instrumental del cuerpo, su producción, extensión y mediación tecnológicas, y (b) la integración funcional y práctica de máquinas y seres vivientes en contextos médicos, industriales, militares, y otros.

La biología de Descartes reformuló los problemas tradicionales de la biología (tales como la finalidad natural, la función biológica, y los tipos de causalidad que rigen los procesos vivientes) en términos inspirados por las maravillosas tecnologías del barroco. Mediante la descripción de objetos y cuerpos en los mismos términos, el mecanicismo cartesiano borró los límites de los cuerpos vivientes y cuestionó su unidad sustancial. La vida misma dejó de tener un estatus ontológico especial para convertirse en una ilusión mecánica, un fenómeno metafísicamente indistinguible de la materia. Yo sostengo que esta nueva concepción mecanicista fue única, y no puede ser comparada con la de otros pensadores anteriores a Descartes.

Como veremos, el quiebre esencial con el paradigma de Aristóteles puede localizarse precisamente en la pérdida de la unidad sustancial del organismo. Además Aristóteles todavía quiere mantener separados lo viviente y lo artificial (a pesar de la posibilidad de establecer ciertas analogías entre ellos). Precursores del mecanicismo cartesiano (por ejemplo, el trabajo de Francis Bacon en las áreas de medicina y biología) ni siquiera se aproximan al colapso sistemático y completo de lo natural y lo artificial que vemos en Descartes; aunque trabajos como *Nova Atlantis* (1624) ya anuncian claramente las ambiciones biotecnológicas de la ciencia moderna.

Vamos entonces a analizar en qué consiste el giro posthumanista cartesiano. Voy a dividir el argumento en una serie de áreas. Por razones de espacio, voy a dejar mucho de lado. En particular, no examinaré las fuentes tecnoculturales de la filosofía natural de Descartes, que surgen del siglo XVII, un siglo que vivenció una revolución tecnológica peculiar. Otra área que también esquivaré son las continuidades entre Descartes y desarrollos anteriores en la astronomía, biología, etc. Voy a tomar un enfoque claramente rupturista por razones prácticas, pero quiero enfatizar que el quiebre cartesiano está compuesto tanto de continuidades como de discontinuidades. Por último, dejaré de lado las consecuencias científicas y culturales del mecanicismo para otro momento.

1. Debemos empezar con el esquema básico de la física de Descartes porque nos proporciona el plano inmanente en el que se articularán las interrelaciones entre naturaleza y arte, organismo y máquina, órgano e instrumento. Tanto lo viviente como lo técnico se hallan integrados en una nueva concepción de la naturaleza como materia, en una metafísica monista e inmanentista que toma a la mecánica como su paradigma explicativo.
2. Esto tiene una consecuencia para la organización de las áreas de conocimiento y sus relaciones entre sí. En particular, se establece una continuidad conceptual entre la física, la biología y la tecnología bajo el eje de una mecánica universal. Como sabemos, uno de los aspectos más importantes de la revolución mecanicista es que el cuerpo viviente es visto como un sistema fisicoquímico, que se establece esta continuidad entre física y biología. Veremos cómo esto es importante para una historia del posthumanismo.
3. A partir de esto, surgen preguntas acerca de las diferencias entre autómatas naturales y artificiales. ¿Qué es la vida? ¿Qué es un cuerpo viviente? Lo viviente se torna un hecho incomprensible, al tiempo que se establece una identidad ontológica entre autómatas "naturales" y "artificiales".

4. De hecho, el problema se presenta como una cuestión no tanto metafísica como epistemológica: aparece el autómata como *deceptor*. El problema es cómo distinguir una copia mecánica de un ser viviente "real".
5. El mecanicismo replantea la noción de finalidad y función, tanto al nivel de los órganos como al nivel del cuerpo viviente en su totalidad. Esto tiene un corolario interesante, en cuanto se nos presenta el problema de la instrumentalidad y el control. Se nos presenta también aquí el problema del principio de unidad del cuerpo; por ejemplo, qué criterios usaríamos para distinguir un cuerpo de un artefacto unido a este.
6. El mecanicismo nos plantea la posibilidad de modificar los cuerpos vivientes. El esquema conceptual de la metáfora de la máquina ya nos anuncia un programa intervencionista: la explicación está íntimamente relacionada con la manipulación y construcción. Se nos abre el universo de las prótesis, el rediseño de la naturaleza, los cyborgs...
7. Al plantearse este proyecto moderno de rediseño y modificación de los cuerpos vivos, se nos plantea el problema de la normatividad de lo natural. ¿Dónde fijamos los límites "naturales" de los cuerpos, sus fronteras temporales y físicas? Se replantea la relación entre la humanidad y el mundo en términos de la instrumentalidad, de los cuerpos, dado que su único principio de unidad es la funcional. Veremos cómo esto tiene ciertas repercusiones para la antropología filosófica. ¿Qué es el ser humano? ¿Cuál es su relación con los cuerpos (incluido el suyo propio) y con la naturaleza en general?

La física-metafísica de Descartes: el plano inmanente

Para comprender la ontología de los cuerpos y artefactos, hay que empezar con la física. El principio básico de la física de Descartes es que la materia actúa por contacto, es decir, por colisiones, presiones y desplazamientos. Su fundamento es la noción de un pleno, el cual satisface una necesidad importante de la explicación mecanicista: que todos los movimientos son el resultado de la transmisión directa del movimiento de cuerpo a cuerpo, sin recurrir a las explicaciones ocultas e influencias no locales. La única cualidad de la materia es que ocupa un espacio, en otras palabras, la extensión. Esto lleva a Descartes a nociones contrarias al sentido común, por ejemplo: cuando un "recipiente está lleno de oro o de plomo [...] contiene la misma cantidad de materia que cuando pensamos que está vacío" (1998, p. 15).

El movimiento es el modo más simple de extensión y sirve para explicar algunas de las propiedades fundamentales de los cuerpos. La materia sólida está compuesta de partículas en reposo en relación con las demás partículas que integran el cuerpo, mientras que las formas gaseosas y líquidas de la materia (o sutiles, como el fuego) consisten en partículas en rápido movimiento. Los planetas, por ejemplo, son llevados por los remolinos y los torbellinos del líquido sutil que llena los espacios entre los cuerpos celestes. De las cuatro causas que Aristóteles postuló en la naturaleza, el mecanicismo conserva una sola: la causa eficiente.

Además del movimiento, las propiedades físicas de diferentes agregados de materia son una función del tamaño y la forma de las partículas. Fenómenos macroscópicos y sub-visibles se comportan esencialmente de la misma manera. Uno de los efectos de la abolición moderna de la brecha entre la física sublunar y la física celeste fue el establecimiento de un principio general de acuerdo con el cual toda la materia en todas partes sigue los mismos principios de acción. Descartes llevó este principio en la otra dirección, hacia lo infinitesimal. Este fue uno de los principales atractivos de las metáforas mecánicas: actúan como modelos macroscópicos de la micromaquinaria subvisible que compone los cuerpos animados e inanimados (véase Vaccari, 2009 para una explicación detallada).

La consecuencia más importante de esta concepción de la naturaleza es que todos los cuerpos físicos admiten el mismo tipo de explicación. Podríamos llamar a esta concepción una "mecánica universal" que explica la totalidad de la naturaleza. En lo que respecta al mundo natural, Descartes, el famoso dualista, es un acérrimo *monista*. Pero, aparte del monismo, otra consecuencia muy importante es el principio de *inmanencia*: es decir, las formas deben ser explicadas por medio de recursos conceptuales que apelen exclusivamente a la causalidad mecánica. Todos los poderes causales proceden de características inherentes a las partículas. Vemos cómo la inmanencia está relacionada con el reduccionismo: todos los principios son inherentes a la materia y su movimiento.

Enseguida se nos presentan una serie de problemas que abordaremos a continuación: ¿cuál es el principio de cohesión de los cuerpos? ¿Cómo distinguimos entre una ciencia y otra, si todo cae bajo la jurisdicción de esta mecánica universal? Etc.

La división de las ciencias

Una consecuencia de la física de Descartes concierne a la división de las ciencias. La mecánica universal de Descartes es una explicación fundamental que provee el marco explicativo para todos los fenómenos naturales (óptica, cosmología, meteorología, etc.)

En el marco de nuestro argumento, lo que nos interesa es la continuidad metafísica y epistémica que se establece entre la física y la biología. Vemos esto claramente en el *Tratado de la luz*, donde Descartes nos cuenta una fábula, la historia de un nuevo mundo creado bajo las mismas condiciones que el nuestro. De la creación de los planetas y la Tierra pasamos directamente a la creación de los cuerpos vivientes. El paso de la física de la materia a la teoría de la vida es perfectamente continuo. Los mismos principios se aplican a los fluidos cósmicos y a los espíritus animales, y no se precisan conceptos específicos o adicionales. La ontología misma de la materia abarca tanto lo animado y lo inanimado. Hay que destacar que este realineamiento tectónico no solo afecta las relaciones entre la física y la biología, sino también las relaciones entre la biología y la *tecnología*, que ahora son abarcadas bajo una única teoría general de las máquinas.

En otras palabras: con Descartes lo viviente se vuelve continuo con la naturaleza inanimada, por un lado, y con la maquinaria, por el otro. En el *Tratado del hombre* (la segunda y última parte del inacabado *Tratado de la luz*), pero también en toda la física cartesiana, vemos la primacía de la metáfora tecnológica: la tecnología provee todos los recursos conceptuales y heurísticos de la física.

Como es bien sabido, este es uno de los aportes principales de Descartes. De ahora en más, la biología se ocupará de explicar a los seres vivientes como sistemas físico-químicos. No podemos exagerar qué tan revolucionario fue este paso. Y debemos recalcar que no es un asunto puramente conceptual, dado que la máquina fue una metáfora seductora no tanto por su éxito explicativo. Lo que podemos ver claramente en *Hombre* es la emergencia de una poética de la máquina.

No es hasta que entramos en el cuerpo humano-animal que experimentamos todo el potencial poético de la metáfora tecnológica. Descartes aquí despliega una serie desenfrenada de tecnologías que cumplen la función de elementos analíticos: por un lado piezas mecánicas (bastones, fuelles, válvulas, poleas, tubos, palancas, contrapesos y ruedas), máquinas (órganos, estatuas articuladas, fuentes, relojes, molinos), procesos técnicos (destilación, tamizado, impresiones sobre telas) y principios de trabajo (agua, aire, pesos, las palancas y los balances, las presiones y los choques) para montar un modelo de un organismo virtual, una copia mecánica de un original perdido. *Hombre* se inscribe en una larga tradición de tratados de tecnología que data de la Escuela de Alejandría, en el que el objeto de la explicación es la estructura del artefacto y la acción secuencial de los mecanismos. Excepto, obviamente, que *Hombre* es un tratado de fisiología. Lo que le importa a Descartes no es tal o cual máquina, sino las leyes de todas las máquinas, la ontología de las máquinas: un logos universal que articula estos elementos técnicos dispares en un solo cuerpo de conocimiento.

¿Qué es lo viviente?

La física-metafísica de Descartes solo admite una diferencia de grado entre los autómatas naturales y los artificiales. La diferencia no es esencial, sino modal (Ablondi 1998, p. 79). La vida es un efecto de la materia, una ilusión óptica modelada en la mecánica teatral del barroco.

De esta manera, Descartes articula uno de los principios fundamentales del enfoque cibernético de los "man-machine systems" (ahora llamados "human-machine interaction"). En la introducción de un manual para ingenieros (que se llama justamente *Man-Machine Systems*), Sheridan y Ferrell enuncian este principio en términos claros:

> La ingeniería de sistemas puede hacerse compatible con las características y limitaciones humanas solo por medio de un análisis cuantitativo y la experimentación, y solo cuando el comportamiento del hombre y el de la máquina pueden ser descritos en términos comparables (1981, p. 3).

Es más, el mecanicismo cartesiano abarca a lo mecánico y lo viviente en términos idénticos, y no solo "comparables". Desde una cierta perspectiva, el cambio es asimétrico: la tecnología es el campo epistémico principal, la fuente de todos los recursos explicativos. Parte del genio de Descartes fue minar este campo (de la tecnología barroca) con una curiosidad enciclopédica: los tratados tecnológicos, el reloj mecánico, los autómatas que imitan a lo viviente, el microscopio, los trucos ópticos, las fuentes de los jardines de la realeza, los montajes experimentales de la mecánica, etc.

Sin embargo, hay también una relación simétrica que se establece. Descartes admite los artefactos como una especie natural, al tiempo que los cuerpos naturales toman características de lo artefactual. La máquina ya no se puede definir, como hacían los antiguos, como eso que va *en contra* de la naturaleza.

Se nos plantea, entonces, el problema de lo viviente. ¿Hay algo ontológicamente especial acerca de la vida? En su maravilloso libro sobre esta cuestión, Des Chene nos dice que Descartes "propone eliminar la vida como una categoría natural" (2001, p. 2). Para Descartes, no hay una entidad o categoría metafísica *a priori* (tal como el alma o las formas) que establezca cómo una cierta disposición de la materia (una silla, un planeta o un vórtice) se pueda distinguir de un ser vivo. No hay almas de ningún tipo que animen lo viviente; el alma humana es puramente racional y no tiene rol alguno en el funcionamiento del cuerpo. Descartes, en otras palabras, niega que exista un "dualismo vida-cuerpo" (Mackenzie, 1975, p. 4). Del mismo modo, Hans Jonas señala que en la biología de Descartes "el hecho de la vida misma se vuelve algo ininteligible, al mismo tiempo que la explicación de su funcionamiento corporal parece estar asegurada" (1970, p. 50).

De hecho, lo único que distingue a lo viviente son ciertos principios de organización. En *Las pasiones del alma*, Descartes define la vida de la siguiente manera:

> Y debemos reconocer que la diferencia entre el cuerpo de un hombre vivo y el de un hombre muerto es como la diferencia entre, por un lado, un reloj u otro autómata (es decir, una máquina auto-móvil) cuando le han dado cuerda y contiene en sí el principio corporal de los movimientos para los que ha sido diseñado, junto con todo lo necesario para su funcionamiento, y, por otro lado, el mismo reloj o máquina cuando se rompe y el principio de su movimiento cesa de ser activo (1988, p. 219).

Este texto nos ofrece dos principios de organización o funcionamiento: una fuente de movimiento (que puede estar agotada o recién activada) y una disposición de las partes (que puede estar en orden, o ser defectuosa). Ahora, aunque estos criterios nos permitan distinguir entre los autómatas vivos y los muertos, no nos permiten distinguir entre los naturales y los artificiales. Tanto la existencia de una fuente de movimiento como una cierta disposición de las partes son comunes a ambos tipos de autómatas. En *Descripción del cuerpo humano*, por ejemplo, Descartes describe el calor del corazón como "el resorte o principio movimiento responsable por todos los movimientos que se producen en la máquina" (1985, p. 316).

El segundo criterio, la disposición apropiada de las partes, tampoco es suficiente para distinguir lo viviente de lo artificial, dado que un autómata puede imitar perfectamente la disposición de las partes de un autómata viviente.

Pero hay otros dos criterios. Descartes escribe en los *Principios de la Filosofía*:

> Reconozco que no hay diferencia entre los artefactos y los cuerpos naturales, salvo que las operaciones de los artefactos se llevan a cabo en su mayor parte por medio de componentes tan grandes que son fácilmente evidentes a los sentidos, lo que es necesario para que puedan ser hechas por los hombres. Sin embargo, los efectos naturales, por el contrario, dependen casi siempre de ciertos órganos tan pequeños que escapan a los sentidos (1988, p. 209).

Y en el *Discurso del método*:

> Esto no le parecerá extraño en absoluto a los que saben cuántos tipos de autómatas, o máquinas auto-móviles la habilidad del hombre puede construir con el uso de muy pocas piezas, en comparación con la gran multitud de huesos, músculos, nervios, arterias, venas y todas las demás partes que se encuentran en el cuerpo de cualquier animal. Porque para ellos los cuerpos naturales son máquinas que, al haber sido hechos por la mano de Dios, están incomparablemente mejor ordenadas que cualquier

máquina que pueda ser inventada por el hombre, y así contienen en sí mismos los movimientos más maravillosos que los de cualquier máquina (1988, p. 44).

Debemos recalcar que esta diferencia es, todavía, una diferencia de grado o de modo. La ingeniería divina, en cierta manera, sigue las mismas reglas que la ingeniería humana; reglas comprensibles que podemos representar o quizás imitar de una manera hipotética. Fíjense que aquí Descartes, por un lado, limita el alcance del conocimiento humano y su poder, sosteniendo que la habilidad divina es comprensible dentro de ciertos límites, y que el conocimiento humano solo puede alcanzar una verdad hipotética que es suficiente para nuestros propósitos. Pero, por otro lado, Descartes amplía el horizonte de posibilidades de la tecnología, que ahora alcanza el funcionamiento íntimo de la materia. La tecnología es admitida en la filosofía natural, ya que sirve como el modelo paradigmático de la aplicación de la matemática a la física, y de la comprensión racional de la naturaleza por medio de la aplicación de medios materiales (es decir, la mecánica) a ciertos problemas prácticos.

Sin embargo, Descartes trata de defender la idea de que hay una diferencia entre las cosas vivas y los artefactos. Esta diferencia puede establecerse en términos de la *historia* de las cosas, su procedencia divina o humana, que es lo que en última instancia determina su naturaleza. El conocimiento de las respectivas especies a las que una cosa (natural o artificial) pertenece nos da un apoyo del cual deducir la naturaleza de un ser dado.

Esto es significativo dado que el "problema" de la vida es, para Descartes, no un problema metafísico, ya que se da por sentado que los seres vivos no constituyen una categoría natural. Como veremos, es un problema epistemológico: el problema de distinguir mediante ciertos signos externos la naturaleza interna de una cosa.

Lo importante es que aquí el principio deductivo se vuelve inductivo: ¿cómo podemos deducir el carácter de un ser a partir del conocimiento de su naturaleza? Tendríamos que tener un conocimiento *a priori* de la procedencia de la cosa. Y Descartes sabe que esto es imposible.

El test de Descartes

El problema es entonces que la naturaleza de una cosa no puede deducirse directamente de su apariencia, dado que no está disponible directamente a los sentidos. Aquí vemos la reemergencia de un tema característicamente platónico. Como nos dice Deleuze en "Platón y el simulacro" (2004), el problema del simulacro en la filosofía platónica es esencialmente el problema del *pretendiente*. Su lógica narrativa es la de un ser o una cosa que se nos presenta con pretensiones de ser admitida como algo real. Aunque Descartes considera imposible que un simulacro sea capaz de un engaño sostenido, la imagen de la máquina engañosa aparece repetidamente a lo largo de sus escritos como una figura que es absolutamente, pero no *moralmente* imposible (es decir, se trata de una posibilidad especulativa que nunca podría llegar a pasar en realidad, pero que es posible en principio).

En uno de los ejemplos más famosos (en la segunda meditación) Descartes se pregunta si la gente que ve a través de su ventana, caminando por la plaza, no son en realidad autómatas disfrazados. Este cuestionamiento se encuentra en el medio del célebre caso de la cera, mediante el cual Descartes pretende establecer la mente como el principio de la razón, distinto de los cuerpos materiales. El autómata representa, para Descartes, el grado máximo de decepción señorial, y por lo tanto es un paradigma central de su epistemología.

Como indica Hubert Dreyfus, una de las características de nuestra cultura tecnológica y mediática es el resurgimiento del escepticismo epistemológico radical que Descartes nos propone por primera vez 350 años atrás:

> Ahora, al final del siglo, justo cuando los filósofos están concluyendo que la ontología sujeto/objeto que nos legó el cartesianismo está errada, y que los problemas epistemológicos que generó son pseudo-problemas, las nuevas tele-tecnologías como teléfonos celulares, teleconferencias, el teletrabajo, home shopping, la telerrobótica, y las cámaras web en Internet están resucitando las dudas epistemológicas de Descartes. [...] En efecto, el escepticismo es cada vez más razonable frente a la creciente variedad de ilusiones y tele-experiencias ahora disponibles (2001, p. 54).

Siguiendo la estructura platónica del simulacro, el autómata se presenta como un pretendiente que debe pasar ciertas pruebas para ser admitido en el orden natural. De hecho, podemos ver aquí el comienzo de una tradición que nos llevará al Test de Turing, y al test de Voigt-Kampff (mediante el cual se detectan los replicantes en la novela *¿Sueñan los androides con ovejas eléctricas?* de Philip K. Dick, así como en *Blade Runner*, la versión cinematográfica de la novela):

> He hecho un esfuerzo especial para demostrar que si este tipo de máquina [un autómata que imite a lo viviente] tuviera los órganos y la forma exterior de un mono o de algún otro animal que carece de razón, no tendríamos forma de saber si esta máquina es completamente de la misma naturaleza que los animales, mientras que si un tipo de máquina se pareciera a nuestros cuerpos y quisiera imitar nuestras acciones lo más fielmente posible para todos los efectos prácticos, deberíamos tener dos medios muy ciertos para reconocer que estas máquinas no son hombres

de verdad. La primera es que nunca podrían usar palabras, o usar otros signos, como hacemos nosotros para declarar nuestros pensamientos a los demás. Porque ciertamente se puede concebir una máquina construida de manera tal que pronuncie las palabras, e incluso que pronuncie palabras que correspondan a acciones corporales que causan un cambio en sus órganos (por ejemplo, si se la toca en cierto punto, que la máquina pregunte qué se desea de ella; o, si se la toca en otro punto, que grite que se le está haciendo daño, y así sucesivamente). Pero es inconcebible que una máquina pueda producir diferentes combinaciones de palabras a fin de dar una respuesta adecuada a lo que se diga en su presencia, como el más torpe de los hombres puede hacer. En segundo lugar, a pesar de que este tipo de máquinas puede hacer algunas cosas como las hacemos nosotros, o quizás aun mejor, es inevitable que fracasará en otras, lo que pondría de manifiesto que estaba actuando no a través de la comprensión, sino solo a causa de la disposición de sus órganos. Ya que, mientras que la razón es un instrumento universal que puede utilizarse en todo tipo de situaciones, estos órganos necesitan alguna disposición particular para cada acción en particular, por lo que es para todos los propósitos prácticos imposible para una máquina, que posee suficientes órganos diferentes, actuar en todas las contingencias de la vida en la misma forma en que nuestra razón nos hace actuar (1985, pp. 44-45).

Función, finalidad, instrumento

El próximo tema que quiero abordar brevemente es el de la reformulación de la teleología en el mecanicismo cartesiano. De hecho hay una constelación de problemas relacionados: la función, la finalidad y la instrumentalidad. Brevemente: la metáfora de la máquina introduce la noción de función como único principio de unidad estructural y de finalidad (en lo que respecta a los procesos que lleva a cabo).

Uno de los desafíos más grandes para la teoría mecánica de la vida fue la reconceptualización de los procesos teleológicos, el pilar de la explicación aristotélica. El universo conceptual de la finalidad engloba nociones de diseño y funcionalidad, y nos lleva al problema de la normatividad de la naturaleza, el cual es central en los debates bioéticos del posthumanismo. ¿Cómo podemos tomar parámetros naturales (el ciclo de vida "normal", por ejemplo, la constitución "natural" del cuerpo humano, los principios inherentes de su individualidad y humanidad) como límites normativos, cuando estos mismos parámetros han dejado de tener fundamentos ontológicos?

El mecanicismo se propone expulsar las causas finales de la biología. Esto significa que los cuerpos cesan de tener un principio de unidad sustancial. La única unidad de los cuerpos es *intencional-funcional*. Veamos esto en más detalle.

Cada órgano tiene una función en el organismo, y esto implica un diseño pre-existente; en el lenguaje de Aristóteles, la causa final o *telos*. Antes de la biología mecanicista, explicaciones de la formación del feto, la diferenciación de órganos y otros fenómenos biológicos relacionados, dependían en gran medida de la idea de que, en la semilla de las plantas y los animales, el organismo totalmente desarrollado ya figura en potencia. La filosofía natural medieval cristiana había reformulado el esquema causal de Aristóteles; en particular, la filosofía medieval había establecido que los fines naturales son sinónimos de las "intenciones" de Dios. Descartes, por su parte, insistió en que la teleología aristotélica no puede ser aceptada; solo la causalidad eficiente (la misma que Aristóteles solía ilustrar, justamente, con metáforas tecnológicas).

Sin embargo, las explicaciones biológicas de Descartes admiten un cierto tipo de finalidad, en cuanto la intencionalidad divina se manifiesta en la función de los órganos "terminados" (esto queda claro si leemos detenidamente el *Tratado del hombre*, donde Descartes hace continua referencia a la labor creativa de la naturaleza y de Dios para explicar la conformación de los órganos).

El diseño inteligente, de hecho, es un rasgo importante del marco explicativo de la máquina, y la ciencia moderna tendría bastantes problemas para desembarazarse de esta asociación entre mecanicismo y diseño (el debate contemporáneo en la filosofía de la biología sobre la noción de "función" procede de esta asociación estructural entre mecanicismo y función). Una de las ventajas de la tesis mecanicista fue precisamente este enfoque ingenieril sobre el organismo, lo que permite una comprensión detallada de la relación entre estructura y función: los mecanismos por los cuales cada parte en el organismo lleva a cabo su fin predeterminado.

Como hemos señalado, el problema cambia cuando volvemos nuestra atención a los organismos en su totalidad: si el principio de unidad de los órganos es la función, ¿cuál es la "función" de un organismo?

En la filosofía natural de Descartes, la cuestión de la unidad del cuerpo y sus límites se encuentra primero en la definición misma de un cuerpo. Descartes iguala a la materia con el espacio mismo: su única "cualidad" es el lugar que ocupa. El destierro de las almas y las causas finales es seguido de cerca por el de las formas, el principio ideal de unidad en la tradición filosófica dominante. ¿Qué es un "cuerpo", para Descartes? ¿Pueden establecerse límites a su alrededor? ¿Cuál es el principio de cohesión interna, lo que nos permite hablar de cuerpos separados? (De hecho, la generación que siguió a Descartes -esto lo vemos con Leibniz, por ejemplo- ya percibió esta insuficiencia del marco mecanístico, y arguyó que era necesario establecer otra cualidad irreducible de los cuerpos: la *impenetrabilidad*). ¿Podemos establecer algún criterio mediante el cual distinguir, por ejemplo, una silla, un torbellino, una nube de gas o un perro como cuerpos independientes? La respuesta de Descartes es muy clara: el único criterio de cohesión es el grado de movimiento común de las partículas. Por lo tanto, una pieza de madera está compuesta de partículas de una forma determinada que se encuentran en reposo relativo en relación con las demás. Y esto es lo único que explica la aparente solidez de los cuerpos.

La máquina ofrece un marco analítico y heurístico que nos permite representar la estructura y función de los cuerpos vivientes, así como un atractivo programa de experimentación y observación. Pero esto tiene un costo muy alto: el mecanicismo nos da un enfoque explicativo centrado en las partes elementales y estructuras microscópicas del organismo, al tiempo que transforma a este organismo en una aglomeración de mecanismos, un conjunto fragmentario, sin un claro principio de unidad. Por lo tanto, la unidad del cuerpo vivo en la ciencia cartesiana es puramente contingente; no hay sustancia, ni un principio *a priori,* que lo garantice.

Dennis Des Chene, en su trabajo comparativo sobre la biología aristotélica y la cartesiana, concluye lo siguiente: la única unidad sustancial que reconoce Descartes es la de cuerpo-alma, lo que constituye exclusivamente al ser humano. Pero esta no es la unidad del cuerpo. Des Chene argumenta que, en última instancia, "la única verdadera razón metafísica por la que llamamos al cuerpo *una* cosa es que Dios ha querido que esta colección de partes materiales sea nuestro instrumento" (p. 152). Es decir, la unidad intencional es el único principio. Esta unidad intencional se refleja en la delicada interrelación entre los órganos, la cual también define al cuerpo como unidad:

> Porque el cuerpo es una unidad que es en un sentido indivisible debido a la disposición de sus órganos, que están tan relacionados entre sí que la eliminación de cualquiera de ellos hace que todo el cuerpo se torne defectuoso (1988, p. 339).

Sin embargo, este criterio "organizacional" no nos impide reformular la organización del cuerpo, por ejemplo, por medio del reemplazo de órganos naturales por artificiales. Principios funcionales y estructurales introducen criterios puramente ingenieriles. Si la unidad de un órgano está dada por su función, entonces podemos modificar este órgano e incluso reemplazarlo por un equivalente artificial sin alterar este principio de unidad.

Rediseñando la naturaleza: el primer cyborg

En la *Óptica* podemos ver claramente la equivalencia funcional y ontológica entre órgano e instrumento. Mediante el ensamblaje de una máquina a partir de piezas inanimadas y orgánicas, este trabajo de Descartes dramatiza la continuidad ontológica e introduce un programa de alteración y rediseño de los órganos naturales. De hecho, aquí Descartes nos presenta el primer cyborg de la literatura: un experimento con la *camera obscura*, diseñado para ilustrar la estructura del ojo y los mecanismos de la visión. Descartes nos dice:

> Pero comprobarán esto ciertamente si, teniendo el ojo de un hombre recién fallecido (o, a falta de esto, el ojo de un buey o de un animal grande), usted corta cuidadosamente a través de

las tres membranas que lo encierran, de tal manera que una gran parte de humor cristalino se quede expuesto sin que se derrame (1965, p. 91).

Descartes cubre el agujero con un papel o cáscara de huevo (o "un cuerpo blanco lo suficientemente delgado como para permitir que la luz del día pase a través de este") y lo coloca en el agujero de una cámara sellada, por lo que el ojo está cumpliendo la función de un lente refractor. Podemos ver, entonces, "tal vez no sin admiración y placer", una pequeña imagen invertida en la superficie trasera de la cámara, en la que "se presenta en una perspectiva natural" el mundo fuera de la cámara (p. 93).

Esto sienta las bases para el próximo paso, el cual es, justamente, la ampliación de las posibilidades perceptivas de los órganos de la visión. El juego ontológico entre artefactos y órganos moviliza una retórica que enmarca a la naturaleza como una obra de ingeniería y pone al científico en el rol de tecnólogo. Descartes comienza el discurso séptimo de la *Óptica* ("Sobre los medios de perfeccionamiento de la visión") diciendo que, ahora que ya hemos examinado cómo funciona la visión, el siguiente paso es hacer una recapitulación "de todas las condiciones que se requieren para su perfección", de modo que "podamos hacer una enumeración exacta de todo lo que el arte puede añadir a ella" (p. 114).

Se reduce el mecanismo de la visión de tres elementos: los objetos, los órganos internos que reciben los movimientos de estos objetos, y los órganos externos que median entre estos dos. En cuanto a los órganos internos, Descartes dice: "[...] es cierto que no podemos añadir nada a su tejido a través del arte porque no podíamos hacer un nuevo cuerpo, y si los médicos pueden ayudar aquí de alguna manera, esto no pertenece a nuestro tema". Por lo tanto, solo los órganos externos se pueden mejorar (o ser "agregados") a través del arte (p. 114).

La acción de la naturaleza es la de un ingeniero: "[...] debemos suponer que la naturaleza ha hecho todo lo posible [...]", "[...] que nos ha permitido [...]", "[...] el color negro con el que ha teñido todas las partes no transparentes del ojo [...]", "[...] que ha impedido otros rayos de ir a [...]", y así sucesivamente. En lugar de los instrumentos "informados" de la biología aristotélica, el papel de la naturaleza aquí es la de un diseñador que no controla directamente sus máquinas, sino que su rol es el de diseñar y proporcionar un dispositivo autónomo y versátil que se anticipe a todas las eventualidades que puedan surgir durante su funcionamiento (como ya hemos visto).

En cierto punto, Descartes, el ingeniero, se pone a discutir con la naturaleza y a tratar de perfeccionarla. La naturaleza ha diseñado el ojo para que pueda cambiar de forma y adaptarse a los rayos procedentes de los objetos que se encuentran a diferentes distancias. "Sin embargo, *ella no ha provisto lo suficiente* para esto último como para que nada pueda todavía ser agregado a esto...". El problema es que no se pueden ver claramente los objetos que están muy cerca, una pulgada o media pulgada del ojo, nos dice Descartes. A medida que el cuerpo envejece, el ojo se endurece, y solo se pueden percibir "las cosas que están lejos", mientras que los jóvenes tienden a tener el problema opuesto. No se trata simplemente de un descuido, dice Descartes, sino de un *fracaso*. La naturaleza ha "fracasado" o "muestra una falta más grave" (*"elle y'a encore manqué"*) en estos casos.

Estas deficiencias no son defectos tanto del diseño como carencias imprevistas o limitaciones. Sin embargo los dos son difíciles de distinguir. De acuerdo con Descartes, nuestra tarea es acercarnos al cuerpo como lo haría un ingeniero abocado al rediseño de una máquina. Descartes concibe la visión como un sistema técnico que puede ser extraído o *abstraído* de su corporeidad, de sus condiciones materiales dadas. Lo que le confiere unidad al sistema es su función, sus fines "naturales" para los cuales fue diseñada. El proceso de focalización óptica puede considerarse técnicamente, en términos de un espectro: de lo cercano a lo lejano. La naturaleza solo nos ha provisto de medios para acceder a una pequeña porción de este espectro, pero en los dos extremos nos encontramos con lo microscópico y las distancias astronómicas, los dos extremos a los que la ciencia de los instrumentos ópticos nos permite acceder. Por lo tanto, Descartes se convierte en un ingeniero evaluando el trabajo de otro ingeniero y haciéndole modificaciones, siempre respetando ciertas normas funcionales del diseño:

> [...] siempre tendremos que tener cuidado, cuando colocamos un cuerpo ante nuestros ojos, de imitar a la naturaleza tanto como sea posible, en todas las cosas que vemos que ha observado en la construcción de ellos, y de no perderse ninguna de las ventajas que ella nos ha dado, a menos que sea para ganar otra ventaja más importante (p. 117).

La naturaleza establece algunas directrices normativas que nos permitan superar a la naturaleza misma en pos de la consecución de los fines humanos. El problema es, entonces, *metanormativo*, y este es el mismo problema que se nos presenta en el contexto del posthumanismo: ¿cuáles normas aplicaremos a la suspensión de las normas naturales? El conflicto aquí es entre la naturaleza como fuente de normas y las normas que un ingeniero emplea cuando aborda el problema de diseñar un artefacto para un fin particular. Descartes sugiere que el ingeniero debe permitirse considerar la función del órgano descontextualizada de los fines para los cuales fue naturalmente constituida. El *organon* (que para los griegos significaba tanto órgano como instrumento) se convierte en instrumento en el sentido técnico: un medio funcional para obtener un fin. Una vez más, la tesis de la naturaleza-como-máquina proporciona el marco metafísico que hace que este proyecto sea posible.

Como nos dice Catherine Waldy (que aquí no se refiere a Descartes específicamente pero sí a la historia de lo que ella llama el "imaginario biomédico") hay una continuidad entre el proyecto de la anatomía de la modernidad temprana y "la estructura especulativa y proposicional del pensamiento médico", más específicamente el régimen de la visualidad digital en los contextos biomédicos y biotecnológicos. Podemos ver, entonces, que la compleja maquinaria textual, visual, rétorica y conceptual (que Descartes desarrolla en *Hombre*) "interpela a los cuerpos como si estos mismos también fueran técnica" (39), planteando la fundamental cuestión posthumana del "límite de la definición o la interfaz entre los órganos y las técnicas" (40).

Instrumentalidad y humanismo

Finalmente, quiero abordar brevemente una serie de cuestiones que tienen que ver con la antropología filosófica. La orientación tecnológica de la metafísica cartesiana tiende a enmarcar la naturaleza en términos instrumentales. Ahora, Descartes, a su vez, encuadra esta orientación tecnológica en un marco ético-teológico que prescribe ciertos límites al conocimiento y la ambición humanas. El problema es que esta orientación tecnológica es fácilmente "extraíble" de este marco ético; uno de los más grandes éxitos del proyecto cartesiano fue, justamente, darle una fuerte independencia a la ciencia y la tecnología.

Ahora, este problema de la instrumentalidad se nos presenta también en un ámbito más íntimo: el de la relación entre mente y cuerpo. Por ejemplo, el único tratado de ética que Descartes escribió (*Las pasiones del alma*) comienza con la tesis mecanicista del cuerpo. Esto no es simplemente el ya consabido y condenado dualismo cartesiano, sino algo más profundo. Incrustado en un mundo mecanizado, el alma solo puede imponerse sobre la naturaleza (imponer su voluntad, sus fines) a través de esquemas de representación y acción; es decir, a través de medios técnicos. La percepción en sí misma es un fenómeno tecnológico, una máquina. Sin embargo, estas representaciones solo pueden consistir en atajos técnicos, formas suficientes (hipotéticas, instrumentales) para que el intelecto humano pueda alcanzar sus fines. Las representaciones en sí son formas materiales que parpadean sobre las paredes internas del cerebro (las formas materiales que incitan las ideas inmateriales en la mente). Como tales, estas representaciones están sujetas a las leyes mecánicas de generación y reproducción. Para intervenir en la ejecución de los movimientos de la máquina (y recuerden que Descartes es quien enuncia por primera vez la teoría de los reflejos condicionados) la sustancia pensante debe movilizar a la máquina mediante la activación de sus fulcros más íntimos. Y este es precisamente el problema: el alcance de la máquina es vastísimo, y solo se detiene en un punto incierto en el centro del cerebro. Descartes ya da grandes pasos hacia la mecanización de la mente.

El problema no se limita a los *medios* de dominio, sino que se extiende a la cuestión de los *fines* de esta empresa. ¿Cuáles son los fines de lo humano? ¿Hay algún límite normativo rector del proyecto tecnológico, o somos libres para rehacernos a nuestro antojo? Como hemos visto, la filosofía de Descartes complica la tarea de postular a la naturaleza como punto de referencia normativo. La metáfora de la máquina sugiere una definición funcional del cuerpo humano, pero al mismo tiempo configura a este cuerpo como un instrumento sin función, sin naturaleza específica. Descartes pone en cuestión la posibilidad de articular al ser humano como una entidad autónoma, distinta, o incluso una categoría coherente; de hecho, el ser humano ni siquiera figura como una categoría en absoluto. Hans Jonas escribe: para Descartes, "el hombre, el supuesto beneficiario de la creación viva [...] [es] en sí mismo una combinación inexplicable y extraña de mente y cuerpo" (p. 52). La búsqueda del propósito y finalidad de lo humano está indisolublemente ligada a la cuestión de su esencia, de lo que establece al ser humano como un fenómeno aparte de los otros fenómenos de la naturaleza. Esta esencia ya no es una forma divina, sino una unión "natural" y esencial que es difícil representar (y mucho menos pensar) en el marco de la biología mecanicista. La unión mente-cuerpo es irrepresentable y tiene algo de contingente, incluso de accidental. El ser humano no está ni aquí ni allá; no tiene esencia propia, sino que nace de una reunión de dos sustancias radicalmente diferentes. La única manera de comprender esta unión es fenomenológicamente, por medio de la experiencia de los estados afectivos (las pasiones) que son exclusivas a los humanos. Por lo tanto, el alma inmortal es propiedad exclusiva de los humanos, sin embargo, no define lo humano, dado que un alma sin cuerpo (nos dice Descartes) sería más parecido a un ángel que a un ser humano.

Tanto Stephen Voss como Des Chene concuerdan. Voss sostiene que Descartes no

> puede incorporar a los seres humanos en su nuevo universo. [...] ¿Qué es un ser humano? [...] Creo que, cuando todo está dicho y hecho, él [Descartes] llega a la conclusión de que no tiene ninguna respuesta en absoluto a esta cuestión (1994, p. 373).

Des Chene por su parte, escribe: "Lo que Descartes necesita [...] es una antropología. ¿Por qué hay tal cosa como un alma humana? ¿Cuál es su lugar en el orden de las cosas?" (p. 157).

Bibliografía

Ablondi, F. (1998). "Automata, Living and Non-Living: Descartes' Mechanical Biology and His Criteria for Life". *Biology and Philosophy* 13, 179-186.

Bacon, F. (2008). *New Atlantis, or Voyage to the Land of the Rosicrucians*, Forgotten Books. Disponible en www.forgottenbooks.org. Recuperado el 10-02-2009.

Deleuze, G. (2004). *The Logic of Sense*, New York: Zone Books.

Descartes, R. (1965). *Discourse on Method, Optics, Geometry, and Meteorology*. Indianapolis: Bobbs-Merrill.

Descartes, R. (1985). *The Philosophical Writings of Descartes* (3 vols.), J. Cottingham, R. Stoothoff y D. Murdoch (eds.), Cambridge: Cambridge University Press.

Descartes, R. (1998). *The World and Other Writings*. Cambridge: Cambridge University Press.

Des Chene, D. (2001). *Spirits and Clocks: Machine and Organism in Descartes*. Ithaca / London: Cornell University Press.

Dick, Philip K. (1996). *Do Androids Dream of Electric Sheep?* New York: Ballantine Books.

Dreyfus, H. L. (2001). "Telepistemology: Descartes' Last Stand". En K. Goldberg (ed.), *The Robot in the Garden: Telerobotics and Telepistemology in the Age of the Internet*. Cambridge / London: The MIT Press.

Jonas, H. (1970). "Spinoza and the Theory of Organism". En *The Philosophy of the Body: Rejections of Cartesian Dualism*. Chicago: Quadrangle Books.

Lloyd, G. E. R. (1990). *Demistifying Mentalities*. Cambridge: Cambridge University Press.

Mackenzie, A. W. (1975). "A Word about Descartes' Mechanistic Conception of Life". *Journal of the History of Biology* 8(1), 1-13.

Sheridan, T. B. y Ferrell, W. R. (1981). *Man-Machine Systems: Information, Control and Decision Models of Human Performance*. Massachusetts: MIT Press.

Vaccari, A. (2009). "Legitimating the machine: The epistemological foundations of technological metaphor in the natural philosophy of René Descartes. En Zittel, C.; Nanni, R.; Engel, G. y Karafyllis, N. (eds.), *Philosophies of Technology: Francis Bacon and his Contemporaries* (2 vols.). Netherlands: Brill Academic Publishers.

Voss, S. (1994). Descartes: The End of Anthropology. En J. Cottingham (ed.), *Reason, Will and Sensation: Studies in Descartes's Metaphysics*. Oxford: Clarendon Press.

Waldby, C. (2000). *The Visible Human Project: Informatic Bodies and Posthuman Medicine*. London / New York: Routledge.

17

Heidegger e a técnica

Entre a diferença ontológica e a identidade metafísica

DR. ELADIO C. P. CRAIA

Introdução

No ano de 1933 -ano de vastos e decisivos acontecimentos que ainda hoje tentamos abarcar-, Ortega y Gasset inaugura sua *Meditação sobre a Técnica* com uma sentença profética e exata: "Um dos temas que nos próximos anos será debatido com maior brio é o do sentido, vantagens, danos e limites da técnica [...]".[1]

Com essas poucas linhas o filósofo espanhol nos coloca perante nosso centro. Que dizemos, hoje, quando dizemos, filosoficamente, a "Técnica"? Que sentido perseguimos -e que sentido é produzido- quando qualificamos nosso tempo como determinado pelo técnico?

Com efeito, é habitual -e pertinente- afirmar hoje que a técnica se constitui como fenômeno central de nossa época. Tal afirmação pode ser desdobrada nos âmbitos mais diversos, como, por exemplo, o senso comum, o jornalismo, a ciência, a filosofia, a arte, etc., e, como

---

[1] Ortega y Gasset, J. *Meditação sobre a técnica*. Rio de Janeiro 1991, Instituto Liberal.

consequência desta variedade, com diferentes reflexões e análises, segundo o contexto de abordagem. Ora, desde o prisma filosófico, e visando sermos mais precisos; o que significa dizer que nossa época é técnica? A primeira resposta que a filosofia pode propor é aquela que diz que o sentido geral de nosso tempo pode ser compreendido sob os protocolos propostos pela técnica, ou seja, compreendemos tecnicamente o mundo. Majoritariamente, os homens de nosso tempo se submetem a escâneres e outros objetos técnicos para verificar o estado de sua saúde; operam sem temor -e sem culpa- através dos sistemas informáticos e do universo online, para fazerem seus investimentos e perseguirem o maior lucro possível; dividem a sexualidade em compartimentos "tecnicamente" diferenciáveis; e até mesmo os homens de fé podem assistir à liturgia religiosa (aquilo que define o mais vertical e dramático ato da fé) na televisão ou na internet. Não estamos aqui criticando ou celebrando estas vicissitudes, apenas constatamos fatos. Ora, isto implica, enquanto reflexão filosófica, uma leitura ontológica -o que, sob nenhuma hipótese, quer dizer metafísica. Esta análise ontológica é admissível, dado que o século XX filosófico afastou os fantasmas kantianos da metafísica, podemos falar de ontologia com certa serenidade, entendendo-a como o conjunto de conceitos que nos posicionam perante aquilo que determinamos como o real ou a realidade; dito de outro modo, o sentido que coletiva e historicamente damos ao mundo no qual somos. Entre outros domínios, a filosofia pensa ontologicamente a técnica.[2]

---

[2] É evidente que, por outro lado, a técnica deflagra profundas modificações políticas e éticas no horizonte de nossa contemporaneidade. São conhecidos e amplamente debatidos os problemas decorrentes da "necessidade" de estabelecer limites pautados em análises éticas para a pesquisa, criação e uso de dispositivos e procedimentos técnicos, em particular no que se refere à relação dos artifícios técnicos com a corporeidade biológica por um lado, e com a possibilidade

Em virtude deste recorte, e a partir de certas exigências histórico-analíticas do mesmo, nos centraremos na presente pesquisa na reflexão de Martin Heidegger sobre a técnica. De fato, é conhecido que no âmbito do pensamento contemporâneo entorno à questão da técnica, o filósofo alemão aparece como um autor essencial, como uma das grandes vozes que nos convoca a pensar em termos estritos "a própria técnica" a partir de seu epicentro ontológico,[3] antes de iniciar qualquer abordagem centrada em algumas das varias consequências fenomênicas ou semânticas da técnica.

Assim, no que segue, tentaremos expor certos aspectos, bem como determinadas margens, da especulação referida à técnica aberta por Martin Heidegger.

A análise da técnica

Comecemos situando a questão: Que diz a reflexão de Heidegger sobre a técnica quando analisada no seu sentido mais geral e transitado, aquele que organiza uma opinião e norteia uma escola?

---

de pensar autonomamente, por outro. Do mesmo modo, no plano do estritamente político, a técnica nos propõe desafios conceituais; questionamentos sobre a propriedade do conhecimento e da produção técnica, sobre sua relação com as regulações emanadas do Estado, sobre sua produção concreta de poder e de controle sobre o coletivo, entre outras questões urgentes, são mobilizadas pela presença hipertrofiada do técnico na nossa vida. Neste sentido, a filosofia pensa ética e politicamente a técnica. Deixamos, por questões de foco e de espaço, estas esferas de análise para outra reflexão.

[3] É verdade que, de várias formas, a preocupação já pairava no clima espiritual da época na qual Heidegger deflagra sua análise, especialmente na Alemanha de Weimar, e naquela outra Alemanha que a sobreviveu, aquela dos eventos sem retorno. Para uma abordagem mais detalhada, ver Brüseke, 2001, pp. 10 ss.

Em primeira instância é necessário recordar que sua questão básica e perene -isto é, aquela pergunta que interroga o sentido do Ser- é, de algum modo, transformada na própria questão pela técnica, de modo que esta última só encontra seu sentido sobre o fundo do questionamento sobre o Ser enquanto tal. Vejamos mais de perto.

O problema da técnica não só é relevante em Heidegger pela riqueza especulativa que o filósofo atinge na análise deste problema, mas também porque constitui, em termos de determinação da obra do filósofo alemão, um dos temas constantes do seu pensamento, aparecendo nos distintos momentos de seu pensamento já catalogados pela historiografia filosófica. Por este motivo, é necessário reconhecer que as reflexões e, em geral, o relacionamento do filósofo alemão com a problemática da técnica possuem, necessariamente, diferentes matizes e etapas, segundo o período de sua filosofia.

Ora bem, aquilo que se manteve mais ou menos constante através destes diferentes períodos, é a caracterização da técnica como modo de ser epocal, e, por tanto, intrinsecamente vinculada -de diversos modos, segundo o momento de sua filosofia-, com a questão do "desocultamento" (*Entbergung*) do Ser.[4]

Com efeito, para Heidegger existiriam diferentes modos do Ser se manifestar, segundo as características com as quais o desocultamento venha a acontecer em diferentes "épocas"; estes momentos podem ser designados como "diagramas epocais". Entendemos por diagramas épocais aqueles períodos nos quais surge e se desdobra

---

[4] Seguimos aqui a tradução proposta pelo Professor Benedito Nunes em seus vários trabalhos sobre Heidegger para o neologismo *Entbergung* criado por Heidegger. Com relação à mesma problemática de tradução, em circunstâncias específicas, o professor Marco Aurélio Werle utiliza a expressão dês-abrigar ou desabrigar, junto com desocultar, em particular para traduzir *Entbergen*.

um determinado modo de desocultamento do Ser e certo tipo de desenvolvimento do espetáculo do mundo ôntico, isto é, o universo daquilo que se apresenta, até seu esgotamento e seu respectivo desaparecimento na espera de outro modo de desocultamento.[5] Trata-se da forma e do sentido ontológico sob os quais o mundo se manifesta em diferentes épocas; ou, dito mais radicalmente: o modo em que as coisas se apresentam com sentido para isto que nós mesmos somos. Colocada a questão desta maneira, se impõe um esclarecimento fundamental com relação ao problema do estatuto "histórico" destes momentos epocais. Este esquema heideggeriano não responde à exigência da filosofia clássica de pensar o mundo sob o prisma de um processo histórico geral e inteligível na sua essência. Pelo contrário, a forma de "historicidade" que se constitui e caracteriza através dos diferentes diagramas não opera como uma linha neutra de tempo que seria externa ao próprio diagrama, em sentido oposto, é o modo do desocultamento que abre e define a forma histórica de uma época. Não se trata da "historiografia" como sucessão de eventos encadeados e reconhecíveis, mas da historicidade como teatro das formas de manifestação do Ser.[6]

É no âmbito deste horizonte conceitual, que a técnica é definida como um "diagrama epocal do desocultamento" e tal vez, como pretendemos mostrar mais adiante,

---

[5] A relação entre os diferentes diagramas epocais não deixa de ser uma questão maior no pensamento de Heidegger. Não sendo este nosso tema principal, nos limitemos a ressaltar, por enquanto, que, sob hipótese alguma esta relação deve ser pensada como uma evolução ou como uma relação causal simples. Voltaremos brevemente a este ponto mais adiante.

[6] Segundo diversos comentadores e tradutores, existiria todo um complexo jogo expressivo e semântico elaborado por Heidegger acerca desta questão. Assim, o filósofo mobiliza os diferentes sentidos e etimologias das expressões alemãs *historisch; geschichtlich; geschichte* e *geschick*. Ver nota nº 9 in Heidegger, 1997, p. 69.

o mais decisivo. Ora, no que corresponde estritamente à esfera técnica, como pensar este diagrama epocal por ela desdobrado?

Comecemos, pois, com as palavras com as quais o próprio Heidegger abre sua conferencia do dia 18 de novembro de 1953 intitulada: *A questão da técnica*.

> A seguir, *questionaremos* a técnica. O questionar constrói num caminho. Por isso é aconselhável, sobretudo, atentar para o caminho e não permanecer preso a proposições e títulos particulares. O caminho é um caminho de pensamento. Todos os caminhos de pensamento, mais ou menos perceptíveis, passam de modo incomum pela linguagem. Questionamos a *técnica* e pretendemos com isso preparar uma livre relação para com ela. A relação é livre se abrir nossa existência (*Dasein*) à essência da técnica. Caso correspondamos à essência, estaremos aptos a experimentar o técnico (*das Technische*) em sua delimitação (Heidegger, 1997, p. 42).

A questão com a qual é aberta esta reflexão por parte de Heidegger e tão clara quanto decisiva: *qual é a essência da técnica?* "A essência de algo vale, segundo antiga doutrina, pelo *que* algo é. Questionamos a técnica quando questionamos o que ela é" (Heidegger, 1997, p. 43).

É deste modo, e com esta drástica simplicidade, que o pensar acerca da técnica deixa de ser um problema meramente "instrumental", para tornar-se um questionar pelo seu fundamento ontológico. A sentença heideggeriana que inaugura este deslocamento reflexivo é tão densa quanto lapidar: *"a essência da técnica não é técnica"*.

> A técnica não é a mesma coisa que a essência da técnica. Quando procuramos a essência da árvore, devemos estar atentos para perceber que o que domina toda a árvore enquanto árvore não é uma árvore, possível de ser encontrada entre outras árvores.

Assim, pois, a essência da técnica também não é de modo algum algo técnico. E por isso nunca experimentamos nossa relação para com a sua essência enquanto somente representarmos e propagamos o que é técnico, satisfizermo-nos com a técnica ou escaparmos dela (Heidegger, 1997, pp. 42- 43).

Um novo conjunto de possibilidades se abre no campo da própria filosofia da técnica. No interior da pergunta heideggeriana, não é mais possível pensar a técnica desde a própria técnica, nem com ferramentas de reflexão que partem da técnica como pressuposto. Por este mesmo motivo, é absolutamente inútil, para Heidegger, e desde o ponto de vista de um questionar radical, pensar a técnica como sendo o conjunto dos meios materiais para que, através de certo fazer, o homem consiga alcançar determinados fins.

Todos conhecem os dois enunciados que respondem à nossa questão. Um diz: técnica é um meio para fins. O outro diz: técnica é um fazer do homem. As duas determinações da técnica estão correlacionadas. Pois estabelecer fins e para isso arranjar e empregar os meios constitui um fazer humano [...]
A concepção corrente de técnica, segundo a qual ela é um meio e um fazer humano, pode, por isso, ser chamada de determinação instrumental e antropológica da técnica (Heidegger, 1997, p. 43).

Estamos assim no limiar do deslocamento proposto por Heidegger na sua abordagem da técnica. Para superar esta concepção corrente da técnica, segundo o pensador alemão, será necessário dar um passo atrás na reflexão e interrogar o âmbito onde esta própria concepção instrumental-antropológica se enraíza. Isto implica que se trata, agora, de questionar, num sentido geral, o modo sob o qual este ente que nós mesmos somos se constitui, e ao mesmo tempo se relaciona com as coisas e seu sentido enquanto mundo. Ora, ao falar da relação entre mundo e coisas por um lado, e o *Dasein* por outro, aquilo que imediatamente é colocado em pauta é a forma de verdade que se mobiliza nesta relação.

Efetivamente, a técnica moderna é uma forma nova de desocultamento do Ser, isto é, em certo sentido, um novo modo de "verdade".

> A técnica não é, portanto, meramente um meio. É um modo de desabrigar. Se atentarmos para isso, abrir-se-á para nós um âmbito totalmente diferente para a essência da técnica. Trata-se do âmbito do desabrigamento, isto é, da verdade (Heidegger, 1997, p. 53).

Isto é assim porque, para Heidegger, a verdade não se baseia nem no princípio de adequação nem num esquema da revelação, mas, justamente, acontece no "desocultamento ou desabrigar". Deixar que a "coisa seja", insiste Heidegger, isto é, permitir que o ente recorte sua verdade sobre o fundo do Ser, sob a diferença do Ser, sempre oculto. Manifestação no ocultamento do Ser sob o aparecimento do ente. Este dinâmica proposta por Heidegger do ocultamento e desocultamento entre o Ser e o ente, ou, segundo os próprios conceitos heideggerianos, entre o ôntico e o ontológico, constitui o centro da noção do pensador alemão sobre a verdade, aquilo que se deu em chamar, de modo vago e não pouco problemático: "o retorno à concepção originária grega de verdade". Heidegger mostra a articulação entre a questão da técnica e a noção de verdade por ele postulada do seguinte modo:

> Havíamos dito, contudo, que a determinação instrumental da técnica estava correta. Com certeza. A certeza afirma sempre alguma coisa que é adequada ao que está à frente. Mas, para ser correta, a afirmação não necessita de modo algum desocultar em sua essência o que está à frente. Somente onde um tal desocultamento acontece dá-se o que é verdadeiro. Por isso, o

que é meramente correto ainda não é o verdadeiro. Somente o verdadeiro nos leva a uma livre relação com o que nos toca a partir de sua essência (Heidegger, 1997, p. 45).

Colocado deste modo, torna-se evidente que o questionar da verdade da técnica não admite uma abertura proveniente da própria certeza que os saberes sobre a técnica mantêm com relação a ela mesma. Assim, por exemplo, a técnica não pode ser entendida desde a própria tecnologia moderna e seus pressupostos, nem sua essência interrogada com análises baseadas em concepções epistemológicas construídas desde a ciência moderna para definir a técnica na sua relação com ela, isto é, a Técnica entendida como tecno-ciência.[7] Ora, do mesmo modo que a possibilidade de pensar a técnica não se encontra na própria técnica, esta possibilidade tampouco se encontra no simples abandono dela a partir de uma escolha volitiva que nos levaria a promover um olhar "exterior" à técnica -entre outros motivos, porque tal abandono não parece possível neste ponto histórico, dado seu estado atual de desenvolvimento. Segundo um caro exemplo heideggeriano, a superação desta forma de aporia, passa por "transcender a situação": do mesmo modo que a dor não é realmente eliminada fugindo da situação que a origina, mas enfrentando-a até objetivá-la, isto é, até sua transformação em uma dor

---

[7] É justamente isto que sucede quando a tecnologia -isto é, a aliança entre técnica e ciência- se erige em paradigma de toda ação, resultando, portanto, mais um modo do dogmatismo objetivado que não admite outra leitura que não seja sua própria, e que se torna, além do mais, incapaz, de reconhecer-se a si mesmo como dogma.

simplesmente observada, de forma que o sujeito estabeleça uma distância entre ele e a presença persistente da coisa, assim deve ser feito, do mesmo modo, com a técnica.[8]

De qualquer modo, esta curiosa forma de transcender um problema mediante sua observação calma, assemelhando o estado contemplativo é a estratégia de abordagem que propõe Heidegger com respeito à técnica: contemplar a técnica, experimentar tranqüilamente sua presença utilizando os sentimentos e o intelecto como barreiras protetoras frente à sua irremediável agressão. Assim, para Heidegger, o distanciamento que procura a serenidade (*Gelassenheit*) do pensar é o único *pharmacon* efetivo quando defrontados com a inexorável presença das coisas perante a consciência, neste caso específico, da vasta técnica moderna.

Enfim trata-se, com Heidegger, de pensar a essência da técnica, isto é, sua verdade, como forma epocal do desvelamento, com a serenidade que nos permite vivenciá-la não de fora, mas desde o seio de seu modo de aparecer, ou nas palavras de Heidegger na citação anterior: numa livre relação com o que nos toca, dado que: "Técnica é um modo de desabrigar. A técnica se essencializa no âmbito onde acontece o desabrigar e o desocultamento, onde acontece a *Aletheia*" (Heidegger, 1997, p. 56).

---

[8] Um dos mais destacados representantes da filosofia da técnica, Carl Mitcham (1989, pp. 70 ss.), entende que esta estratégia geral heideggeriana consistiria, em certo sentido, em defender o Eu da presença impertinente de uma realidade, transformando-a em objeto de contemplação, isto é, neutralizando sua ação causal mediante sua transcendentalização (presenciar a presença).

A essência da técnica

Para Heidegger, o modo de ser técnico -a técnica contemporânea- comporta uma irredutível singularidade; por outro lado, e em decorrência deste traço singular, a época da técnica nos ameaça de modo total.
"O que é a técnica moderna? Também ela é um desabrigar. Somente quando deixarmos repousar o olhar sobre este traço fundamental, mostrar-se-á a nós a novidade (*Neuartige*) da técnica moderna". Analisaremos a continuação e estrutura que sustenta esta afirmação (Heidegger, 1997, p. 57).

A mais decisiva característica deste modo de desvelamento é a de obrigar ao ente a se manifestar como fonte de energia passível de ser armazenada para, depois, ser libertada de um modo abstrato e indeterminado. O epifenômeno deste processo visa à transformação ou determinação das coisas na forma que mais convenha à própria técnica a través da operação do homem de acordo com seus fins, como afirmam as concepções clássicas de técnica que anteriormente mostrávamos. Ora, o que possibilita este modo de se manifestar da técnica e, justamente, o âmbito anterior do desabrigar. A técnica moderna desoculta o Ser e deixa aparecer o ente provocando-o, interpelando-o e, assim, o descaracteriza e especifica tantas vezes quanto o homem quiser, e sob o aspecto que deseje. A técnica descobre, transforma, acumula e distribui as coisas segundo fins e objetivos específicos e calculáveis.

> O desabrigar que domina a técnica moderna, no entanto, não se desdobra num levar à frente no sentido da *poesis*. O desabrigar imperante na técnica moderna é um desafiar (*Herausfordern*) que estabelece, para a natureza, a exigência de fornecer energia suscetível de ser extraída e armazenada enquanto tal (Heidegger, 1997, p. 57).

Segundo esta verificação heideggeriana, a coisa deixa de ser o que ela poderia ser como possibilidade, tanto em sua singularidade quanto em seu sentido genuíno. Inexorável, a técnica mostra as entranhas da coisa, agora nomeada como "objeto", sua intimidade tornada estrutura inteligível e numérica, a coisa como simples parte da matéria, fragmento anônimo e quantificável do mundo natural. A técnica já não cria coisas únicas e ao mesmo tempo indeterminadas pela multiplicidade de seus eventuais usos, pelo contrário, produz desde a operação daquilo que Heidegger chama de "subsistência" (*Bestand*), um constante depósito de objetos sempre disponíveis, sempre prontos para serem manipulado e descartado; o *subsistente*.

> O que assim é invocado tem sua própria posição (*stand*). Nomeamos essa posição de subsistência (*Bestand*). A palavra significa aqui algo bem mais essencial do que somente "previsão". A palavra "subsistência" eleva-se agora à categoria de um título. Ela significa nada menos do que o modo pelo qual tudo o que é tocado pelo desabrigar desafiante se essencializa (Heidegger, 1997, p. 61).

Para Heidegger, uma situação tal nunca tinha acontecido antes na história, dado que, em outros períodos epocais, cada matéria, cada coisa, podia manter sua especificidade ao entrar em uma relação, ainda que de serviço, com o homem, um serviço limitado e que não oblitera a abertura ao mundo do qual faz parte. Assim, o vento continuava a falar entre as pás do moinho; e na estátua de mármore e na construção de granito, a rocha continuava a se manter, como ela mesma, e a partir dela mesma, para citar figuras caras a Heidegger.

Contrariamente, com a técnica moderna tudo é transformado em *depósito* ou disponibilidade, *posto* para o consumo e a utilidade segundo fim.

O desabrigar que domina a técnica moderna tem o caráter do pôr no sentido do desafio. [...] O pôr que desafia as energias naturais é um extrair (*Fördern*) em duplo sentido. É um extrair na medida em que explora e destaca. Este extrair, contudo, permanece previamente disposto a exigir outra coisa, isto é, impelir adiante para o máximo proveito, a partir do mínimo de despesas. O carvão extraído da reserva mineral não é posto para que esteja, apenas em geral e em qualquer lugar à mão. Ele é armazenado, isto é, posto para o calor que está encomendado para gerar vapor, cuja pressão impele a engranagem por meio da qual a fábrica permanece operando.

A central hidroelétrica está posta no rio Reno. Ela coloca (*stell*) o Reno em função da pressão de suas águas fazendo com que, deste modo, girem as, turbinas [...]. A central hidroelétrica não esta construída no rio Reno como a antiga ponte de madeira, que há séculos une uma margem à outra. Pelo contrário, é o rio que está construído na central elétrica (Heidegger, 1997, pp. 58-60).

Em última instância, trata-se de uma determinada forma de desocultar o ser: o desvelamento como total "disponibilidade" (*Gestell*) ou "plasticidade"; o Ser como utilidade e o ente como mero útil. Mas a disponibilidade ou a utilidade não são, elas mesmas, nada de técnico na sua essência, pelo contrário, elas mesmas operam a modo de condição de possibilidade, ou, para sermos mais específicos, como sendo a própria essência da técnica. Assim, é a "atitude tecnológica" perante o mundo o que opera como precondição ou marco "transcendental" da compreensão, dentro da qual o real é desocultado ou manifestado modernamente como mundo técnico.

Por outro lado, qualquer modo de diferenciação autêntica na esfera do ôntico é abortado desde uma homogeneização operada no modo de desocultamento ontológico técnico. Desta sorte, para Heidegger, uma das características fundamentais da época técnica é a uniformização de qualquer singularidade, tudo se torna matéria de troca e de equivalências, "cálculo". Porque tudo é homogêneo, tudo pode ser trocado e funcionalmente substituído, mas qualquer intercambio é sempre precedido por um cálculo; a técnica calcula, e onde o cálculo impera, o pensar é suspenso. Assim, a operação de um constante calcular é o modo de banir do espírito de um povo o espaço para o autêntico pensar.

Surge então o interrogante maior; como o homem chegou a este estado lamentável para ele e paro o pensar que lhe outorga autenticidade? Poderíamos ter escolhido, isto é, tínhamos alternativa, ou estávamos, desde o princípio, condenados a este "destino"? Esta é, justamente, a categoria que está em jogo no centro da questão: *Geschick*, canonicamente traduzida como destino.

> A essência da técnica moderna repousa na armação. Esta pertence ao destino do desabrigar. Os enunciados dizem outra coisa do que diz o discurso muitas vezes constante, de que a técnica é o destino de nossa época, onde destino designa algo que não pode ser desviado de um transcurso inalterável (Heidegger, 1997, p. 55).

A técnica é um destino, há uma instância que poderíamos chamar com o neologismo destinal, no desocultamento, mas para Heidegger -e isto é o profundamente novo-, o destino não é uma fatalidade uma necessidade sem solução. Trata-se de uma forma destinal que comporta no seu seio a possibilidade de toda liberdade verdadeira, no sentido do desabrigar. Quanto mais o ente que nós mesmos somos sabe e consegue escutar e fazer parte da verdade do desocultar, mais livre e autêntico se torna. A liberdade não é um ato volitivo, resultado de uma vontade independente, mas uma co-participação do homem na clareira do Ser entendida como iluminação a partir do desocultamento ontológico.

> A essência da liberdade, *originariamente*, não está ordenada segundo a vontade ou apenas segundo a causalidade do querer humano. A liberdade domina o que é livre no sentido do que é focalizado, isto é, do que se descobre. A liberdade está num parentesco mais próximo e mais íntimo com o acontecimento do desabrigar, isto é, da verdade. Todo desabrigar pertence a um abrigar e ocultar. Mas o que está oculto e sempre se oculta é o que liberta, isto é o mistério. Todo desabrigar surge do que é livre, vai para o que é livre e leva para o que é livre (Heidegger, 1997, p. 57).

Deste modo, o homem não pode escolher os caminhos do desocultar – que, por outro lado, são vários-, só pode reconhecer e "escolher" participar no desocultamento, e, neste participar, reconhecer o oculto, aquilo que se mantém em reserva. A escolha do homem é vinculada a sua capacidade de escutar o Ser e nesta escuta se libertar, e não na pretensiosa possibilidade de escolher os destinos do mundo.

> Mas se pensamos a essência da técnica, então experimentaremos a armação como um destino do desabrigar. Assim, já nos mantemos na liberdade do destino que de modo algum nos aprisiona numa coação apática, fazendo com que perpetuemos cegamente a técnica ou, o que permanece a mesma coisa, nos insurjamos desamparadamente contra ela e a amaldiçoemos como obra do diabo. Ao contrário: se nos abrirmos propriamente à *essência* da técnica, encontrar-nos-emos inesperadamente estabelecidos numa exigência libertadora (Heidegger, 1997, p. 58).

A consequência desta perspectiva é vital para o pensar heideggeriano, dado que implica o abandono da noção de "sujeito" moldada pela modernidade. Com efeito, não se trata de um sujeito volitivo entendido como *causa movens* originária e de um mundo assumido como resultado, como efeito desta forma de vontade subjetiva.

Assim, levando em conta este deslocamento em relação ao sujeito, somos obrigados a dar um passo a mais. Pensar a técnica de modo radical visando a desvendar seu estatuto ontológico implica reconduzir o olhar até um ponto além, ou aquém, daquele "limite natural" da Modernidade chamado de Sujeito, e inclusive de suas formas "deveis", os modos de subjetivação. Em um sentido mais genérico, quer dizer que qualquer forma de antropologização deve ser considerada de ordem derivada; isto é, podemos pensar inclusive no advento de formas singulares de subjetivação, segundo certas formulações contemporâneas, mas estas não formam a instância ontológica central para começar a pensar a técnica. Com efeito, como demonstra Heidegger, a questão da técnica não é tributária de uma forma "homem" ou, mais pontualmente, "Sujeito" que lhe seja anterior, pelo contrário, adquire seu estatuto próprio no horizonte da interrogação do Ser. Ora, esta perspectiva eminentemente ontológica carrega implicações decisivas em aspectos relativos ao que poderíamos chamar de destino histórico de Ocidente[9]. Uma delas, talvez a mais escandalosa para alguns setores do pensar, é o fato da impossibilidade de organizar um corpus ético ou moral em relação à técnica. Com efeito, entendida como desocultamento destinal que expõe o ente sob o modo da interpelação e o cálculo, independente de qualquer ato de volição individual ou coletiva, a técnica não comporta variáveis morais, dado que toda esfera moral ou ética implica um sujeito como agente -seja este passivo ou ativo- da atividade e do comportamento. Não é viável predicar do mundo técnico um conjunto, ainda que reduzido, de valorações éticas ou morais porque falta o alicerce fundamental onde ancorar a rede de atividades derivadas destes

---

[9] Neste sentido, mais uma vez, é possível afirmar que sua reflexão se encontra em alguns pontos com a de Ortega.

valores: falta o sujeito da moral e do agir. Ora bem, qualquer cartografia que vise expor as linhas centrais da abordagem da técnica promovidas pelos mais variados agentes e saberes, mostrará que estas se articulam, em geral, a partir de um campo conceitual que pressupõe uma antropologia geral, e, por esse motivo, subsidiário da operação de uma antropologia filosófica. Parece claro que, de algum modo, e em algum momento, o homem deve estar presente, como agente que mobiliza ou cria a técnica, como responsável moral, ou como destinatário de suas vantagens ou tragédias. Nenhuma destas formas sobrevive em Heidegger.

Verificamos neste breve percurso pela questão da técnica em Martim Heidegger, que o horizonte para o qual o pensador alemão conduz a reflexão se constitui num ponto sem retorno, um limite. A radicalidade do pensamento heideggeriano leva a interrogação até suas últimas consequências pensáveis em termos ontológicos. E, no entanto, continua a ser um limite; a questão heideggeriana que interroga a técnica possui, ela mesma, sua própria margem e sua própria exterioridade. No que segue, percorreremos um destes limites da reflexão heideggeriana.

O perigo da técnica e um limite possível de Heidegger

É habitualmente repetido -desde que Heidegger o anunciou pela primeira vez de modo lapidar- que algum acréscimo significativo deve ser articulado no postulado básico que indica que a técnica é um modo de desocultamento ontológico, um diagrama epocal determinante de mundo. Este acréscimo declara que a época da técnica não seria um modo qualquer ou um diagrama a mais, senão um horizonte ontológico singular e decisivo, detentor de certos predicados que o fariam único e, quiçá, final, se constituindo, então, num perigo essencial para homem.

> Uma vez levado a estas possibilidades, o homem está, a partir do destino, colocado em perigo. O destino do desabrigamento é, enquanto tal, em todos os seus modos, um *perigo*, e, por isso, necessariamente **um** *perigo*.[10]
> O destino do desabrigar não é em si qualquer perigo, mas é *o* perigo (Heidegger, 1997, pp. 59, 61).

Tratar-se-ia do lugar e o momento onde o pensamento não possui já espaço; ou o modo onde o acabamento do horizonte de sentido deste mundo poderia ser levado à sua concretização. A técnica comporta o poder de acabar com o pensar e com o Mundo como mundo de sentido para este ente que nós mesmos somos. Isto porque, enquanto modo de desocultamento ontológico, a técnica tornar-se-ia a determinante de certo "sentido do Mundo"; a técnica "mundifica", diz Heidegger, mas mundifica "de modo total".

> A armação, porém, não põe apenas em perigo o homem em sua relação consigo mesmo e com tudo o que é. Enquanto destino, ela aponta para o desabrigar do tipo do requerer. Onde este desabrigar impera, toda possibilidade diferente de desabrigar é afastada; sobretudo, a armação oculta aquele desabrigar que no sentido da *poesis* deixa surgir-à-frente no aparecer aquilo que se apresenta. Em comparação com isso, o pôr que desafia impulsiona na relação oposta para aquilo que é. Onde impera a armação, todo desabrigar é marcado pela cobrança e segurança da subsistência (Heidegger, 1997, p. 63).

A técnica implicaria, então, o "máximo perigo", dado que possui o "poder" de acabar com o pensar e com o mundo como Mundo do *filosofar fundamental, aquele que,*

---

[10] Itálico no original, negrito nosso.

eventualmente, poderia se abrir à questão do Ser. A técnica interpela, exige ao ente que se "apresente", que se coloque segundo o modo da utilidade e do cálculo, isto é, segundo a perspectiva da impossibilidade do desocultar originário. A técnica, enquanto "destinal" é, ao mesmo tempo, o modo "mais perigoso" do desvelamento, posto que exige e condena ao ente na sua totalidade a recortar-se sobre um determinado modo de apresentação e, por tanto, um modo de ser que inibe qualquer acesso à clareira do Ser.

> Tão logo o que estiver descoberto não mais interessar ao homem como objeto, mas exclusivamente como subsistência, e o homem no seio da falta de objeto apenas for aquele que requer a subsistência –o homem caminhará na margem mais externa do precipício, a saber, caminhará para o lugar onde ele mesmo deverá apenas ser mais tomado como subsistência. Entretanto, justamente este homem ameaçado se arroga como a figura do dominador da terra (Heidegger, 1997, p. 63).

Duas perigosas leituras poderiam ser reivindicadas seguindo esta interpretação.

Uma primeira leitura poderia indicar que Heidegger estaria operando a partir de um pressuposto implícito e arriscado: aquele que afirma a *"possibilidade de pensar a totalização do Ser"* e a *homogeneidade* de seu desocultamento. Com efeito, o vigor heideggeriano na exposição dos perigos da técnica pareceria indicar que além do espaço por ela mesmo aberto, nada de nobre ou de fundamental, em relação ao homem, poderá subsistir; isto é, com a expressão "domínio total e global da técnica", Heidegger estaria indicando um modo de desocultamento que, por fim, haveria homogeneizado todo o existente sob uma única rubrica ontológica. A técnica, então, seria assumida como o primeiro e único diagrama epocal de desocultamento ontológico a conquistar a eliminação da pluralidade e da diferença. Caso assim fosse, a hipótese do fim da filosofia e do pensar, efetivamente, se teria efetivado; nada poderia ser feito para escapar desta ruinosa situação derivada da proeminência inusitada e brutal de um diagrama árido e impositivo. A técnica seria, de qualquer sorte, um verdadeiro e derradeiro destino, não já a morada do Ser, mas o sarcófago do pensar. O mundo do Dasein teria perdido a possibilidade de aceder à clareira, (*lichtung*) fundamental; assim, o domínio global da técnica deveria ser lido, melhor, como metáfora da trágica clausura do pensar.

> A armação impede o aparecer e imperar da verdade. O destino, que no requerer manda (*schickt*), é, assim, o extremo perigo. A técnica não é o que há de perigoso. Não existe uma técnica demoníaca, pelo contrário, existe o mistério da sua essência. A essência da técnica, enquanto um destino do desabrigar, é o perigo. Agora, quem sabe, a mudança de significado da palavra "armação" torna-se um pouco mais familiar para nós, quando a pensamos no sentido do destino e do perigo.
>
> A ameaça dos homens não vem primeiramente das máquinas e aparelhos da técnica cujo efeito pode causar a morte. A autêntica ameaça já atacou o homem em sua essência. O domínio da armação ameaça com a possibilidade de que a entrada num desabrigar mais originário possa estar impedida para o homem, como também o homem poderá estar impedido de perceber o apelo de uma verdade mais originária (Heidegger, 1997, p. 65).

Ora bem, duas questões levantadas pelo próprio Heidegger nos permitem, com certa tranqüilidade, aliviar esta perspectiva finalista e, ao mesmo tempo, instaurar certa tensão na reflexão; aquilo que aqui definimos como limite. Ambas as questões ás quais apontamos são colocadas sob o signo geral da letra de Hölderlin, citada pelo próprio Heidegger, a já famosa: "Mas, onde há perigo, cresce também a salvação" (trecho do hino *Patmos*, segunda versão).

A primeira é mais clara e quase histórica; com efeito, não podemos esquecer que, para Heidegger, os modos do desocultamento são plurais e variados, e que se "sucedem", como já antecipamos, *sem relação causal*. Não havendo uma relação causa-efeito não é possível postular um caminho ou uma via central que conduza os destinos do desocultamento até um ponto determinado ou até uma conclusão que simplesmente oblitera. Os modos epocais do desocultamento ontológico não respondem a uma lógica histórica baseada, por sua vez, em uma lógica teleológica dinamizada em um modelo causal. Assim, a dinâmica epocal é pensada fora de qualquer processo teleológico que procuraria seu ponto final, seja este majestoso ou patético. Portanto, a época da técnica não deve ser caracterizada como porto de chegada nem como forma de acabamento ou completude de certo processo. Podemos fundamentar melhor isto recordando o acima indicado, isto é, que o modo destinal não é, para Heidegger, uma simples necessidade ou obrigatoriedade histórica baseada na preeminência do presente como leitor do passado. Neste sentido, esclarece Jaques Taminiaux: "Por outras palavras, graças a uma reapropriação transformada não apenas das noções aristotélicas de *poiesis* e *poinon* como também da noção aristotélica de *Theoria*. É em função do tempo, insiste a introdução ao curso sobre *O Sofista* [...]" (Taminiaux, 1995, p. 163). E, citando ao próprio Heidegger nos Cursos de Marburgo:

> [...] O Ser é compreendido a partir do presente, ingenuamente a partir do fenômeno do tempo no qual, todavia, o presente e apenas um modo. Questão: como é que o presente tem esse privilégio? Não tem o passado e o futuro o mesmo direito? Não é preciso compreender o Ser a partir do conjunto da temporalidade? (Taminiaux, 1995, p. 163).

Neste sentido, a variedade de modos epocais -bem como sua não articulação teleológica- se constituem, então, como tópicos heideggerianos nevrálgicos para escapar do pressuposto da técnica como totalizante.[11] A aporia que nos parece subsistir neste recorte, que analisaremos mais abaixo se organiza em torno do problema da existência de uma história identitária do Ser em Heidegger.

Com relação à segunda questão que nos permitiria escapar de uma eventual leitura finalista de Heidegger, sem dúvida a mais importante para nossa perspectiva de trabalho, a mesma passa pela afirmação de que tanto os modos épocais do desocultamento, quanto a historia do esquecimento do Ser, não são homogêneos, pelo contrario, eles carregassem fendas e dobras. Neste sentido, é pensar, sem trair exageradamente a Heidegger, que nunca houve homogeneização do Ser em seus modos de desocultamento. Por tal motivo, tampouco o desabrigar técnico, isto é, o "domínio" da técnica contemporânea, comporta uma abrangência "planetária ou totalizante" em termos ontológicos.

> Se a essência da técnica, a armação, é o estremo perigo e se a palvra de Hölderlin diz ao mesmo tempo algo de verdadeiro, então o domínio da armação não pode se esgotar em apenas obstruir todo brilhar de cada desabrigar e todo aparecer de verdade. Então, a essência da técnica deve antes justamente abrigar em si o crescimento daquilo que salva.
>
> Assim, a essencialização da técnica abriga em si o que menos poderíamos supor, o possível emergir da salvação (Heidegger, 1997, p. 82).

---

[11] E, no entanto, nos resta ainda o acaso, caso Heidegger nos permita este modo de expressão; com efeito, dito todo o anterior, ainda poderíamos pensar que, não por determinação de um processo causal, mas por puro acaso, chegamos a um fim. De qualquer modo, a técnica, *em virtude de seu modo totalizante* de desabrigar sempre seria um fim, nosso fim enquanto filósofos, enquanto tradição, o como historia da metafísica, mas um fim reconhecível de modo singular sobre outros desaparecimentos epocais. Deixamos esta questão de lado neste ensaio; sua análise nos remitiria a outros textos de Heidegger que não encontram seu lugar no presente recorte.

Há -ou poderia haver- mundo, no sentido de abertura mundificante, fora de certo modo proeminente de desocultamento, bem como certa interioridade diferenciada. Portanto, seria possível dizer, com mais precisão, que quando Heidegger fala de modos de desocultamento do Ser em termos gerais, e de modo técnico em particular, não esta pressupondo a absoluta e total presença deste modo no mundo. Não se trata de uma camada ontológica homogênea e completa que deixaria aos entes aparecerem sob uma perspectiva unificada. Trata-se, na realidade, de uma preponderância ou proeminência de um modo de aparecimento das coisas sob a luz do desocultar-se do Ser, mas não de uma tipologia geral e universal. Os modos epocais sempre comportaram fissuras e diferenças que não são da mesma natureza do desocultamento preponderante.

Tudo isto nos coloca perante um problema que deve ser resolvido desde outra perspectiva, dado que, como consequência destas máscaras de oxigênio que Heidegger nos coloca, se cria uma tensão entre o máximo perigo anunciado e a não menos anunciada possibilidade da salvação. A questão é que ainda devemos pensar em termos de salvação. "'Salvar', porem, diz mais. 'Salvar' é: recolher na essência para assim primeiramente trazer a essência a seu autêntico aparecer" (Heidegger, 1997, p. 82). Perigo e salvação andam ombro com ombro no modo de desocultar técnico. Como isto é possível sem um plano de fundo que possibilite esta co-participação?

Sabemos que não existe na reflexão heideggeriana uma história teleológica baseada em relações causais, isto é, uma historiografia. No entanto, uma forma de historicidade é delineada com passos firmes por Heidegger, alguma coisa de historiografia parece subsistir no espírito do grande professor alemão; referimos-nos àquela que se cifre na expressão "história do esquecimento do Ser", da qual a época da técnica seria o último e mais radical estágio. É bem conhecido que para Heidegger a história da filosofia pós-socrática se confunde com a história da metafísica, e esta, por sua vez, com a história do esquecimento do Ser. Ora, como Heidegger chega a esta constatação especulativa? Por outro lado, quais são os pressupostos que trabalham nesta verificação heideggeriana?

A questão central é aquela que gira em torno da "decisão" de Heidegger de traçar uma história que procure o idêntico no horizonte da diferença, e não vice-versa. Com efeito, expor a história do esquecimento do Ser implica procurar, na vastidão do pensar, aquilo que há de idêntico, que se impõe como mesmidade; procurar na sutileza da vida e da filosofia, aquilo que se repete como norma ou padrão. Indicamos mais arriba que o próprio Heidegger nos permitia pensar na não homogeneidade dos modos de desocultamento, que os diagramas epocais comportam fendas e complexidades intrínsecas. Apesar desta possibilidade especulativa, Heidegger prefere elaborar a história do comum, daquilo que insiste e se repete como idêntico, ou seja, do esquecimento do Ser, em lugar de desenhar o mapa dos lugares onde o pensar permitiu o surgimento da diferença, do excêntrico com relação ao modo geral do esquecimento. Heidegger nos expõe como, historicamente, é possível pensar, e mostrar, que o Ser foi esquecido, mas não nos apresenta os momentos ou as circunstâncias onde este esquecimento generalizado foi ludibriado pelo diferente, por alguma forma de clinámem. O pensador alemão insiste em marcar o que de idêntico acontece na história do pensar, mas com esse gesto deixa escapar os momentos que poderiam ser utilizados como o mais íntimo motor da reflexão filosófica. Parece como si na história identitária elaborada por Heidegger, a fenda que permite abrir o pensar é subestimada. O pensador da diferença mais radical, a diferença ontológica, parece "esquecer" a diferença quando ela irrompe no horizonte do pensamento; mas, o próprio "salto atrás" que Heidegger propõe como modo de abrir o espaço para o pensamento, não é já uma das expressões da diferença? Acreditamos que sim. Por isto insistimos na sua importância, e na falta de reivindicação ontológica por parte de Heidegger.

Assim, não há em Heidegger teleologia, nem unicidade nas formas de desocultamento; mas, por outro lado, há uma tentativa rigorosa de expor uma linhagem baseada na identidade, e não uma carta de navegação pensada a partir da diferença.

Este limite merece ser abordado, verificado e, eventualmente, pensado.

Considerações finais

Com consequência da reflexão heideggeriana sobra a técnica, torna-se imperioso reconhecer que a mesma não se resume a seu *corpus* fenomenológico, nem a seu aparecimento ôntico nos diversos dispositivos e apetrechos manufaturados; por outro lado, suas forças não se esgotam em um "esgotamento" generalizado do pensar.

Assim, coloquemos mais uma questão: que sucederia se a técnica nada acabasse, nem nada impossibilitasse, mas, pelo contrário, permitisse a emergência fática e dinâmica de um modo de ser que, em lugar de representar o máximo perigo, nos exigisse pensar desde outro horizonte sua própria chave ontológica?

Acreditamos, justamente, que esta é a perspectiva mais pertinente para pensar a questão da técnica, isto é, não observar aquilo que ela clausura, mas aquilo que ela abre. Nada se fecha necessariamente, pelo contrário, a técnica também "produz".

Assim, sob este paradigma, a própria Técnica poderia criar a "condição de possibilidade" para a salvação do "pensar fundamental" sob outro signo e sob outros modos de desocultamento, diríamos, continuando com a terminologia heideggeriana. Na própria Técnica se engendraria o modo de escapar da Técnica como fechamento.

A salvação não cresce do perigo, cresce "onde há perigo"; cresce quando, no seio do atroz, se abre um espaço. Este espaço foi nomeado de vários modos: o salto atrás, a reserva, o incontornável como inacessível, a fenda, a dobra ontológica; trata-se de alguns dos vastos nomes da Diferença.

Enfim, tal vez seja preciso verificar com mais pausa e mais cuidado de aquele que é permitido pelas margens deste trabalho, quais são as implicações de uma eventual regência de uma forma de identidade no seio da ontologia fundamental e quais poderiam ser as consequências para o pensamento da técnica desta pegada identitária.

Por essa via poderíamos extrair as maiores e mais férteis consequências daquilo que o próprio Heidegger manifestou explicitamente quando postulou que a Técnica poderia engendrar sua própria superação, ou até a salvação do pensar. Nas afirmações sobre a capacidade criadora do modo técnico, e não só sobre sua capacidade destruidora, Heidegger deixa entrever, implicitamente, esta possibilidade, dado que, na verdade, é a história da Metafísica a que está em jogo. Assim, a Técnica seria para o horizonte metafísico, seu ponto mais desenvolvido, bem como seu pomposo final. Deste modo, devemos lembrar que: *"[...]*

poeticamente habita o homem sobre esta terra". E, por esse motivo, nos diz o filósofo, citando o poeta e não mais à filosofia: *"Mas, onde há perigo, cresce, também, a salvação"* (Heidegger, 1997, p. 91).

Referências bibliográficas

Brüseke, F. J. (2001). *A técnica e os riscos da modernidade*. Florianópolis: Editora da UFSC.
Derrida, J. (1989). *Del Espíritu Heidegger y la pregunta*. Valencia, Tradução: Manuel Arranz: Pré-Textos.
Heidegger, M. (1997). "A questão da técnica". En *Cadernos de Tradução n° 2*. Tradução: Marco Aurélio Werle. São Paulo. DF/USP.
Heidegger, M. (1997). "La cosa". En *Conferencias y artículos*. Tradução: Eustaquio Barjau. Barcelona: Ediciones Del Serbal.
Mitcham, C. (1989). *Qué es la filosofía de la tecnología?* Tradução: César Cuello Nieto. Barcelona: Ed. Anthropos.
Ortega y Gasset, J. (1991). *Meditação sobre a técnica*. Tradução: José Francisco P. de Almeida Oliveira. Rio de Janeiro: Instituto Liberal.

Sobre los autores

Agustín Berti

Doctor en Letras por la Universidad Nacional de Córdoba. Actualmente se desempeña como profesor titular en la cátedra de Análisis y crítica del Departamento de Cine y TV de la Facultad de Artes de la UNC, es coordinador académico de la Maestría en Tecnología, Políticas y Culturas de la UNC, investigador asistente de CONICET e integrante de Dedalus, grupo de investigaciones sobre la técnica, y director del proyecto *Ontogénesis de las imágenes técnicas*. Es autor de *From Digital to Analog. Agrippa and Other Hybrids in the Beginnings of Digital Culture* (Nueva York: Peter Lang Publishing, 2015). También ha publicado artículos solo y en colaboración en diversas revistas científicas entre las que se destacan *Nombres, Interventions, Texto Digital* y *Flusser Studies*. Asimismo ha colaborado con capítulos solo y en co-autoría en los libros *Amar a las máquinas. Cultura y técnica en Gilbert Simondon* (Buenos Aires: Prometeo, 2015); *Montajes: Pensamientos y prácticas* (Córdoba, UNC, 2015); *Cine y Derechos Humanos* (Córdoba: SAE-UNC, 2014); *(Un)Fleshing Worlds Exploring Nature, Corporality and Technology Through Japanese Visual Culture* (Palgrave MacMillan, en prensa); y *Walter Benjamin. Estética de la imagen* (Buenos Aires, La Marca, 2014), entre otros. Se especializa en las áreas de estudios digitales, estética, cine y artes audiovisuales, y literatura electrónica desde la perspectiva de la filosofía de la técnica.

Javier Blanco

Doctor en Informática por la Universidad de Eindhoven (Holanda). Es profesor titular en la Universidad de Córdoba y ha escrito numerosos trabajos en Ciencias de la Computación, Matemática, Educación y Filosofía. Coordina el grupo Dédalus de investigaciones sobre la técnica. Es director de la Maestría en Tecnología, Políticas y Culturas de la Universidad Nacional de Córdoba.

Renato Cherini

Doctor en Ciencias de la Computación por la Facultad de Matemática, Astronomía, Física y Computación (FAMAF), de la Universidad Nacional de Córdoba, en el área de verificación formal de programas. Ejerce desde 2006 como docente en la misma institución; participa de numerosos proyectos de investigación financiados por entidades universitarias, provinciales y nacionales, en áreas diversas que abarcan aspectos técnicos y filosóficos de la computación; y en proyectos de vinculación tecnológica con el sector aeroespacial y de telecomunicaciones.

Pío García

Licenciado y doctor en Filosofía por la Universidad Nacional de Córdoba, especializado en Filosofía de la Ciencia. Docente adjunto en la Escuela de Filosofía y en el Centro de Estudios Avanzados en el Universidad Nacional de Córdoba. Es director alterno de la Maestría en Tecnología, Políticas y Culturas de la Universidad Nacional de Córdoba.

Andrés Crelier

Doctor en Filosofía por la Universidad Nacional de La Plata (Argentina). Es Investigador Ajunto del CONICET y profesor en las cátedras de Filosofía Contemporánea y Filosofía del Lenguaje en la Universidad Nacional de Mar del Plata (Argentina). Sus principales áreas de trabajo son la ética discursiva, la hermenéutica, la filosofía de la técnica y la cognición animal. Entre sus publicaciones se destaca el libro *De los argumentos trascendentales a la hermenéutica trascendental* (La Plata, Edulp, 2010), *Introducción a la filosofía hermenéutica del lenguaje* (Bs. As. Biblos, 2013) y *La naturaleza de los artefactos. Intenciones y funciones en la cultura material,* en colaboración con Diego Parente (Bs. As., Prometeo, 2015).

Román Domínguez Jiménez

Desde 2013 es profesor asistente del Instituto de Estética, en la Facultad de Filosofía de la Pontificia Universidad Católica de Chile. Es doctor en Filosofía (2012) con la tesis *Ritmo, gesto y montaje: esbozo para una tecnológico-política a través del cine,* y magíster (DEA, 2004), ambos títulos obtenidos bajo la dirección de Alain Brossat en la *Université Paris 8 Vincennes – Saint-Denis,* y para los que contó durante el periodo 2004-2008 con el apoyo de una beca del Consejo Nacional de ciencia y Tecnología (CONACYT) de México. Es también licenciado en Filosofía (2003) por la Facultad de Filosofía y Letras de la Universidad Nacional Autónoma de México (UNAM). Fue también becario, a principios de los años 2000, del proyecto *Memoria y escritura* del Instituto de Investigaciones Filológicas de la misma UNAM. Participó (2005-2012) y codirigió (2009-2012) varios proyectos y seminarios interdisciplinarios de investigación en la *Maison des Sciences de l'Homme*

Paris Nord (dependiente de las Universidades París 8 y París 13, así como del *Centre National de la Recherche Scientifique*, CNRS, de Francia). Sus intereses teóricos y de docencia se centran en la filosofía de la técnica, de la imagen y del cine, así como en la relación entre política, tecnología y estética. Ha publicado artículos en revistas especializadas y capítulos de libros tanto en francés como en castellano. Actualmente redacta un ensayo de divulgación filosófica basado en la serie de ficción británica *Black Mirror*. Asimismo, prepara la publicación de su tesis doctoral en francés y en castellano.

Jaime Fisher

Licenciado en economía (Universidad Veracruzana, México), magíster en Economía (Centro de Investigación y Docencia Económicas, México, D. F.), magíster en Filosofía de la Ciencia (UNAM, México, D. F.) y doctor en Filosofía de la Ciencia (UNAM, México, D. F.). Ha realizado estancias postdoctorales en la Universidad de Salamanca (España) y la Universidad Veracruzana (México). Es miembro del Sistema Nacional de Investigadores (SNI-CONACYT). Sus áreas de interés son la filosofía de la ciencia y la tecnología, la filosofía política, la filosofía de la biología, la filosofía de la economía y el naturalismo pragmatista. Ha publicados libros y numerosos artículos en revistas académicas como *Factotum*, *Acta Sociológica*, *Contrastes*, *Trilogía*, entre otras.

Soledad Gaona

Licenciada en Filosofía, docente e investigadora del Departamento de Filosofía de la Facultad de Humanidades de la Universidad Nacional del Comahue. Sus principales investigaciones y publicaciones se desarrollan en el área de la filosofía de la cultura. Forma parte de las cátedras de Antropología Filosófica, Problemas Filosóficos de la Modernidad y Metafísica. Integra el Centro de Estudios en Filosofía de la Cultura desde su formación en 2007 coordinando el Área de Investigación. Actualmente dirige el Departamento de Filosofía de la Facultad de Humanidades de la Universidad Nacional del Comahue.

Diego Lawler

Investigador independiente del CONICET con sede de trabajo en el Instituto de Investigaciones Filosóficas de la Sociedad Argentina de Análisis Filosófico. Doctor en Filosofía por la Universidad de Salamanca (España), es autor y compilador de libros sobre filosofía de la tecnología y filosofía de la mente y ha escrito numerosos artículos sobre filosofía de la tecnología, filosofía de la mente y filosofía de la acción y teoría de las relaciones internacionales. Dicta clases en diferentes universidades públicas y privadas del país y del extranjero.

Luciano Mascaró

Doctor en Filosofía por la Universidad de Buenos Aires. Actualmente es becario postdoctoral del CONICET con sede de trabajo en la Academia Nacional de Ciencias de Buenos Aires, Centro de Estudios Filosóficos (ANCBA-CEF). Ha publicado numerosos artículos en revistas académicas: *Límite: Revista interdisciplinaria de psicología y filosofía*, *Revista Problémata*, *Contrastes*, entre otras.

Ángela Luzia Miranda

Doctora en Ética (Programa de Doctorado Filosofía, Ciencia, Tecnología y Sociedad – Universidad del País Vasco/España), doctora en Filosofía (Universidad de Salamanca/España), magíster en Estudios de Ciencia, Tecnología y Sociedad (Universidad de Salamanca/España) y en Tecnología (Universidad Tecnológica Federal de Paraná – UTFPR/Brasil). Actualmente es profesora de la Escuela de Ciencias y Tecnología de la Universidad Federal del Río Grande del Norte (UFRN/Brasil) y coordinadora del Grupo de Investigación Phrònesis (Estudios en Filosofía, Ciencia, Tecnología y Sociedad).
Contacto: angelalmiranda@gmail.com.

Jorge Antonio Mejía Escobar

Filósofo y doctor en Filosofía de la Pontificia Universitas Gregoriana. Actualmente es profesor titular de Epistemología del Instituto de Filosofía de la Universidad de Antioquia en Medellín (Colombia) y coordinador del grupo de investigación "Conocimiento, filosofía, ciencia, historia y sociedad". Edita la revista *Estudios de Filosofía*. Sus intereses académicos principales son la filosofía de la ciencia, la historia de la ciencia y la lexicografía computacional aplicada a la interpretación de textos. Es autor de los libros *De la ameba a Einstein*, *Filósofos, dietetas y teúrgos* y *Lógica, evolución y ontología*, además es coautor del programa computacional "Cratilo" para elaborar concordancias universales de corpus.

Álvaro David Monterroza Ríos

Ingeniero químico y magíster en Ingeniería de la Universidad Nacional de Colombia. Filósofo de la Universidad de Antioquia y doctorado en Filosofía de la misma universidad. Es profesor asociado del Instituto Tecnológico Metropolitano de Medellín y coordinador del grupo de investigación CTS+i. Ha desarrollado investigaciones en el campo de la filosofía de la tecnología, filosofía de la ciencia y estudios sobre técnica y cultura material. Autor de varias publicaciones de investigación y de divulgación en sus áreas de investigación. Es autor del libro *Artefactos técnicos. Un punto de vista filosófico*.

Diego Parente

Doctor en Filosofía por la Universidad de Buenos Aires. Actualmente se desempeña como investigador en el Consejo Nacional de Investigaciones Científicas y Técnicas y como profesor en el Departamento de Filosofía de la Universidad Nacional de Mar del Plata. Es especialista en temas de filosofía de la técnica y autor de los libros *Del órgano al artefacto. Acerca de la dimensión biocultural de la técnica* (La Plata, EDULP, 2010), *La naturaleza de los artefactos: intenciones y funciones en la cultura material* -en coautoría con A. Crelier (Buenos Aires, Prometeo, 2015)-, y compilador de las obras colectivas *Encrucijadas de la técnica. Ensayos sobre tecnología, sociedad y valores* (La Plata, EDULP, 2007) y *Amar a las máquinas. Cultura y técnica en Gilbert Simondon* (Buenos Aires, Prometeo, 2015). Ha dictado seminarios y cursos de postgrado en varias universidades nacionales y además ha publicado artículos sobre la misma temática en diversas revistas internacionales y libros colectivos. Actualmente dirige un proyecto de Investigación PIP CONICET titulado "La naturaleza de los artefactos técnicos: autoría, historias reproductivas y materialidad".

María Alicia Pazos

Doctora en Filosofía de la Ciencia por la Universidad Nacional Autónoma de México (UNAM). Sus áreas de competencia son epistemología general, enunciados de ley científica, lógica, contrafácticos y lógicas paraconsistentes. Ha publicado numerosos artículos en publicaciones nacionales y extranjeras, por ejemplo, *Revista Brasileira de Filosofía, Paradigma, Andamios. Revista de Investigación Social*, entre otras.

Anahí Alejandra Ré

Licenciada en Letras Modernas y correctora literaria por la Universidad Nacional de Córdoba, posgraduada en artes mediales (UNC, Universidad de Caldas y Universidad de Chile). También estudió poesía digital en la Universidad París VIII (Francia), Sociología del arte, la cultura y el conocimiento en la UPMF, Grenoble (Francia) y Teoría literaria y discursos críticos latinoamericanos en la Universidade de São Paulo (Brasil). Participó como docente adscripta en las cátedras de Estética y crítica literaria moderna, Sociología del discurso y Teoría crítica de la tecnología (UNC). Actualmente es becaria de CONICET y finaliza su doctorado en Letras sobre poesía de experimentación latinoamericana, con foco en las relaciones que se configuran entre arte, ciencia y técnica e imaginarios sociales en las poéticas de las obras. Ha publicado capítulos de libros y artículos en revistas nacionales e internacionales, y participado en reuniones científicas en Argentina y en el extranjero. Además, es docente de Semiótica I y Semiótica de los medios en el Depto. de Comunicación de la Universidad Nacional de San Luis, integra el comité fundador de la Red de Literatura Electrónica Latinoamericana (LitElat), participa del Programa Estéticas (CIECS), del grupo Dédalus de investigaciones sobre la técnica (UNC), y del grupo de investigadores de L'École de Philosophie d'Épineuil-le-Fleuriel (Francia), que dirige Bernard Stiegler.

Pablo Esteban Rodríguez

Doctor en Ciencias Sociales (Universidad de Buenos Aires), investigador asistente de CONICET, con sede en el Instituto de Investigaciones Gino Germani (Facultad de Ciencias Sociales, UBA) y profesor adjunto de la misma institución. También integra el Laboratorio de Fisiología de Proteínas de la UBA. Ha publicado *Historia de la información* (Buenos Aires, Capital Intelectual, 2012) y compilado dos libros más en prensa: uno junto a Flavia Costa sobre medicalización e imperativo de la salud (Eudeba) y otro con Andrés Vaccari, Javier Blanco y Diego Parente sobre la filosofía de la técnica en Gilbert Simondon. Es uno de los principales introductores de este pensador francés en América Latina. Además de la obra de Simondon, sus estudios, publicados en una veintena de libros y revistas académicas de Argentina, Brasil, Chile, México, Francia y España, tratan sobre el vínculo entre episteme de la información, sociedades de control, biopolítica de la información y poshumanismo (Michel Foucault, Gilles Deleuze y Peter Sloterdijk). Integra varios centros y redes de investigación y ha dictado cursos de grado y posgrado en varias universidades argentinas y del extranjero. Es evaluador de revistas científicas y ha dirigido tesis de grado y posgrado.

Darío Sandrone

Profesor de Filosofía por la Universidad Nacional de Córdoba, y licenciado en Filosofía por esa misma casa de estudios con la tesis *La evolución de la experiencia. John Dewey, entre el naturalismo y la tecnología*. Ha publicado capítulos de libros, artículos en revistas especializadas y participado en diversas reuniones científicas. También ha integrado e integra proyectos de investigación interdisciplinarios radicados en la Facultad de Psicología, en la Facultad de Astronomía Matemáticas y Física (FAMAF) y en la Facultad de Filosofía y Humanidades (FFyH) de la Universidad Nacional de Córdoba, en relación con la filosofía de la tecnología. Actualmente realiza su Doctorado en Filosofía en la UNC como becario del Consejo Nacional de Investigaciones Científicas y Técnicas (CONICET) sobre la temática "Aportes para una nueva concepción del diseño tecnológico: un estudio filosófico de su naturaleza y su rol en el cambio tecnológico".

Andrés Vaccari

Doctor en Filosofía (Macquire University, Australia) e investigador adjunto en el Consejo Nacional de Investigaciones Científicas y Tecnológicas de Argentina (CONICET). Trabaja en el Centro de Estudios sobre Ciencia, Tecnología, Cultura y Desarrollo (CITECDE, Universidad de Río Negro, Argentina), y es associate researcher en el Departamento de Filosofía de Macquarie University (Australia). Es docente en la Univesridad Nacional de Río Negro, donde enseña Epistemología e Historia de la Física y de la Química. Ha publicado en varias revistas especializadas en filosofía. Sus principales intereses de investigación son en las áreas de posthumanismo, el transhumanismo, biofilosofía y la filosofía de la tecnología. En particular, las interacciones entre lo viviente y lo artificial en la historia de la filosofía y la ciencia occidental: las formas en que analogías y modelos tecnológicos se han aplicado a los seres vivos, con las consecuencias culturales, ontológicas e históricas que esto ha provocado. Hay una serie de otras líneas de investigación que surgen de esto: el papel de la tecnología y la cultura material en la evolución humana, los enfoques post-fenomenológicos en la filosofía de la tecnología, teorías de la materialidad, el rol de la tecnología en las ciencias cognitivas, y modelos tecnológicos en la biología.

Eladio Craia

Doctor en Filosofía por la Universidade Estadual de Campinas UNICAMP (Brasil). Se desempeña como profesor de grado y post-grado en diferentes áreas de la filosofía en la Pontifícia Universidade Católica do Paraná PUCPR (Brasil). Ha escrito los libros *A problemática ontológica em Gilles Deleuze* (E, 2002) y *Ressonâncias Filosóficas: entre o pensamento e a ação* (Edunioeste, 2006), además de numerosos artículos en revistas especializadas de Brasil y del extranjero.

Este libro se terminó de imprimir en marzo de 2017 en Imprenta Dorrego (Dorrego 1102, CABA).

www.ingramcontent.com/pod-product-compliance
Lightning Source LLC
Chambersburg PA
CBHW031703230426
43668CB00006B/88